Printed in the United States
By Bookmasters

مذكرات

في منهج البحث التربوي

وأسس التوثيق

دكتور محمد العريس

مـــذكرات

في منهج البحث التربوي

وأسس التوثيق

دار النهضة العربية

رقم الكتاب :1050

اسم الكتاب :مذكرات في منهج البحث التربوي وأسس التوثيق

المؤلف :د. محمد العريس

الموضوع : تربية

رقم الطبعة :الأولى

سنة الطبع :2012م. 1433هـ

القياس :17 × 24

عدد الصفحات :257

منشورات : دار النهضة العربية

بيروت ـ لبنان

الزيدانية ـ بناية كريدية ـ الطابق الثاني

تلفون : 736093 / 743167 / 743166 ـ 1 ـ 961 +

فاكس : 736071 / 735295 ـ 1 ـ 961 +

ص ب : 0749 ـ 11 رياض الصلح

بيروت 072060 11 ـ لبنان

بريد الكتروني: e-mail: darnahda@gmail.com

إهــداء

أهدي هذه المعلومات المتواضعة إلى روح الأستاذ الدكتور رشراش عبد الخالق، الذي كان صاحب الفضل الأول والأخير في الهداية إلى هذه المذكراتً.. رحمه الله

كما أقدمها إلى زملائي الأساتذة وأعزائي الطلاب إلى أي جامعة انتموا، وفي أي اختصاص درسوا،

أقدم إليهم هذه النقاط الضرورية، مهمة جداً لأي طالب/باحث، لتأخذ بيده في بداية طريقه الى البحث والتفوق .

7

شـــكر

يدعوني العرفان بالجميل، إلى التقدم بالشكر الجزيل لكل من ساهم وشجع، وكان دافعاً متابعاً، لوضع هذه المذكرات وإخراجها بشكلها النهائي. وبخاصة الدكتور فؤاد يوسف عمار أستاذ مادة العلوم في كلية التربية (الفرع الأول) في الجامعة اللبنانية، الذي يعود له الفضل في التشجيع والمثابرة على متابعة إنجاز هذا العمل، بعدما لمس فائدته العلمية والموضوعية، الموجودة بين ثنايا عناوينه وصفحاته.

ويدعوني الواجب كذلك، فضلاً على الأخوة الإنسانية والعلمية، إلى تقديم الشكر للدكتور محمد محمد روبين كشاش الأستاذ في العلوم اللغوية والنحوية ورئيس قسم اللغات الأكاديمي في الكلية المذكورة أعلاه، الذي تفضل مشكوراً وقام بقراءة مسودة المذكرات الأساسية وعمل على تصحيح مساراتها، وتصويب لغتها وقواعد النحو والإملاء فيها.

محمد العريس

بيروت في / /٢٠١١

تمهيد

نشأت الغاية لوضع هذه المذكرات، من جراء الرغبة في توجيه طلبة الجامعة وترشيدهم، بطريقة سهلة وميسّرة، إلى إستيعاب مفهوم البحث التربوي، وهدايتهم إلى الطريق السوي الذي يجب عليهم اتباعه في توثيق أبحاثهم، وإعداد تقاريرهم ورسائلهم الجامعية، التي تطب منهم خلال سنواتهم الجامعية، بدءاً بالإجازة وصولاً إلى الدكتوراه.

هناك جهل عند بعض الطلبة في المراحل الاولى من دراستهم الجامعية، في الإلمام بأي من أنواع البحوث، وفرضيات البحث العلمي ومدلولاته النظرية والتطبيقية.

من هنا نشأت الفكرة من خلال المحاضرات والمعلومات التي ألقيت على طلاب السنة المنهجية الأولى، لتعميم الفائدة بصورة أشمل، وتشريع المعلومات بشكل أوضح، خاصة بعد أن بات البحث التربوي يستحوذ على عناية أهل العلم والأدب والثقافة، إلى جانب أنه صار مطمح وعناية المؤسسات العلمية ورعايتها، التي تسعى من خلاله إلى الاستطلاع الفكري وتحقيق المنفعة العالمية من العلم والبحث العلمي.

يرى بعضهم أن كتابة البحوث العلمية والتربوية، في السنوات الجامعية الأولى، هي من المعضلات التي تستعصي على طلاب هذه المرحلة. والسبب - كما يظن - أن بعض المعاهد والكليات ليس من ضمن مناهجها تدريس وتدريب الطلاب على وضع البحوث العلمية، وفق الأصول والقواعد، التي يجب على الطالب/الباحث السير على هديها.

فكانت الغاية الأساسية من وضع هذه المذكرات توضيح أكثر من عنوان،

وتسهيل عملية وصول المعلومة بشكل ميسر، لتكون دليلاً للباحث، ومرشداً له في البحث، ومنهجاً لأعماله وأبحاثه التربوية. فتم التركيز على: كيف نبحث؟ كيف نكتب بحثاً؟ وما هي الخطوات الأساسية لمنهج البحث أو المنهاج في البحث.

لا تختص هذه المذكرات بطلاب التربية أو طلاب العلوم وحدهم، إنما وضعت ليستفيد منها؛ طلبة البحوث العلمية والأدبية والتربوية والتاريخية والاجتماعية، وغيرهم من العاملين على الصعد العلمية والثقافية المتنوعة. وتشير كلمة العلمي إلى إمكانية إستفادة بقية الطلبة من أسلوبه ومنهجه.

انصب الجهد فيها على شرح الأساليب النظرية والعملية، ودراسة مناهج علمية عدة، كالمنهج التاريخي والمنهج الوصفي والمنهج التجريبي؛ لتمكين الطلاب والباحثين من الإستفادة منها بشكل واسع، وتم التوقف بصورة أساسية عند عنوان: كيف نكتب بحثاً جامعياً؟

وبذل في وضع هذه المذكرات جهداً بيناً من خلال التجربة والاطلاع والتفكير، فضلاً عن العناوين والفقرات التي احتاجت إلى وقت ليس باليسير للتوفيق بينها وتبويبها وتناسقها. وبالرغم من ذلك، فقد فاتنا أشياء، وتطرقنا إلى العناوين التي تسترعي هدفنا دون الإنتباه إلى اهتمامات الآخرين. من هنا لن نغفل باب الإضافات والحوارات والمناقشات، والعمل على الأخذ بالسديد منها والسير في ركبها.

المحتويات

يعتبر العصر الذي نعيش فيه، عصر العلم والتربية والتكنولوجيا بكل معنى الكلمة، فالتطور الذي يعيشه الإنسان والتقدم على مختلف الصعد، ما كانا ليحصلا لولا الإنجازات الكبيرة التي أمكن تحقيقها في الميادين العلمية والتربوية والإنسانية، التي كان فيها للبحث العلمي التربوي مكان الصدارة.

من بديهيات الأمور، أن المذكرات وفق المحاضرات التي إعتمدت في وضعها، توزعت على جزئين أو قسمين. القسم الأول يتعلق بدور المكتبة، التي لا غنى عنها لكل باحث يسعى إلى الحقيقة، وإلى إثبات النظريات والأفكار والمنظومات المتعددة.

وفي هذا القسم يتعرف الطالب/الباحث على عملية إستخدام المكتبة، ومصادر المعلومات بطريقة علمية منظمة، من خلال تعريفه على أهمية المكتبة كركن أساسي في عملية التعلم والبحث في الوقت الحاضر.. فتم التوقف عند بعض مصادر إختيار الكتب، وتنظيم المكتبة وفق أحدث النظم المتبعة في هذا المجال، ولا سيما بالنسبة لعملية التصنيف ورؤوس الموضوعات والفهارس. وكذلك عند أهم نظم التصنيف المكتبية، واشهرها نظام ديوي (Dewey) والنظام العشري العالمي، ونظام تصنيف مكتبة الكونغرس (Congress).

ويتعرف كذلك على أصل المعلومات، وتهميشها وتحديد مصادر المعلومات المهمة والتعريف بها، كالبيبليوغرافيا والكتب والمعاجم والموسوعات ودوائر المعارف والدوريات والمخطوطات والمسلسلات الثقافية والوثائق الرسمية والأشرطة المصورة والمصادر القانونية والمقابلات الشخصية والأحاديث الإذاعية والبرامج التلفزيونية.

عالج القسم الثاني من هذه المذكرات، تحديد المعنى الدقيق للبحث عامة والبحث العلمي والتربوي بخاصة، مروراً بتعريف النظرية عملياً وتحديدها. ثم التعريف بالقوانين العلمية ومستلزمات البحث العلمي التربوي وشروط الباحث العلمي والتربوي.

بعد ذلك تطرقنا إلى تعريف الطالب على مراحل إعداد البحث: كإختيار موضوع مثلاً، ووضع خطة البحث، والإعداد الأولي للمصادر والمراجع.

ليس من السهل القيام بوضع بحث علمي تربوي من دون إتباع منهج ما؛ ولذلك تركز العمل على توضيح بعض المناهج العلمية الأساسية.

كما لا بد لكل باحث من معلومات يقوم بجمعها، ومن بيانات يعمد إلى دراستها في إعداد بحثه. ويكون ذلك من خلال وسائل البحث وأدواته، وفق أحدث نظريات البحث العلمي التربوي، التي سترد ضمن سياق المذكرات؛ مما يعين الطالب في كتابة تقاريره وبحوثه، التي تطلب منه في المرحلة الجامعية الأولى.

وفي نهايتها يتم تعريف الطالب على كيفية وضع ملحقات البحث العلمي، من خلال ثبت بمحتويات البحث ومصادره ومراجعه وملاحقه، ثم كيفية إيراد الجداول المختلفة. وأخيراً وضع قائمة شاملة بالمصطلحات والمفاهيم الخاصة بالبحث العلمي التربوي، وثبت بالمصادر والمراجع المعتمدة في إعداد هذه المذكرات وأخرى للاطلاع لمن يريد المزيد.

ليست الغاية من وضع هذه المذكرات إضافة كتاب جديد إلى المكتبة العربية، وما أكثرها وتعددها، منها الغني بالإضافات والشروحات المطولة، التي يتوه التلاميذ والطلاب أحيانا في التفتيش والتقميش فيها، ومنها التي وضعت لتكون في متناول البحاثة والمؤلفين. لذلك ومن دون أي إدعاء؛ إن هذه المذكرات جاءت لتسد الثغرات التي كان يتعثر بها الطلاب في أبحاثهم. والفرق في هذه المذكرات إنها كانت نتيجة الاحتكاك المباشر مع الطلاب داخل قاعات

المحاضرات، الذين استوعبوها واستذكروها وعملوا ابحاثهم من خلالها. فجاءت لمساعدتهم وإرشادهم للطريقة الفضلى في كيفية إعداد الأبحاث في بدء مسيرتهم الأكاديمية، وهي ليست نهائية وليست بديلة عن عشرات الكتب الأخرى، بل هي الخطوة الأولى التي ترشدهم إلى الطريق السوي.

القسم الأول

المكتبة

المكتبة والبحث العلمي التربوي

تعريف المكتبة

المكتبة هي المكان الذي يضم مجموعة من الكتب والمطبوعات المتنوعة، يتم ترتيّبها على الرّفوف حسب الموضوع ويوضع لها كشّاف على بطاقات خاصة، يسجل عليها اسم المؤلّف أو عنوان الكتاب. بالإضافة إلى أنه يوجود في المكتبة أيضاً؛ مواد أخرى يتم اقتناؤها في المكتبات المتخصصة، كالجامعيّة أو المكتبات الكبيرة، التي تشتمل على الكتب والموسوعات والقواميس والأطالس والخرائط والنّشرات، واللوحات الفنية، والقطع الموسيقية، بالإضافة إلى المواد السّمعيّة والبصريّة والأفلام والميكروفيلم والصّحف والدوريّات، فضلاً عن الكومبيوتر والوسائل التكنولوجية الاخرى.

تعتبر المكتبة مؤسّسة ثقافيّة إجتماعيّة توجد في مجتمع من المجتمعات، تهدف إلى خدمة ذلك المجتمع عن طريق المواد الثّقافيّة الّتي تساعد الأفراد والجماعات المتواجدين فيه، على زيادة ثقافتهم وترقية حصيلتهم الحضاريّة وتحقيق متعتهم الفكرية، وتسليم تلك المواد للأجيال القادمة سليمة متطوّرة، ومنظّمة تنظيماً يضمن حسن الإستفادة منها.

وبالاطلاع على هيكلية المكتبات التي تم التعرف عليها حتى الآن، يلاحظ أن هناك اختلافاً واضحاً الواحدة منها عن الأخرى. ومرد ذلك إلى عدة عوامل، إما بسبب كمية الكتب الموجودة فيها، أو أن اختلافها عائد لنوعية الرواد الذين يقصدونها، أو للجهة التي أسستها، أو لنوعية الخدمات التي تقدمها والأهداف التي تسعى لتحقيقها. فيكون هذا التنوع وذاك الاختلاف، سبباً لوجود أنواع مختلفة من المكتبات، يستشف أسم كل واحدة من موجوداتها، أو من الخدمات التي في داخلها، وتكون لها أيضاً سمة معينة، تشير إلى نوعية الجمهور الذي يتردد عليها.

وبذلك يكون دور المكتبة في مقدمة الأماكن التي يتردد عليها الطالب، للدراسة والبحث والتتبع، ومطالعة الكتب والدوريات، وقراءة البحوث والدراسات التي تتصل بموضوع بحثه. ولا يمكن التفكير بإعداد بحث من دون الاستعانة بالمكتبة، ومن النادر أن يكتفي الباحث بمحتويات مكتبته الخاصة ولا يتردد على المكتبات العامة، للإستفادة من محتوياتها في إعداد بحوثه ودراساته.

تاريخ المكتبات

ليس من الممكن تحديد الزّمان الّذي بدأت فيه المكتبات بالظهور، وإن كانت أقدم المكتبات، الّتي عندنا معلومات مؤكّدة عنها، كانت مزيجاً من المواد الكتابيّة والوثائق الحكوميّة والمحفوظات الرسميّة والبلديّة والترانيم الدّينيّة. وعلى الرغم من أن أقدم المكتبات في العالم وجدت في المعابد، إلا أنّه ليس من الحكمة أن نؤكّد أن هذا النّوع من المكتبات هو أقدم الأنواع وأكثرها أهميّة.

يرى بعض الاختصاصيين أن أقدم أنواع المكتبات التي عرفها العالم، تلك التي قامت في الجامعات وكانت مختصة بأعمال البحث والدراسات المتأنية. ومن أشهر مكتبات العالم القديم مكتبة نينوى الملكية التي أسسها الملك آشور بانيبال في قصره في نينوى في القرن السابع ق.م.، والمكتبة التي أنشأها أرسطو في القرن الرابع ق.م. في أثينا، وعرفت باسم مكتبة الليكيوم. كما اشتهرت في القرن الثالث ق.م. مكتبة الاسكندرية التي أنشأها البطالمة في مصر[١].

ولم يعرف ظهور المكتبات في العهود القديمة، إلا في عهد يوليوس قيصر (yolios Cesar) الذي يعود إليه الفضل بأنه أول من فكر بإنشاء مكتبات عامة، بعد أن وضع الخطط لقيامها، وعندما قتل قام خليفته أوكتافيوس (Oktaphios) بتحقيق مشروع أوغسطس بإنشاء المكتبات العامة.

بانتقالنا إلى العالم الإسلامي، نرى أنه لا يوجد في بداياته أي استعمال لكلمة

١ـ محمد ماهر حمادة: علم المكتبات والمعلومات، ص ٣٥.

مكتبة، ولم تظهر بمعناها الواضح إلا في العصور الحديثة والمعاصرة. ونحن نعلم أن المسلمين وإن امتازوا بمدوناتهم الكثيرة ومؤلفاتهم الوفيرة، إلا أنهم لم يلجأوا إلى تنظيم هذه المصادر، إلا في الفترات اللاحقة من حياتهم. فكانت أول مكتبة وصلت إلينا تسميتها من أدبياتهم، هي المعروفة ببيت الحكمة، التي أنشأها الخليفة هارون الرشيد في بغداد، ثم أوكل عنايتها من بعده إلى ابنه المأمون الذي عمل على رعايتها وتنميتها وتطويرها، بعد أن أقام فيها أقسام للترجمة والنسخ والتقميش والمطالعة.

عرف بيت الحكمة بعد هذا الوقت باسم خزانة الكتب، بمعنى "حفظ من التشتت وصان من الضياع ليدل على طبيعة المهمة التي تقوم بها المكتبة[١]".

وظهرت في العهود الإسلامية والعربية المتتالية، تسميات مختلفة للمكتبة، من بيت الحكمة إلى دار العلوم، إلى دار الحكمة، بالإضافة إلى خزانة الكتب. وعرفت في العصر الحديث باسم دار الكتب، حيث اشتهرت في بيروت دار الكتب الوطنية، وعرفت في دمشق باسم دار الكتب طوراً والمكتبة الظاهرية طوراً آخراً. وثبت الاسم مكتبة بصورته النهائية، وأصبح الأكثر تداولاً بين الناس، وعرف بذلك في مختلف البلدان كل حسب لغاتها[٢].

هذا وتوجد ثلاث مجموعات من المواد المكتوبة، وهي:

المجموعة الأولى: مجموعة المعابد، التي غلب عليها الطّابع الدّينيّ، وتتكون من الصلوات والتراتيل والترانيم.

الثّانية: المحفوظات والسّجلّات الحكوميّة، وهي السّجلّات الّتي تمتلكها الدّولة من أجل الضرائب ورواتب الموظّفين والمراسيم والقرارات وما شابه.

الثّالثة: مجموعة الأعمال المنتظمة الّتي إحتفظ بها رجال الأعمال من أجل حسن سير أعمالهم التّجاريّة.

ونتعرف فيما يأتي تباعاً، على محتويات المكتبة، التصنيف، التقميش،

١- هلال م. ناتوت: المكتبات والمحفوظات، ص ١٧.

٢- المرجع السابق ، ص ١٨.

الفهرسة، المكننة في المكتبة، محتويات المكتبة. فضلاً عن بعض الأنظمة العالمية في نظم المكتبات، واخيراً بعض الملاحظات في كيفية الاستفادة من عمل المكتبات.

تضم المكتبة - فضلاً عن الكتب - مصادر المعلومات التالية:

١ - الدوريات

هي مطبوعات تصدر في مراحل زمنية منتظمة ومتعاقبة وبأعداد وأجزاء متتالية، وتحت عنوان واحد وبأرقام متسلسلة.

٢ - الصحف

مطبوعات تصدر يومياً ونادراً ما تكون أسبوعية. والصحف أيضاً تحمل أعداد متسلسلة، وتاريخ اليوم الذي تصدر فيه، وتختلف في الحجم وعدد الصفحات عن الدوريات.

٣ - النشرات

مطبوعات تصدر بصورة دورية أو غير دورية منتظمة عن دوائر الدولة والشركات، تهدف إلى الترويج لصنف معين تنتجه شركة ما، أو لدعاية عن أنشطة شركة ما.

٤ - الكتيبات

مطبوعات يقل عدد صفحاتها عن خمسين صفحة، ولها أغلفة ورقية خفيفة. ويكون منها كتيب الجيب، وهو صغير الحجم، ويحكي عن عناوين ومواضيع مختلفة.

٥ - التقارير

منشورة وغير منشورة، وتصدر عادة عن الوزارات ودوائر الدولة، والجامعات والمعاهد والمراكز الثقافية والعلمية، وغيرها.

٦ - دور الناشرين

نشرات شهرية أو فصلية أو سنوية تصدر عن الشركات ودور النشر المحلية والعربية والأجنبية. وتنشر معلومات عن الجديد في عالم الكتب والدوريات، وتصل هذه النشرات دون مقابل إلى المكتبة.

٧ - البحوث والأطروحات

وهي عبارة عن بحوث أكاديمية لنيل الرتب الجامعية كالماجستير والدكتوراه.

٨ - المعاجم اللغوية واللفظية (القواميس)

المعجم كتاب يحوي مفردات وكلمات للغة معينة، أو اصطلاحات عن موضوع معين. تكون مرتبة ومنظمة بشكل محدد، وغالباً ما يكون هجائياً، مع توضيح لمعاني المفردات والكلمات والمصطلحات واستعمالها[١].

٩ - الموسوعات ودوائر المعارف

مراجع تفيد الباحث في إيجاد معلومات عامة لمختلف العلوم والمعارف البشرية، كدائرة المعارف البريطانية ودائرة المعارف لبطرس البستاني. قد تكون

الموسوعة متخصصة في مجال معين، كالموسوعة الطبية الحديثة والموسوعة الفلسفية المختصرة.

تغطي جميع الموضوعات بصفة عامة، ومن ثم فهي أصلح أنواع المراجع للتثقيف الذاتي. توضع الموسوعات ودوائر المعارف عادة، من قبل المختصين فيها وتعطي فكرة مختصرة عن كل موضوع، وفيها معلومات عن الأشخاص والأحداث والأماكن[٢]. ترتب محتوياتها ترتيباً هجائياً، وتبوب حسب المواضيع،

١- عصمت عبد المجيد بكر: المدخل إلى البحث العلمي، ص ٧٨ - ٧٩.

٢- منها: دائرة المعارف الإسلامية، دائرة المعارف البريطانية، La rousse الفرنسية، وغيرها من الموسوعات.

وتصدر منها إضافات وملاحق خلال فترات زمنية متلاحقة، لتكون على مواكبة مع أبرز الأحداث وآخر التطورات التي تستجد على صعيدي العلم والمعرفة.

أشهر دوائر المعارف: دائرة المعارف البريطانية، ودائرة المعارف الأميركية، وأهمها في اللغة العربية: دائرة معارف القرن العشرين، ودائرة المعارف الحديثة، والموسوعة الذهبية، ودائرة المعارف الإسلامية، وهي مترجمة عن الإنكليزية أو الفرنسية أو الألمانية، وهي اللغات التي كتب بها المستشرقون، وموسوعة الفقه الإسلامي، وموسوعة دائرة المعارف، والموسوعة العربية، التي تصدر حالياً في سوريا. وهناك غير ذلك من الموسوعات الأجنبية والعربية[١].

١٠ - المخطوطات

هي أصل الكتاب، وواجب المكتبة امتلاك أكبر كمية من المخطوطات، ولا سيما النادرة منها وحفظها وصيانتها من التمزق والعبث والتآكل، وتيسيرها للباحثين، حتى يتمكنوا من نشرها، ويلحق بالمخطوطات الوثائق المخطوطة الشخصية والسجلات الحكومية القديمة، وكل ما يمت إليها بصلة.

١١ - البيبليوغرافيا

وهي قوائم ولوائح مرتبة بطريقة من الطرق، تحوي أسماء الكتب والمقالات والنشرات الدورية التي تبحث في موضوع معين أو في عدد من المواضيع المعينة، وتكون شاملة.

١٢ - السلسلات

وهي إما مختصرات أو كتب متعددة، تدور ضمن عناوين محددة، وتحوي معلومات ثقافية أو علمية أو أدبية أو اجتماعية. وقد تكون منشورات دورية تصدر على فترات منتظمة، وتحوي معلومات متجددة، تصدرها غالباً هيئات، وتكون

١ـ رجاء وحيد دويدري: البحث العلمي، أساسياته النظرية وممارساته العملية، ص ٣٦٣.

مرتبة بطريقة معينة. وقد تكون السلسلات عامة أو في حقل واحد من حقول المعرفة.

١٣ - الوثائق الرسمية

وتشمل معلومات أساسية لا يمكن الإستغناء عنها، كمحاضر جلسات البرلمانات الحكومية، وخطابات الرؤساء والحكّام والوزراء وباقي المسؤولين. ويلحق بهذا النوع من الوثائق ما تصدره الهيئات العالمية، كالأمم المتحدة واليونسكو ومنظمة الصحة العالمية.

١٤ - الكشّافات

هي كشافات المجلات والصحف والدوريات الأخرى الأساسية، وهي مهمة للباحث، لترشده إلى البحوث والدراسات والمقالات ومكان نشرها، وفي ذلك اقتصاد في وقت الباحث.

١٥ - معاجم التراجم والأنساب

تتناول حياة الأشخاص قديماً أو حديثاً وسيرهم وإنجازاتهم وأعمالهم الفكرية والتاريخية ومناهجهم، وغير ذلك من المعلومات المهمة.

١٦ - البيبليوغرافيات (قوائم المؤلفات)

مراجع تثبت مجموع الإنتاج الفكري بشكل قائمة مؤلفات أو مطبوعات. وقد تكون متخصصة كقائمة مؤلفات في القانون، وقد تكون للنتاج الفكري في بلد أو أكثر.

١٧ - المصادر الجغرافية والأطالس

مراجع تساعد في تحديد مواقع جغرافية معينة، وهي معاجم البلدان والأدلة السياحية التي تعطي وصفاً الأماكن والمواقع الجغرافية

١٨ - الخرائط

الخرائط أنواع، مسطحة كالرسم أو التصوير على الورق أو القماش،

مجسمة من الجبس أو الطين أو الحجر، أو أي مواد أخرى تظهر عليها المواقع والتضاريس بشكل مجسم وبارز.

١٩ - الكتب السنوية (الحوليات)

وهي مطبوعات تظهر سنوياً وبشكل متسلسل، تحتوي على معلومات معاصرة للأحداث وتجدد هذه المعلومات في كل طبعة. وغالباً ما تصدر عن الجامعات والمراكز الأكاديمية.

٢٠ - المواد السمعية البصرية

كالأفلام والشفافيات والشرائح والأسطوانات والتسجيلات والصور والكرات الأرضية والمصغرات (المايكروفيلم)[١] وهي من أنواع التصوير الدقيق، وفق مقاييس لا يمكن الإطلاع عليها بالعين المجردة. ظهرت في النصف الأول من القرن التاسع عشر، وتعد المصغرات النوع الأول في الفهارس الآلية والفهارس المصغرة، وقد إنتشرت بعد أن أصبح إنتاجها ممكنا كمستخرجات الحاسوب.

٢١ - الحاسب الألكتروني (الكومبيوتر)

الحاسب الآلي (Computer)، هو جهاز إلكتروني أو منظومي يستطيع القيام بكافة الأعمال الحسابية ومعالجتها، بحيث يستقبل البيانات (Data)، ويستعان ببرنامج (Program) خاص يتضمن نتائج تعليمات توضح مراحل وخطوات إجراء عملية تشغيل البيانات وتحريكها، كي تخرج وتسترجع في النهاية على شكل نتائج وإجابات.

يتميز بوجود ذاكرة أو وحدة تخزين للمعلومات، وبأنه سريع وحساس ودقيق ومنظم للمعلومات، ومجالاته الموضوعية متعددة، كذلك خدماته المكتبية. وقد اعتمدته المكتبات الكبيرة والصغيرة والشخصية، لتنظيم ومعالجة عدة عمليات فنية للخدمة المكتبية، كالتزويد والفهرسة والتصنيف والتكشيف والأدلة

١ـ المرجع السابق، ص ٣٧٥.

والمكتشفات والحصول على قوائم معينة للمؤلفين[1].

٢٢ - الإنترنيت

من أهم مميزات الإنترنيت أنه يؤمن تنوعاً في المعلومات، ويتيح الإمكانيات الواسعة للتعامل مع مختلف المعلومات المنتشرة في العالم، والإستفادة منها. كما يستخدم الإنترنيت في قطاع التجارة والإعلام والسياحة، فقد أصبح عنصراً هاماً وفعالاً في مجال البحث العلمي والتربوي، بحيث أصبحت إستخداماته في هذا المجال منطلقاً ومرتكزاً لكل باحث ولمراكز الأبحاث، أو معاهد الدراسات، وبواسطته يتمكن الباحث من الإطلاع على أحدث المكتشفات وأهم المخترعات، التي توصل إليها العلماء في مختلف أرجاء العالم، وفي كافة المجالات العلمية[2]. وقد أصبح إستخدام الإنترنيت في مجال شراء الكتب ينافس الوسائل التقليدية؛ مما جعل أمر التوصل إلى ما يهدف إليه الباحث/الطالب من معلومات علمية سهلاً وسريعاً وغير مكلف.

المكتبة ودار المحفوظات ودار الوثائق

لم يكن هناك من فرق بين المكتبة ودار المحفوظات ودار الوثائق في أوّل الأمر، وقد إختلف الأمر مع التطورات العلمية المتسارعة، بحيث باتت هذه النقاط من أساسيات المكتبة، ونسخت الفكرة القديمة، بأنّه لا توجد وثائق أو محفوظات في المكتبات، فضلاً عن أن دور المحفوظات والوثائق لا تحوي كتباً. ومع عملية التقدم العلمي؛ وإزدياد الإقبال على الكتب، تغيرت النظرة القديمة وباتت الكتب ومواد أخرى كتبيّة، موجودة في دور الوثائق والمحفوظات، كما وأن هناك وثائق صارت موجودة في بعض المكتبات. ويمكن توضيح الفرق بين هذه الأنواع في ثلاث نواحي:

١- J.P. Dickinson، " Science and scientific research in modern Society ". OP. Cit. p. 98

٢- المرجع السابق، ص ٣٦٥ - ٣٦٦.

١ ـ المواد وطبيعتها.

٢ ـ الرواد وثقافتهم وإهتماماتهم.

٣ ـ التّنظيم

أغلب المواد الموجودة في دور الوثائق والمحفوظات، هي عبارة عن سجلاّت ووثائق رسميّة، بينما أغلب المواد في المكتبات كتب ومواد كتبيّة. كما وأن روّاد دور الوثائق والمحفوظات هم من الرّسميين أو الباحثين، ذلك أن دور الوثائق والمحفوظات أسست لغرض رسميّ محدد هو حفظ وثائق وسجلاّت الدولة أو البلديّة أو الوزارة، وترتيبها والرّجوع إليها عند الحاجة، لذلك لا يقصدها إلاّ الموظّف المختصّ المكلّف بمهمّة رسميّة، أو الباحث في موضوع معيّن له علاقة بهذه الوثائق. على حين أن أغراض تأسيس المكتبات كثيرة منها التّعليمي بأنواعه ومراحله، ومنها الأكاديمي المتّصل بالبحث والدّرس، ومنها الإخباري ومنها التّرفيهي... ولذلك تتعدّد إهتمامات روّاد المكتبات وثقافاتهم ووظائفهم، كما أن كثيراً من الأفراد والجمعيّات والمعاهد، قامت بتأسيس عدة مكتبات، على حين قلّما نجد أفراداً قاموا بتأسيس دوراً للوثائق أو للمحفوظات. كذلك يختلف تنظيم المواد الموجودة في دور الوثائق والمحفوظات عن تنظيم تلك الموجودة في المكتبات.

التصنيف

من أهم الأعمال التي تتم داخل المكتبة، عملية التصنيف، التي تقوم على ترتيب المواد، بحيث تكون جميع الكتب ذات الموضوع الواحد في مكان واحد على الرف، وترتب هذه المواضيع ترتيباً منهجياً، يتقدم فيها العام على الخاص، بشكل يلبي الغاية من وجودها، وتحقق الأهداف الأساسية للمكتبة، لتسهيل الوظائف المطلوبة منها

تقوم عملية التصنيف على تنظيم المجموعة الوفيرة من مقتنيات المكتبة، ذات الموضوعات المختلفة والأشكال المتعددة، ليستفيد منها أكبر عدد ممكن من روادها، الباحثين والدارسين في مختلف مناحي المعرفة، الإنسانية والمعلوماتية والتكنولوجية. من هنا كانت أهمية عملية التصنيف في المكتبات المختلفة، ومراكز المعلومات والبحوث والدراسات.

تنبع أهمية التصنيف من خلال قيامه بتنظيم الكم الهائل من المعلومات، التي تضمها المصادر العديدة، وهي المعروفة في العصر الحديث بثورة المعلومات، التي تشير إلى توافر المعرفة بموضوعات ولغات كثيرة. فباتت معها الحاجة ضرورية إلى قيام الأسس؛ وإقرار نظم محددة، لتنظيم هذه المصادر، حتى يمكن تعميم الفائدة منها على أكبر شريحة ممكنة من أفراد المجتمع. ومن دون تحقيق هذا التنظيم، تكون المكتبة كالمخزن، الذي يقوم بتكديس أشياء لا يمكن الإستفادة منها.

تعريف التصنيف

التصنيف Classification كلمة مشتقة من Class أي قسم أو فئة أو طبقة أو طائفة، وجميعها تشير إلى مجموعة من الأفراد أو الأشياء تتشابه في خصائص معينة. من هنا، عرف التصنيف بأنه: " جمع الأشياء المتشابهة معاً

وفصـل الأشيـاء غـير المتشابهة، ويتحـدد التشـابه والاختـلاف عـلى أسـاس امتـلاك الأشياء، أو عـدم امتلاكهـا لصفـة جوهريـة تسـمى الخاصية ".

عرف تصنيف المواد المكتبية، على أنه: " جمع المواد المتشابهة وفصل المواد غير المتشابهة، ويتحدد التشابه أو الاختلاف على أساس التشابه الموضوعي، لأنه الصفة أو الخاصية الجوهرية للمواد، وهو الموضوع أو المحتوى الفكري ".

التصنيف في المكتبة، هو الخطة التي تعتمدها أي مكتبة لترتيب الكتب وسواها من الموجودات في داخلها، بتتابع منطقي حسب الموضوع أو الشكل. ويعني التصنيف في هذه الناحية تحديد مكان الكتاب أو غيره من المقتنيات، التي تضمها المكتبة.

يعود تاريخ التصنيف إلى زمن موغل في القدم، فقد أنكر أفلاطون تقسيم العلوم، وكان يرى أن المعارف البشرية كلها، تعود إلى علم واحد، وكان يعتبره العالم الحقيقي.

قسم أرسطو المعرفة تقسيماً فلسفياً على أنها المعرفة. لذلك فقد ميز بين العلوم النظرية والعلوم العلمية والعلوم الإنتاجية، التي كان منها الشعر والبلاغة والجدل.

أما في العصور الوسطى، فقد غاصت عملية التصنيف في الفوضى، بسبب عدم الاستقرار، التي كانت مسيطرة على مختلف مظاهر المجتمع المضطرب آنذاك.

وقام اليسوعيون بذات عمليات التصنيف الرومانية، فقسموا الكتب إلى قسمين: قسم لكتب المؤلفين من المؤمنين، والقسم الثاني للكتب الموضوعة من قبل الهراطقة.

ويعتـبر كليماخوس (KLIMAGHOS) مـن أشـهر فلاسـفة العـالم القديـم،

الذيـن اشـتغلوا بنظـام التصنيـف. إذ قـام بإعـداد تصنيـف خـاص لمجموعـات الكتـب التـي ضمتهـا مكتبـة الإسـكندرية. ويعتـبر هـذا التصنيـف مـن أقـدم الأنظمـة التـي وصلتنـا. قـام كليماخـوس بتقسـيم المعرفـة إلى ثلاثـة أقسـام:

أ) فن الخطابة ب) القانون ج) المتنوعات

ثم اكتشف من نظامه قسمين آخرين، دارا على التاريخ والفلسفة.

أما المسلمون فقد اشتهر عندهم كل من الكندي والفارابي، اللذان اهتما بتصنيف وتنظيم المكتبات. وقيل عن الكندي أنه أول من قام بوضع تصنيف للعلوم، كان قريباً إلى حد ما من تصنيف أرسطو.

ويعتبر تصنيف الفارابي لعلوم عصره، واحداً من أقدم التصانيف العربية. وكان له تأثير واضح في كل التصانيف التي وضعت من بعده.

وفي العصور الحديثة، جرت محاولات عديدة لوضع نظم تصنيف المكتبات ومجاميع الكتب. ويعود تاريخ أولى هذه المحاولات إلى بداية القرن السابع عشر. وأول التصانيف كان التصنيف الذي ألفه غبريال نوديه (Gabriel Naude) الفرنسي، وقسم فيه المعرفة إلى اثني عشر صنفاً، هي: العبادات، مصادر الكتب، الفنون الحربية، المجمع المقدسي والنظم الكنائسية، الجغرافية، العلوم السياسية، الطب، التقاويم والوقائع الزمنية، التشريع، الفلسفة، التاريخ، الأدب[1].

جـاء بعـده تصنيـف برونيـت (Brunet) الـذي تبنتـه المكتبـة الوطنيـة في باريس ويعد تصنيف كونراد فون جسنر (Conrad Von Gesner) العالم المتخصـص في النبـات والعلـوم الطبيعيـة أول تصنيـف قسـم المعرفـة تقسـيماً فلسـفياً،

وكان قـد تأثـر بتصنيـف الفيلسـوف فرنسـيس بيكـون (Francis Bacon). ثـم وضعـت تصانيـف أخـرى منهـا تصنيـف ديـورث (Diwarth) وتصنيـف هاريـس

١ـ عصمت عبد المجيد بكر: المدخل إلى البحث العلمي، ص ٨١.

(Harris) سنة ١٨٧٠، لم يكتب لها الإنتشار.

بعد هذه المحاولات ظهر تصنيف ملفل ديوي (Melvel Dewey) العشري الذي وضعه عام ١٨٧٦، وقيل أنه أخذه عن تصنيف هاريس. وسوف نعود إليه فيما بعد.

خصائص نظم التّصنيف

أهم الخصائص الّتي يجب أن تتوفر في نظام التّصنيف لكي يكون وافياً بالغرض هي الآتية:

١ ـأن يشتمل قدر الإمكان على جميع الموضوعات التي يحتمل تداولها في المؤسّسة الّتي تستخدمه.

٢ ـالمرونة وقبول نظام التّصنيف لأيّ موضوعات جديدة دون إخلال بالشّكل العام له.

٣ ـالمنطقيّة بحيث تقسم الأبواب الرئيسيّة في نظام التصنيف منطقياً. مثلاً: يأتي تصنيف الصّحافة العامّة تحت باب وسائل الإعلام، وتأتي الصّحافة المدرسيّة، في باب التّعليم لأنّها متصلة بالتعليم.

٤ ـ المصطلحات الفنيّة الموحدة بحيث تأتي المصطلحات الفنيّة المستخدمة في الأبواب والفصول والأقسام، محددة تماماً ولا تحدث أي إلتباس.

٥ ـالتّرقيم ضروري جداً في نظام التّصنيف حتى يسهل إستخدامه، وكلّما كان التّرقيم بسيطاً وسهلاً، أمكن حفظ الأرقام في الذّاكرة وإستعادتها بسرعة وسهولة، وتحديد مكان كل موضوع في نظام التّصنيف، كما يحدد مكان المادة المرقمّة على الرّف أو في الأدراج.

٦ ـالفهرس الكشاف الأبجدي الذي يسهل العمل في نظام التّصنيف الضخم والمتشعّب، وتصبح عملية البحث فيه سهلة في الموضوعات المختلفة، لذلك من الضروري وجود فهرس كشّاف يساعد على سرعة تحديد مكان

كل موضوع او كتاب.

٧ ـ العموميّات التي يتضمّنها نظام التّصنيف كأماكن للموضوعات العامّة، التي يمكن أن يسع فيها دوائر المعارف العامة والصحف والثقافة العامة وما شابهها.

٨ ـ الموضوعات المتشابهة والأرقام الثّابتة التي تتكرّر في أماكن مختلفة من نظام التّصنيف، فإنّه من الضروريّ توحيد أرقامها حتّى يمكن حفظها في الذّاكرة.

من المهم الإشارة إلى أهمية نظام التصنيف في كل المكتبات، ليكون لديها حصر ورقابة بيبليوغرافيّة، قادرة على القيام بالأبحاث وتقديم المعلومات المطلوبة منها، وتكون مركزاً لتبادل الخدمات المكتبيّة والبيبليوغرافيّة، ومركزاً لعرض فنون الخط وتطوره عبر العصور. كما يكون لديها مكان لخزن المواد اللازمة للمستقبل، وخطّة لتدريب موظّفيها على أعمال المكتبات وطرق تنظيمها فنيّاً وإداريّاً، وتدريبهم على الخدمات والنّواحي القانونيّة والتربويّة والتّرفيهيّة والإجتماعيّة. كذلك يجب أن يكون لديها خططاً للحاضر والمستقبل، للتفاعل مع الجمهور ومع المجتمع الموجودة فيه الّذي أنشئت من أجل خدمته. هذا طبعاً إلى جانب قدرتها على تنظيم موادّها تنظيماً فنيّاً يمكّنها من تحقيق خدمة أفضل وأسرع لأكبر عدد ممكن من الرّواد، عن طريق تصنيف المواد تصنيفاً موضوعيّاً وإيجاد الفهارس المنظّمة والخدمة المصدريّة الممتازة.

كذلك هناك واجبات إضافيّة أخذت بها المكتبات الشّهيرة في العالم مثل:

مكتبة الكونغرس الإميريكيّة وغيرها، وتشمل التّصوير وتجهيز المعلومات والبيانات والتّرجمة والخدمة المختصّة بالفهرسة وإيجاد الملخصات والمستخلصات، والخدمة المختصّة بمساعدة العاجزين كالعميان والصم وغيرهم.

طرق التّرتيب في نظم التّصنيف

يمكن إجمال طرق التّرتيب الأساسيّة في نظم التّصنيف كالآتي:

١. التّرتيب الموضوعي الذي يقوم على ترتيب الموضوعات على أساس العلاقات المنطقيّة بينها، وذلك بإتباع التّصنيف الطبيعي.

٢. التّرتيب تبعاً لأسماء الأشخاص ويتم بتجميع الأوراق أو المواد المتعلّقة بالشّخص سويّاً، ويكون ذلك طبقاً لإحتياجات العمل، وبإتّباع التّصنيف العرضي.

٣. التّرتيب تبعاً لأسماء الجهات أو المشروعات ويتم بتجميع الأوراق أو المواد المتعلّقة بكل جهة سويّاً، كتجميع أوراق كل مؤسّسة مع بعضها، أو تجميع أوراق كل مشروع على حدى، وذلك بإتباع التّصنيف العرضي.

٤. التّرتيب تبعاً لأسماء الوحدات الجغرافيّة ويتم بتجميع الأوراق أو المواد المتعلّقة بكل دولة أو إقليم جغرافي أو محافظة أو مدينة سويّاً، وبإتباع التّصنيف العرضي.

٥. التّرتيب تبعاً للتاريخ ويتم بتجميع الأوراق أو المواد تبعاً لتاريخ صدورها أو نشرها أو حدوثها، مثل تجميع القوانين، وبإتباع التّصنيف العرضي.

٦. التّرتيب تبعاً للشكل ويتم بتجميع الأوراق أو المواد تبعاً لشكلها المادي أو تبعاً للشكل الّذي صيغ فيه موضوعها، وبإتّباع التّصنيف الشّكلي.

الكتب والمكتبات

أنواع الكتب

تنقسم الكتب إلى قسمين رئيسيّين:

١. الكتب العامّة التي يكون الهدف منها الحصول على المعلومات والمتعة الفكرية والتسلية الوقتية. ليس من الضروري أن تكون هذه الكتب شاملة أو مركزة أو مرتبة بطريقة معينة أو موضوعية في معالجة المعلومات.

٢. كتب المصادر الغاية منها الحصول على نوع معين من المعلومات، أو قدر معين من المعرفة. وتكون كتب المصادر شاملة في مداها ومجالها، ومركزة في معالجتها للموضوعات، ومرتبة بشكل معين وطريقة معينة لتسهيل عملية إيجاد المعلومات بسهولة ويسر. معلوماتها صحيحة ومعالجتها موضوعية. هي المنبع وفيها الأصول، تضم حقائق أساسية وصحيحة. تأخذ مواصفاتها من الكتب القديمة القريبة من الموضوع الذي تتناوله.

وهناك كتب مصادر عامة تعالج المعرفة الإنسانية ككل، مثل دائرة المعارف البريطانية وكتب مصادر في كل فرع من فروع المعرفة كدائرة المعارف الإسلاميّة.

كما توجد أنواع أخرى من كتب المصادر، سبق وتمت الإشارة إلى بعضها في باب المحتويات التي تضمها المكتبة، ونشير هنا إلى نوع أخر منها، وهي:

١. كتب الدلالة والإرشاد التي تقوم على مساعدة الطلاّب والبحاثة، من أجل إيجاد قوائم بيبليوغرافيّة ومواد مصدريّة أخرى جاهزة في حقل إختصاصهم.

٢. البيبليوغرافيا وهي قوائم ولوائح مرتّبة بطريقة من الطّرق، تحوي أسماء الكتب أو المقالات أو النّشرات الدوريّة الّتي تبحث في موضوع معيّن، أو في عدد من المواضيع المعيّنة، وتكون شاملة.

٣. الفهارس والمجموعات والملخصات، مطبوعات دوريّة تحصر وتلخص الكتب والمصادر الخاصّة بموضوعات معيّنة.

٤. الموسوعات والمعاجم التي تقوم بمسح عام للمعرفة الإنسانيّة، أو في حقل خاص من حقول المعرفة، أو في عدد من الموضوعات ذات الصّلة المشتركة. ويجب أن يكون المحرّر والمساهمون في تحريرها من المختصّين، والموسوعات والمعاجم هي العمود الفقري لقسم المصادر في المكتبات.

٥. المراجع وهي تركيب متجانس من معلومات متفرّقة، وتكون المراجع مهمّة في الموضوعات المتخصّصة. مصادرها مختلفة ومتنوعة. يتم الاستعانة بها لاستكمال المعلومات والتثبت من حقائقها. ويقال أنه كلما كان المرجع أقرب إلى العصر الذي يتناوله، كلما كان أقرب لأن يكون مصدراً، وتكون معلوماته أهم وأدق[1].

٦. معاجم المصطلحات الخاصّة التي تكون في لغّة واحدة، وتهدف إلى إعطاء تعاريف محدّدة عن طريق إيراد تعريفات أدق وتمييز أوضح. أو قد تكون في لغتين أو أكثر، وفيها تعطي نفس التعريفات للطلاّب في إعداد بحوثهم ونشر وتوزيع المعلومات ونقل التّراث العالمي من وإلى اللّغة المحليّة.

أنواع المكتبات

أهم أنواع المكتبات الموجودة في العالم في وقتنا الحاضر، هي:

١. المكتبات العامّة، وهي المخصصة للجمهور بشكل عام وكلي، يقصدها الجميع بلا إستثناء، للمطالعة أو قراءة الصحف، أو البحث عن معلومة معينة. وفي الوقت الحاضر صارت المكتبة أيضاً مكاناً يأمه الطلاب للدراسة.

٢. مكتبات الأطفال، تهتم الدول الرّاقية والحديثة بهذا النّوع من المكتبات من أجل توجيه أطفالها الإتّجاه الذي ترغب فيه تلك الدول، وتتميّز هذه المكتبات بموادها السهلة والواضحة، القائمة على المحسوس، وتكون جذّابة، أنيقة ومشوّقة.

١ ـ يوسف عبد الأمير طباجه: منهجية البحث، تقنيات ومناهج، ص ١٥٥.

٣. المكتبات الوطنيّة وهي مؤسسات كبرى أوجدتها الدّول لتكون مستودعاً للنشاط الرّسميّ في حقل البحث والتأليف ونّشر الكتب؛ وكل ما له علاقة بذلك. هذه المكتبات هي مقر الإبداع القانونيّ الّذي يمكن بموجبه حماية الملكيّة الأدبيّة وحقوق التّأليف للمؤلّفين.

٤. المكتبات الحكوميّة وهي مكتبات بحث رسميّة، أوجدتها الدول لتسهيل عمل الباحثين المكلفين بذلك رسمياً.

٥. المكتبات الخاصّة، من أقدم أنواع المكتبات في العالم. أنشأها الملوك والحكّام والأغنياء، الذين كان همّهم إيجاد مكتبات خاصّة بهم لإستعمالهم الخاصّ. وقد حفلت البلاد الإسلاميّة إبّان إزدهار الحضارة الإسلاميّة بالمكتبات الخاصّة الّتي إمتلكها الأغنياء والعظماء والعلماء والأدباء، وتعتبر من أقدم المكتبات ظهوراً في الإسلام.

٦. المكتبات الدينيّة، ظهرت في دور العبادة، في المساجد والمعابد، أغلب محتوياتها الكتب الدينيّة، وكتب العبادات والطقوس الدينية.

٧. المكتبات الفنيّة المخصّصة لموضوعات فنيّة بحتة، أو تلك التي تلحق بمعاهد فنيّة، وتتركز مقتنياتها على الأعمال الموسيقية أو الرّسم أو النّحت أو التّصوير.

٨. المكتبات المدرسيّة وهي مكتبات تلحق برياض الأطفال والمدارس الإبتدائيّة والمتوسّطة والثانويّة ومعاهد إعداد المعلّمين وغيرها. وقد زاد الإهتمام بهذا النّوع من المكتبات على أثر النّظريّات التّربويّة الحديثة الّتي تعترف بالفروق الفرديّة بين الطلاّب وتهتم بنفسيّاتهم وقدراتهم وتحاول تنمية شخصيّاتهم ومواهبهم.

٩. المكتبات المتخصّصة الملحقة بالمصانع والشركات والمعاهد التقنيّة،

والمتخصصة في البحث والتّجارب والإختراعات. تتلاءم محتوياتها وطرق تنظيمها وخدماتها، مع طبيعة الشركة ذات الإنتاجية المعينة.

١٠. المكتبات الأكاديميّة والجامعيّة المخصّصة للبحث والدّرس، من أقدم أنواع المكتبات ظهوراً في التّاريخ. كمكتبة نينوى الملكيّة، ومكتبة الإسكندريّة الشّهيرة، ومكتبة بيت الحكمة، الّتي أسّسها هارون الرّشيد في بغداد، وأوكل إلى ابنه المأمون رعايتها، حتّى أصبحت أهم مراكز البحث والتأليف والنقل والدرس، في ذلك الوقت. تهتم المكتبات الأكاديمية بخدمة المناهج التّعليميّة ومساعدة الأساتذة .

١١. مكتبات المكفوفين والمصابين بعاهات وهي خاصّة بالمكفوفين والصّم والخرس وغيرهم من أصحاب العاهات، مصنوعة بطريقة تعتمد على اللّمس والحواس السّمعيّة بالنّسبة للعميان، والمواد الّتي تعتمد على الحواس اللمسيّة والبصريّة بالنّسبة للصّم والبكم.

أقسام المكتبة

حتى تحقق المكتبة مهمّتها يجب أن تقوم بعمليّتين اساسيّتين:

الأولى أن تزوّد نفسها بالمواد الّتي تحتاجها. والثّانية أن تنظّم هذه المواد بشكل يكفل تحقيق الأهداف الّتي وجدت المكتبة من أجلها.

هذا وتقوم المكتبة بمهام عديدة، تعتبر من صلب وجودها، وتتوزع على الأقسام التّالية:

١. قسم التّزويد الذي يقوم بتزويد المكتبة بالكتب والمجلّات والمواد الأخرى الضرورية، وهي مصدر وجودها.

٢. قسم التسجيل مهمّته إستلام الكتب من قسم التّزويد وتسجيلها وجعلها جاهزة لوضعها على الرّفوف بعد فهرستها وتصنيفها، وهو من الأقسام المهمة في المكتبة، من أجل ضبط محتوياتها وحسن إستخدامها من قبل الموظفين،

والجمهور بشكل إقتصادي بسيط وبأقل كلفة ممكنة. ويتم هذا من خلال مجموعة عمليّات تبدأ بالفهرسة حسب الموضوع أو المؤلّف، وتصنيف الكتب وفق الموضوعات على الرفوف لسهولة إيجاد الكتاب المطلوب، ويسجّل رقم التّصنيف الّذي يعطي للكتاب على بطاقة الفهرس، ويوضع على كل كتاب يرد إلى المكتبة، شعار المكتبة إن وجد، ويكون مصنوعاً (يسمى ختماً) من مطاط عليه إسم المكتبة المالكة للكتاب، والتّرقيم إي كتابة رقم التّصنيف على ضلع الكتاب إذا كان نظام التّصنيف المتّبع هو ترتيبها على الرّفوف، ولصق بطاقة الكتاب على الجهة الداخلية للجلادة الأخيرة، بهدف إثبات هويته وملكيته، وذكر القسم أو الفرع الذي يعود له، ذلك الكتاب وبيان أنظمة الإعارة وجزاء التأخير والغرامة وبيان موعد إعادته.

٣. قسم الفهارس والتّصنيف وتعتبر عملية الفهرسة والتصنيف من أكثر الأعمال أهمية في المكتبة. يقصد بها تسهيل إيجاد الكتاب المطلوب باقصر وقت وبأقل جهد، ولأكبر عدد ممكن من القرّاء.

٤. قسم الإعارة بعد أن ترتّب الكتب وتوضع على الرّفوف، من واجب أمين المكتبة ومساعديه وضع الكتب في الإستعمال والتداول. وتسمح جميع أنواع المكتبات بالمطالعة الداخلية لجميع الرواد، أما الإعارة الخارجية؛ فتتوقف على نوع الكتب والرواد الذين تقوم بخدمتهم.

٥. قسم الإرشاد والمصادر من الأقسام الأساسية في المكتبة، حيث تمتاز مكتبة عن أخرى، بمدى خدماتها وبمجموعة المصادر الموضوعة لخدمة الرواد. وقد عرف العرب في عصور إزدهارهم كتب المصادر، وأدركوا أهميتها وسموها بكتب الأصول المنسوبة، وكتب الأمهات والكتب الأساسية، أي انها الكّتب التي تحوي أساسيات العلم، والحقّائق التي تحويها لا يرقّى إليها الشك أو الجدل.

٦. قسم الصيانة يقوم بمراجعة الكتب للتأكد من أن جميع الموضوعات ممثلة

بشكل جيد في المخازن ومتوازنة، كما يقوم بجرد المكتبة، لمعرفة الكتب التي فقدت والسعي لتأمين نسخ بدلاً من النسخ المفقودة.

وتقوم مهمة أمين المكتبة على توجيه الموظفين إلى طريقة التعريف بالمقتنيات الموجودة في المكتبة، ومن أهمها الكتب والعناية بها وإصلاحها وتنظيفها من الغبار الذي يعلق بها، وحمايتها من العث والأرضة والحشرات. وترشيدهم كذلك إلى المحافظة على درجة الحرارة، والعمل على بقاء معدل الرطوبة ثابتاً في المخزن، والمحافظة على درجة التّهوئة، وتحضير الوسائل اللازمة لإطفاء أي حريق، قد يندلع فجأة.

المكننة في المكتبة

بعد الحرب العالمية الثانية، تم إدخال المكننة في النشاطات المكتبية، كالفهرسة والتصنيف والإعارة والتزويد والكشافات. ومن أسباب ذلك:

١ - الحاجة إلى السرعة في إتخاذ القرارات التي تبنى على المعلومات.

٢ - الزيادة الكبيرة في كمية المعلومات وضرورة السيطرة عليها.

٣ - الدقة المتناهية في إعطاء المعلومات.

٤ - الحاجة إلى السرعة في نقل المعلومات من مصادرها المختلفة، وذلك عن طريق ربطها بقواعد معلومات، كربط المكتبات الجامعية والمتخصصة ببعضها لإخضاع محتوياتها للمستفيد.

ومن أبرز الأمثلة على إدخال المكننة في أعمال المكتبة، استخدام الحاسبات الآلية في إخراج وإنتاج كشافات الدوريات.

ويلاحظ أنه أصبح، من غير الممكن لأي مكتبة أن تكتفي ذاتياً، نتيجة للتضخم الهائل في حجم النتاج الفكري، الذي ينشر كل عام، سواء أكان على شكل دوريات أم كتب أم تقارير علمية وغيرها.

ومن المجالات التي يستطيع الحاسب الآلي أن يلعب دوراً أساساً فيها، تنظيم الدوريات وإعداد الببليوغرافيات وقوائم المطبوعات المختلفة[1].

وضمن التطور الهائل الذي يشهده العالم في مجال الثورة التقنية، وإدخال الحاسوب في المكتبات، حيث سيحل الفيديو والأجهزة الألكترونية محل الأوراق وسيطاً، ويحدث تغييراً واسعاً في مجال النشر التقليدي، وستحل الأجهزة الأخرى محل القواميس والمراجع والكتب.

ومن المؤمل أن يحدث استخدام أقراص الليزر والحافظات في خزن المعلومات واسترجاعها، تحولاً علمياً مهماً، في مجال توفير المعلومات الهائلة والدقيقة للمخططين، ومتخذي القرارات، والباحثين، والمستفيدين الآخرين في مجالات الحياة المتعددة.

لا يزيد قطر هذه الأقراص والاسطوانات الصغيرة على (١٢) سم، تستوعب حوالي (٥٥٠) مليون رمز (حرف، رقم، إشارة، إلخ) وبلغة الوثائق الورقية المطبوعة، كما تستوعب ما يقرب من (٢٧٠ /٠٠٠) صفحة ورقية بالحجم الاعتيادي.

يمكن قراءة الأقراص بوضعها في جهاز خاص بها لقرائتها، يشبه جهاز التسجيل المرئي (الفيديو) ويكون مرتبطاً سلكياً بحاسب آلي دقيق (مايكروكومبيوتر) وجهاز آخر طابع، وتقوم شاشة الحاسب بقراءة الأقراص وإستعراضها بسرعة فائقة جداً، وبحسب طلب الباحث أو المستفيد، الذي يقوم بكتابة تعليماته وطلباته بواسطة لوحة المفاتيح (أزرار الكتابة) الملحقة مع الحاسب.

اما الحافظة فهي التي تعد من تطبيقات الـ Windows الشائعة الاستخدام، وتظهر وظيفتها أكثر في برامج تحرير النصوص أو الصور وهي في استخدامها

١ـ محمد ماهر حمادة: علم المكتبات والمعلومات، ص ٧٣-٨٢.

اكثر يسراً وسهولة من استخدامات اقراص الليزر.

الإعارة من المكتبة

وجدت المكتبات لخدمة القراء والباحثين من مختلف المستويات والهيئات. وتتيح الإعارة الفرصة للباحث في استخدام محتويات المكتبة. وتكون الإعارة داخلية، وخاصة بالنسبة للدوريات والقواميس والمعاجم والكتب الثمينة جداً والنادرة. وقد تكون الإعارة خارجية وفق شروط تضعها إدارة المكتبة. ولا شك أن الإعارة الخارجية، تتيح للباحث مجالاً أوسع لدراسة الكتاب بشكل مفصل، والإستفادة من محتوياته. كما أن إخراج الكتاب من المكتبة، يساهم في نشر المعرفة بين أكبر عدد ممكن، من المهتمين والباحثين والقراء على حد سواء. وقد دأبت المكتبات على وضع شروط للإعارة الخارجية، للمحافظة على الكتب التي تتم إستعارتها، خوفاً عليها من الضياع أو التلف.

الإعارة الخارجية

يتمثل هدف المكتبة الرئيسي في وضع الكتب في متناول جميع روادها وتحت تصرفهم، بعد ترتيبها وفهرستها وتصنيفها ووضعها على الرفوف. جميع المكتبات أينما تواجدت، تسمح بالمطالعة الداخلية لكل من يرتادها. في حين يختلف الأمر بالنسبة للإعارة الخارجية؛ بين مكتبة وأخرة تبعاً لنوع المكتبة والزائرين الذين يترددون عليها، إذ هناك اختلاف كبير بين سياسة هذه المكتبة، أو تلك حول هذا الموضوع. فبعض المكتبات لا يسمح فيها بالإعارة الخارجية بصورة مطلقة، وهي مكتبات المصادر التي تقوم سياستها على المطالعة الداخلية فقط، أو تلك التي حرص مؤسسها على عدم السماح بخروج أي من كتبها. وهناك بعض المكتبات الحكومية التي تمنع الإعارة الخارجية، بينما هناك ما يماثلها تسمح بالإعارة الخارجية لكتبها، شرط وضع رهن للكتاب المعار. وهناك نوع من المكتبات العامة التي تسمح بالإعارة الخارجية لكل أفراد المجتمع. بينما يقتصر عمل المكتبات الجامعية والمدرسية على إعارة كتبها إلى الخارج، ليستفيد

منها طلابها وتلامذتها.

هذا وتختلف سياسة المكتبات المتخصصة بالنسبة إلى السماح لروادها بالدخول إلى مخازنها، والتعاطي المباشر مع كتب المصادر، والرسائل الخاصة أو المخطوطات النادرة الموجودة في مخازنها. وهناك بعض المكتبات التي لا تسمح لأي فرد من روادها بالدخول إلى مراكز أسرارها ما عدا موظفي المكتبة المولجين بهذا الأمر. بينما يفتح بعضها الآخر المجال أمام الرواد للوصول إلى الكتب النادرة والمفقودة، وكذلك كتب الرسائل والمخطوطات النادرة. وهذه المكتبات يطلق عليها اسم المكتبات الجامعية، التي تقوم مهامها على تسهيل أعمال طلابها والباحثين فيها[١].

ويجب على كل مكتبة، أن تقوم بالإعلان عن الأنظمة التي تطبقها بالنسبة لإعارة الكتب إلى الخارج، بصورة واضحة ومفهومة، تبين فيها الوقت المخصص الذي يمكن فيه طلب إستعارة الكتب، بالإضافة إلى شروط أخرى، ومنها الجزاء الذي يجب فرضه إذا تم تجاوز الفترة الزمنية المحددة للإستعارة، أو في حال فقدانه أو تم تشويهه وتمزيقه، إلى ما هنالك من نقاط أخرى.

على المكتبات التي تقوم بالإعارة الخارجية، أن تقوم بوضع سجلات خاصة لتسجيل الكتب المعارة، وتدوين اسم الشخص الذي استعار الكتاب، وفي أي وقت، والتاريخ المحدد لإعادته إلى المكتبة.

بالرغم من أهمية هذه العملية، إلا أنها تتصف بصعوبة ما، ذلك أن عملية تسجيل أسماء الكتب المعارة، وتسجيلها عند إعادتها ووضعها على الرف المخصص لها، وملاحقة القراء الذين يتأخرون عن إعادتها. لا شك أنها تعتبر عملية معقدة جداً، وتتطلب جهداً كبيراً، ووقتاً ثميناً، وعدداً من الموظفين، لتنفيذها بصورة صحيحه.

---

١ ـ المرجع السابق، ص ٨٢.

المكتبة الرقمية

إن غزارة المعلومات التي تتطلبها اليوم الثورة التكنولوجية، والتي وصلت إلى حد الإغراق، فإن الشابكة (الإنترنت) التي نعرفها اليوم لا زالت تفتقر إلى مصدر مهم للمعلومات، وهذا المصدر هو المعلومات المتوفرة ضمن بطون الكتب التي كُتبت قبل هذا الوقت، وحتى أثناء العصر الرقمي. وكان الإنترنت يفتقر إلى المعرفة الإنسانية العميقة حتى وقت قريب، والأفكار الأصيلة التي أنتجها البشر على مر العصور. ذلك أن كل من أتم دراسته الجامعية، أو من يعمل في مجال الأبحاث المتخصصة، بل وحتى طلبة المدارس، الذين يقضون جل أوقاتهم في إعداد أوراق البحث والدراسات يُدركون أهمية المكتبات التقليدية في هذه العملية. وأصبح هؤلاء يعتمدون على الإنترنت كموجه ومشير إلى المراجع المطلوبة، ولكنهم في النهاية يضطرون للجوء إلى المكتبات التقليدية للحصول على غاياتهم، مما يعني ساعات طوال من القراءة والبحث للحصول على المعلومات المطلوبة ضمن المراجع - هذا إن وُجدت.

ومع انتشار تقنيات الكتب الإلكترونية، واعتناق الكثير من الشركات الكبرى مثل أدوبي ومايكروسوفت لتقنيات رقمنة النصوص وتوزيعها، فإن فكرة المكتبات الرقمية بدأت تنتشر انتشارا سريعا في الغرب، يدعمها في ذلك التطور السريع في تقنيات حفظ المعلومات ورقمنتها واستعراضها والبحث فيها، إضافة إلى توفر الشابكة كبنية تحتية يمكن بواسطتها الربط بين المستخدم وبين المكتبات الرقمية المختلفة موفرة بذلك فضاء معلوماتيا رحبا يعادل في أهميته فضاء الإنترنت العام السائد اليوم.

تاريخ المكتبات الرقمية

مــا الـذي يميـز المـواد أو الوسـائط الرقميـة عـن غيرهـا، سـواء كانـت هـذه

المـواد ملفـات نصيـة، أو أفـلام، أو موسـيقى، ومـا إلى ذلـك. الإجابـة المختـصرة هـي أن هذه الوسـائط أو المـواد (في معظـم الأحيـان) سـهلة الإنتـاج والتوزيـع إلى الملايـين بتكلفـة تصـل إلى الصفـر. فإنتـاج كتـاب مـا مثـلا يكلـف الشركـة النـاشرة مبلغـا معينـا يتضمـن شـراء حقـوق النـشر والتوزيـع مـن المؤلـف، وأجـور المؤلـف. وفي العـالم التقليـدي تتضمـن التكاليـف أيضـا تلـك الخاصـة بالطباعـة والتوزيـع والنقـل والتخزيـن، ومـا إلى ذلـك. أمـا في العـالم الرقمـي فيمكـن توفـير كميـات كبـيرة مـن هـذه التكاليـف بوضـع ملـف الكتـاب (نسـخة واحـدة) عـلى خـادوم مركـزي وبيعهـا للمشـترين الذيـن يتصلـون بالخـادوم عـبر (الشـابكة الانترنت) . وبالتـالي فـإن تكلفـة بيـع كتـاب إضـافي هـي صفـر بالنسـبة للشركـة النـاشرة، وكـل مـا تجنيـه مـن بيـع النسـخة الرقميـة يعتـبر ربحـا صافيـا.

لكن هذه الأرباح التجارية لم تكن هي ما داعب أحلام الشاب مايكل هارت في عام ١٩٧١ الذي قام بإنشاء أول مكتبة رقمية في التاريخ المعاصر، أطلق عليها اسم مشروع غوتنبرغ مخلداً اسم الرجل الذي اخترع الطباعة في القرن الخامس عشر، ومنهياً بذلك سيطرة رجال الكهنوت المسيحي على إصدار ونشر الكتب ، مؤذنا ببدء عصر التنوير في أوروبا وتمكين المواطن الأوروبي العادي من اقتناء وقراءة الكتب.

مايكل هارت أو غوتنبرغ العصر الرقمي؛ راوده هذا الحلم في العام ١٩٧١، من خلال تمكين كل من يملك وصلة إلى الشابكة وحاسوب، من الوصول إلى قراءة وإمتلاك أمهات الكتب وأصول المعرفة الإنسانية. ويعتبر موقع مشروع غوتنبرغ اليوم نقطة مركزية لكل من يرغب بالحصول على نسخة رقمية من أعمال مشاهير الكتّاب والمفكرين على مر العصور، طالما لم تكن هذه الأعمال مشمولة بقوانين حماية الملكية الفكرية.

ويوجد ضمن الموقع اليوم أكثر من عشرات الآلاف من الكتب، التي تتوفر كملفات نصية مضغوطة، أو كملفات نصية فقط. وكان هدف هارت منذ البداية أن يتمكن من تزويد مستخدمي الإنترنت بأكثر من تريليون ملف نصي مع نهاية العام ٢٠٠١.

ورغم الكميات الهائلة من الملفات المتوفرة ضمن موقع مشروع غوتنبرغ، فإنه لم يحتو على كثير من الميزات التي يمكن أن تجعل منه مكتبة رقمية كاملة، مثل إمكانيات البحث في النص، أو تصنيف الكتب ، وما إلى ذلك، ولا يحتوي الموقع حتى اليوم إلا على محرك بحث بسيط يبحث في الكتب حسب العناوين أو حسب اسم المؤلف. والسبب في ذلك هو أن هارت منذ البدء لم يهتم بالنواحي التقنية للموقع، وهدفه الوحيد، وحلم حياته، كان وضع أكبر كمية من الكتب الرقمية المجانية على الشبكة. لأنه حصل على تمويل ودعم من الجامعة البندكتية في ولاية إلينوي، التي عينته أستاذاً في علوم النص الإلكتروني ووفرت له المعدات اللازمة لتشغيل الموقع. عاونه في جهوده مجموعة من المتطوعين بلغ عددهم حوالي الألف.

ولكن هارت لم يكن وحده في جهوده الرامية إلى إنشاء أضخم مكتبة إلكترونية للنصوص الرقمية، حيث ظهر في أوائل التسعينيات مشروع واير تاب وهو موقع يستخدم إلى اليوم تقنية غوفر لتداول الملفات عبر الشبكة، ويحتوي على مجموعة هائلة من النصوص الرقمية المتخصصة، كنصوص المعاهدات والقوانين الدولية، والوثائق التقنية والعسكرية وما إلى ذلك.

وفي عام ١٩٩٣ قام شاب اسمه جون مارك أوكربلوم، كان طالبا في علوم الحاسوب ويعمل كمدير لموقع إنترنت الخاص بجامعة كارنيغي ميلون، ببدء العمل على فهرس يضم وصلات إلى جميع الكتب الإلكترونية الموجودة على الشبكة بما في ذلك مشروع غوتنبرغ. وأطلق أوكربلوم على فهرسه هذا اسم صفحة الكتب الإلكترونية The Online Books Page. وفي عام ١٩٩٨ حصل أوكربلوم على درجة الدكتوراة في علوم الحاسوب وانتقل إلى جامعة بنسلفانيا حيث أخذ يعمل على الأبحاث المتعلقة بعلم المكتبات الرقمية في مكتبة الجامعة وقسم علوم الحاسوب ، مرتكزاً على فهرسه الأساسي الذي طوره في جامعة كارنيغي ميلون والذي أصبح الآن جزءاً من مراجع المكتبات الرقمية

لدى جامعة بنسلفانيا ويحتوي الموقع اليوم على وصلات لعشرات الألوف من الكتب الإلكترونية المجانية باللغة الإنجليزية أو غير المجانية التي سمح مؤلفوها بنشرها عبر الشابكة .

كما يحتوي الموقع على وصلات إلى العديد من المواقع التي تقوم بنشر الكتب الإلكترونية مثل مشروع غوتنبرغ. ولا تقوم أية جهة رسمية بتمويل الموقع، ولا زال أوكربلوم يقوم إلى اليوم بالاعتناء بالموقع مجانا ودون أي مقابل.

المكتبات الرقمية التجارية

وفي ذروة عصر الدوت كوم أدرك بعض رواد المكتبات الرقمية أنه رغم الانتشار السريع للإنترنت، وصيرورتها كأحد أهم مصادر المعلوماتية، فإن الكثير من المعارف البشرية الهامة لا تزال محتجزة في بطون الكتب. ولكن هؤلاء لم يكونوا من الثوريين المتمردين أمثال هارت وأوكربلوم، ولكنهم كانوا رجال أعمال تقليديين أرادوا استغلال الفرص التجارية التي يمكن للمكتبات الرقمية أن توفرها لهم. ومن بين هؤلاء كان تروي وليامز المدير التنفيذي والمؤسس لموقع (questia) والذي يعتبر اليوم أكبر مكتبة رقمية ذات طابع تجاري في العالم.

ففي بداية عام ١٩٩٨، وأثناء وقوفه في طابور أجهزة تصوير الوثائق، أو طابور استعارة الكتب في إحدى الجامعات الأمريكية، أدرك وليامز عدة أمور هي:

١) أن يكون هؤلاء الطلبة مستعدين لدفع مبلغ معين من المال مقابل تجنب صفوف الانتظار، وعملية البحث المضنية عن الكتب المناسبة لأبحاثهم؟

٢) تصوير الطلاب لصفحات من الكتب أو لكتب بأكملها يمثل فرصة ضائعة للشركات الناشرة لهذه الكتب.

٣) أن توفر المكتبات العامة والجامعية الكثير من التكاليف الإدارية لو قامت بالاعتماد على الكتب الرقمية وأتاحتها كمرجع للطلاب؟

وانطلاقا من هذه التساؤلات، وبعد حوالي العامين ونصف العام من التخطيط والدراسة والإعداد أطلق وليامز موقع (Questia) إلى الفضاء الخائلي. واعتمادا على نتائج دراسة الجدوى فقد اختار وليامز أن تتخصص كويستيا في مجال الكتب الرقمية الخاصة بالعلوم الإنسانية والاجتماعية، ورغم أنه كان بإمكان الموقع أن يحتوي يوم افتتاحه على أكثر من مائة ألف كتاب، فإنه بدأ بخمسين ألف كتاب متخصصة في ذلك المجال فقط. وتتلخص فكرة الموقع في أن الطلاب الجامعيين والباحثين يطلبون عادة الكتب القديمة، وبالتحديد التي يزيد عمرها عن الخمسة سنوات.

كما لاحظ وليامز أيضا أن شركات النشر تتوقف عن إعادة طباعة معظم الكتب بعد سبع سنوات من نشرها، ولكن هذه الكتب تحتفظ بقيمتها لمدة ثلاثين سنة أو أكثر. لذا قامت كويستيا بالتعاقد مع أكثر من ٣٠٠ ناشر (واليوم ربما صار العدد اكثر)، وحصلت منهم على حقوق رقمنة كتبهم التي تتميز بهذه الصفة، ومن ثم إتاحتها للجمهور من خلال الموقع.

ولاختيار الكتب، قام وليامز بتوظيف عشرة مختصين في علم المكتبات، وبالذات من المتخصصين في علم انتقاء مجموعات الكتب. وقام هؤلاء باختيار خمسين ألفاً من أفضل الكتب المتوفرة لدى الشركات الناشرة، وهي الكتب التي شكلت نواة المشروع. ورغم أن هذه المكتبة صغيرة بالمقارنة مع المكتبات التقليدية فإنها تتميز بأن الكتب متوفرة دوما للمستخدمين، كما أنه يمكن لكل مستخدم الحصول على نسخته الخاصة من الكتب المتوفرة.

ومن هنا وجد نوعان من الخدمات التي تقدمها المكتبات الرقمية، تعرف الأولى بالخدمات البحثية، وتعرف الثانية بخدمات تحديد المواقع. وتتمثل الخدمات البحثية في توفير الفهارس والكشافات وغيرها من الأدوات التي تعمل على مساعدة المستفيدين على إيجاد المعلومات، أما خدمات تحديد المواقع فتتمثل في التعرف إلى مواقع وجود المعلومات وتحديد أماكن هذه المواقع.

وتقوم كويستيا بتوفير الخدمة للطلاب الجامعيين والباحثين في مجال العلوم الاجتماعية والإنسانية، حيث يقوم الطالب بالاشتراك في الموقع، ويتمكن مقابل اشتراكه من النفاذ إلى كامل محتوى الكتب الرقمية، والبحث في محتواها للعثور على المعلومات التي يريدها، باستخدام محرك بحث متقدم من أوراكل وهو برنامج ConText، إضافة إلى أن كويستيا تقوم بتعليم البيانات باستخدام لغة (XML) مما يجعل عملية العثور على المعلومات أكثر سهولة.

ويمكن للطلبة أن يقوموا بطباعة نتائج عمليات البحث التي يقومون بها. ولكن الموقع يوفر ما هو أكثر من المراجع، كأدوات لكتابة الملاحظات على الصفحات، وإنشاء الحواشي، وفهارس المراجع (وذلك لتشجيع الطلبة على ذكر المراجع التي حصلوا منها على معلوماتهم).

كما يحتوي الموقع على العديد من القواميس والفهارس، إضافة إلى إمكانية وضع مجموعات معينة من الكتب ضمن رف رقمي شخصي.

وماذا عن الشركات الناشرة للكتب؟ ما تقدمه خدمة كويستيا للشركات الناشرة يفوق مجرد شراء حقوق النشر، حيث تحصل هذه الشركات على نسبة معينة من إيرادات الاشتراكات ضمن الموقع، وهو مصدر دخل من كتب لا تدر في العادة عوائد على الشركات، كما أن المستفيدين منها عادة هم مراكز تصوير ونسخ الكتب التي يلجأ إليها الطلبة عادة.

ومن جهة أخرى يرى وليامز أن الطلب في الوقت الحالي يتمركز حول استخدام الانترنت لكتابة أوراق البحث. وما يقوم به هؤلاء الطلاب في الوقت الحالي هو اللجوء إلى مصادر غير محكمة أو موثقة على الانترنت. وما توفره كويستيا هو مراجع موثقة ومحكمة من الدرجة الأولى يمكن استخدامها لكتابة أبحاث أفضل.

المكتبات الرقمية العربية

وماذا عن المكتبات الرقمية في العالم العربي؟ لسوء الحظ، الصورة ليست مشرقة حاليا. فهنالك بضع مكتبات رقمية إحداها : هي الخاصة بمعهد الإمارات للأبحاث والدراسات الاستراتيجية، والتي قامت قبل ثلاثة أعوام برقمنة جميع نتاجها العلمي باستخدام نظام نوليدج بيس (KnowledgeBase) وهذه المكتبة متاحة فقط للعاملين ضمن المركز.

ومن المحاولات الأخرى لإنشاء مكتبة رقمية هو الوراق (alwaraq.net)، الذي قامت شركة كوزموس للبرمجيات بإنشائه وتضمينه أمهات الكتب التراثية العربية، وميكانيكيات بحث ممتازة، ولكن هذا الموقع متخصص جدا في محتواه والذي يقتصر كما قلنا على الكتب التراثية العربية.

أما المحاولة الثالثة التي نعرفها، وهي نواة ممتازة لمكتبة رقمية، فهو (.http://www maraya.net) موقع مرايا الثقافي، والذي قام بإنشائه الباحث اللبناني عدنان الحسيني، والشاعر الإماراتي علي بن تميم. ويسعى الموقع لجمع النتاج الأدبي العربي المعاصر من شعر وقصة ومسرح ضمن موقع واحد. وتوجد على الموقع نخبة جيدة من المحتويات ولكنها ليست بالغزارة التي تؤهلها لتكون مكتبة رقمية. وليس للموقع حاليا أية أهداف تجارية، بل هو جهد محبة كما يقولون، وهو بذلك يذكرنا ببدايات مشروع غوتنبرغ، والذي بدأ بـ ١٢ كتابا، وتوسع اليوم ليشمل عشرات الألوف من الكتب.

ومن أكبر المواقع العربية التي تعد مكتبة رقمية وتشتهر باعتنائها بالكتب العربية الحديثة بنك المعلومات العربية أسك زاد www.askzad.com ، حيث يحتوي على أكثر من ٥٠ ألف عنوان باللغة العربية لكتابات أغلبها حديثة وأبحاث ودراسات، الموقع غير مجاني، لكنه يتضمن عينات مجانية من نتائج البحث.

ومـــن المحــاولات الموسوعية إطـلاق (مكتبـة دهشـة) التابعـة لموسوعة

دهشة العربية. حيث تشتمل المكتبة على عدد ضخم من الكتب مكون من حوالي ٦٠ ألف كتاب ومجلد، كما تحتوي الأقسام الأخرى من الموسوعة - عدا المكتبة - على آلاف البحوث والدراسات. وما يميز هذه المكتبة هو دقة التبويب للكتب والبحوث حسب التصنيفات العلمية بعمق تصنيفي يسهل على الباحث عملية الوصول إلى الكتب والأبحاث.

وهنالك (موقع الموسوعة الشعرية) والذي قام بإنشائه المجمع الثقافي في أبو ظبي. وتعتبر الموسوعة الشعرية باكورة أعمال المجمع الثقافي في مجال النشر الإلكتروني، وهي تهدف إلى جمع كل ما قيل في الشعر العربي منذ الجاهلية وحتى عصرنا الحاضر، ومن المتوقع أن تضم أكثر من ثلاثة ملايين بيت، ويقصد بالشعر العربي؛ الشعر العمودي الموزون وباللغة العربية الفصحى. ويضم الإصدار الحالي من الموسوعة الشعرية حوالي المليون وثلاثمائة ألف بيت من الشعر موزعة على الدواوين الشعرية الكاملة لأكثر من ألف شاعر في حين يتم زيادة هذا الحجم بمعدل مائة ألف بيت شهرياً، يتم إدخالها وتدقيقها ومراجعتها للتأكد من خلوها من الأخطاء حرصاً على أهمية هذه المادة، وتعرض بالشكل اللائق للشعر الذي يعتبر ديوان العرب.

كما يوجد مكتبة المسجد النبوي الشريف (http://www.mktaba.org) التي تقوم بجمع كل الكتب الإسلامية في صيغة إليكترونية ووضعها في قواعد بيانات وإتاحة البحث فيها للباحثين والرواد في داخل المكتبة ولكنها غير متاحة على الإنترنت.

ويوجد أيضاً (المكتبة العربية) التي تمثل أكبر تجمع للكتب العربية الإلكترونية على مستوى العالم. نشأت هذه المكتبة لتوثيق صلة المستخدم العربي بشتى منابع العلوم والمعرفة وللحفاظ على الكتب العربية وتوفيرها لكل العرب في كل أنحاء العالم .

وعدا عن هذه المحاولات لا توجد أية محاولات أخرى لإنشاء مكتبات رقمية عربية حتى اليوم، وهو الأمر الذي لا بد أن يتغير بتضافر الجهود بين دور النشر العربية وشركات التقنية.

المكتبة الرقمية العالمية

المكتبة الرقمية العالمية (The World Digital Library) مكتبة رقمية أنشئت بدعم من منظمة الأمم المتحدة للتربية والعلم والثقافة بالتعاون مع مكتبة الكونجرس الأمريكي. أعلنت المكتبة أن مهمتها تعزيز التفاهم الدولي والتعليم المتبادل للثقافات عبر الإنترنت. وتشارك دول كثيرة من مختلف القارات ومن ٣٢ منظمة ثقافية في العالم في محتويات هذه المكتبة وتطوير الموقع الالكتروني لها. وكان قد اقترح هذه الفكرة مدير مكتبة الكونغرس عام ٢٠٠٥ وتم ظهورها في العالم ٢٠٠٩ في ٢٥ ابريل. وتتنوع موضوعات المحتويات في أكثر من ١٠٠ موضوع وتصنيف، وكافة محتويات المكتبة الرقمية عبارة عن ٥ أنواع وهي: طبعات صور فوتوغرافية، خرائط، كتب، مخطوطات، تسجيلات صوتية، أفلام سينمائية. وقد تم تمويل المكتبة من عدة شركات عالمية رائدة في البرمجة وجمعيات خيرية كبرى.

كان جيمس بيلنجتون؛ مدير مكتبة الكونجرس، قد اقترح في عام ٢٠٠٥ إنشاء مكتبة رقمية عالمية مسترعيا الانتباه إلى أن مشروعا كهذا" يعود بالنفع على الشعوب حيث يُعلي شأن الثقافات المختلفة بعمقها وتفرّدها من خلال مشروع عالمي واحد". وتم تبني الفكرة عقب طرحها بشكل رسمي في منظمة اليونسكو عام ٢٠٠٦، لينضم إلى المشروع شركاء دوليون؛ من بينهم: اليونسكو، والاتحاد الدولي لجمعيات ومؤسسات المكتبات (IFLA)، ومكتبة الاسكندرية ، بالإضافة إلى عدد من المكتبات الكبرى في قارات آسيا وأوروبا وأفريقيا والأمريكتين.

تمت الاستعانة بالمساعدات التقنية من فريق عمل متخصص من مكتبة

الإسكندرية، حيث وقعت اتفاقاً مع مكتبة الكونجرس الأمريكي عام ٢٠٠٧ للمشاركة في تصميم وتنفيذ المكتبة الرقمية العالمية ، وتم وضع البنية التحتية للموقع الالكتروني الخاص بالمكتبة الرقمية، إضافة إلى دعم قدرات البحث والعرض باللغة العربية في هذا المشروع نظراً لخبرة مكتبة الكونغرس الطويلة في هذا المجال. وشارك أيضا في التطوير اربع موسسات غير مكتبة الاسكندرية وهي : المكتبة الوطنية بالبرازيل، ودار الكتب الوطنية بمصر، ومكتبة روسيا الوطنية، ومكتبة الدولة الروسية.

اشتمل الموقع على مخطوطات، وخرائط، وكتب نادرة، وأفلام، ومسجلات صوتية، ومطبوعات، وصور.

ورمى المشروع إلى توسيع حجم المضمون الثقافي وتنويعه عير الانترنت، وتوفير الموارد للمربين والعلماء، وتضييق الفجوة الرقمية بين البلدان وداخل كل منها، عن طريق بناء القدرات الرقمية داخل البلدان الشريكة. وتعمل المكتبة الرقمية العالمية بسبع لغات هي الاسبانية والإنجليزية والبرتغالية والروسية والصينية والعربية والفرنسية، وتشتمل على محتويات بعشرات اللغات.

وفي الموقع تم تسهيل وظائف التصفح والبحث والاستكشاف، بتقاطع اللغات واجتياز حقب الزمن. ثم أن أوصاف كل مادة من مواد المكتبة، مع تسجيلات فيديو على يد قيمين من ذوي الخبرة، تتكلم عن مواضيع مختارة، ستضع المستعملين في السياق، وتكون معدة لإثارة الفضول العلمي وتشجيع الطلبة وعامة الجمهور على تحصيل المزيد من المعرفة عن التراث الثقافي لجميع البلدان.

ومن الأمثلة على الكنوز التي ستبرزها المكتبة الرقمية العالمية عظام العِرَافة، إسهام من المكتبة الوطنية الصينية، ومخطوطات علمية عربية، إسهام دارَيْ الكتب والمحفوظات الوطنية المصرية، وصور فوتوغرافية قديمة عن أمريكا اللاتينية من مكتبة البرازيل الوطنية؛ والمصنف هياكومنتو داراني، الذي

يرقى إلى عام ٧٦٤، من مكتبة المجلس التشريعي الوطنية اليابانية، و"توراة ابليس" المصنف الشهير الذي يرقى إلى القرن الثالث عشر، من المكتبة الوطنية السويدية، ومصنفات في الخط الجميل عربية وفارسية وتركية من مجموعات مكتبة الكونغرس.

مستقبل المكتبة الرقمية

رغم التطورات الكبيرة في مجال تقنيات الكتب والمكتبات الرقمية فلا زال أمامها شوطا بعيدا كي تقطعه لتحقيق الانتشار الكامل، والمشكلة الأساسية هنا هي موضوع حقوق النشر والتأليف.

فمن ناحية يجمع الكثيرون من أقطاب الصناعة على أن تقنيات حماية وإدارة حقوق الملكية الفكرية الخاصة بالمحتوى الرقمي لم تحقق بعد مستوى الأمن المطلوب، حيث لا زال من السهل كسر التشفير الخاص بالكثير من هذه الأدوات. وترى شركات النشر أنه ما لم يتم حل هذه المعضلة فإنهم يخشون أن تؤول الكتب الرقمية إلى مصير مشابه لما حصل في صناعة الموسيقى عند ظهور نابستر، ويقولون بأن مصير التقدم البشري مرهون بحل هذه المشكلة، فإذا ما تمت قرصنة الكتب على نطاق واسع فإن ذلك سيؤدي إلى امتناع المؤلفين عن الكتابة والنشر، مما سيؤدي إلى تضاؤل النتاج العلمي.

تخوض شركات النشر حرباً شرسة لتمديد الفترة التي يكون فيها كتاب ما خاضعا لحقوق الملكية الفكرية. وقد نجحت الشركات الأمريكية في عام ٢٠٠٠ إلى مد الفترة التي يكون فيها كتاب ما خاضع لحقوق الملكية الفكرية إلى ٧٥ عاما بعد موت المؤلف، وهو تمديد يهدد المكتبات الرقمية المجانية من أمثال مشروع غوتنبرغ، والذي يتخصص في رقمنة الكتب التي لم تعد خاضعة لقوانين حماية المؤلف، التي كانت تسقط عن الكتب بعد ٢٥ عاما من موت المؤلف. ويقول مايكل هارت وأوكربلوم بأن هذه القوانين تحمي الشركات الناشرة وأرباحها فقط. ويقول

أوكربلوم مازحا بأنه طبقا لهذا القانون فإن المخططات الهندسية لأول طائرة، التي ابتكرها الأخوان رايت، لا تزال محمية بقوانين حماية المؤلف الجديدة.

الفهرسة في المكتبات الرقمية

لا شك أن فهرسة أي عمل منفرد تستغرق وقتاً طويلاً، كما تتطلب خبرة بهذه العملية، وتوفيراً للتكاليف. فقد سعت المكتبات إلى الفهرسة التعاونية، وتعمد المكتبات الكبرى التي تضطلع بفهرسة أعداد ضخمة من المنفردات كمكتبة الكونغرس ومكتبات الجامعات الكبرى إلى إتاحة سجلات فهارسها إلى المكتبات الأخرى مجاناً، وبدلاً من أن تقوم تلك المكتبات بتكرار فهرسة الكتاب الذي تقتنيه حديثاً، تكتفي فقط بفهرسة الكتب التي لا تجد لها سجلات متاحة في فهارس تلك المكتبات الأخرى، وذلك بالطبع بعد البحث عنها في فهارسها.

ومنذ أواخر الستينات الميلادية من القرن العشرين بدأت عملية الفهرسة التعاونية تأخذ أبعاداً أخرى، حيث تعتمد على الحاسبات الآلية، وتعد الأداة الأساس من الناحية الفنية لعرض هذه السجلات وهي صيغة " الفهرسة المقروءة آلياً Machine Readable Cataloging، المعروفة اختصاراً بمارك MARC"، التي تبنت تطويرها هنريت أفرام (Herniette Avram) وزملاؤها في مكتبة الكونغرس. وقد كانت هذه الصيغة في أول الأمر صيغة لتوزيع سجلات الفهارس على شرائط ممغنطة. ومن الجدير بالملاحظة أن مصطلح " الفهرسة المقروءة آلياً باستخدام صيغة مارك MARC Cataloging "، كثيراً ما يستخدم على مستوى الممارسة العملية بمعناه العام للدلالة على كل من سجلات الفهارس والصيغة الآلية التي تختزن بها تلك السجلات. ولم تعد الفهرسة المقروءة آلياً قاصرة على المنفردات، بل اتسع مجال تطبيقها لتشمل الآن جميع أنواع مقتنيات المكتبات كالسلسلات والمواد الأرشيفية والمخطوطات.

وقد أدى تطوير صيغة مارك للفهرسة الآلية إلى نوعين من النظم المبنية على الحاسبات الآلية في مجال المكتبات، يتمثل أول هذين النوعين في عملية

"الفهرسة التعاونية shared cataloging" التي يرجع فضل الريادة فيها إلى فريد كيلجور (Fred Kilgour) صاحب فكرة إنشاء مركز الحاسب الآلي للمكتبات المعروف بالأجنبية OCLC، حيث أوجد لهذا المركز نظام آلي ضخم وصل عدد السجلات التي يضمها إلى أكثر من ٣٥ مليون سجل بصيغة مارك، بما فيها السجلات التي يتلقاها المركز من مكتبة الكونغرس. وعندما تقوم أي مكتبة من المكتبات الأعضاء في هذا المركز بإقتناء أحد الكتب وترغب في فهرسته، فإنها تقوم أولاً بالبحث عنه في قاعدة بيانات هذا المركز، فإذا وجدت سجل هذا الكتاب فإنها تحمله على نظام الحاسب الآلي الخاص بها، وتقوم في المقابل بفهرسة الكتاب وتحميل سجله في قاعدة بيانات هذا المركز إذا لم تجد له سجلاً مسبقاً، وتعرف هذه العملية " بالفهرسة المنقولة Copy cataloging ". وبموجب عملية الفهرسة المنقولة هذه يتم فهرسة العنوان الواحد مرة واحدة، ومن ثم فإن هذا الجهد الفكري المبذول في عملية الفهرسة يكون قد تقاسمته جميع المكتبات. وقد أدى نجاح عملية الفهرسة المقروءة آلياً MARC وجهود مركز الحاسب الآلي للمكتبات على الخط المباشرOCLC ، إلى دفع خدمات مكتبية أخرى مشابهة حول العالم إلى محاكاة هذا المركز.

وقد شجعت إتاحة سجلات مارك على ظهور تطور آخر تمثل في أن المكتبات بدأت في إنشاء فهارس مباشرة مستقلة لمقتنياتها، وكثيراً ما يتم الاعتماد في الحصول على الجزء الأكبر من تلك الفهارس على عملية " الفهرسة المنقولة". واليوم يمكن القول بأن لكل مكتبة كبرى تقريباً في الولايات المتحدة الأميركية فهرسها المباشر الذي يعرف في اصطلاح المكتبيين " بالفهرس المتاح للجمهور على الخط المباشر واختصاراً " أوباك " (Online Public Access Catalog (OPAC ، وقد سعت مكتبات كثيرة إلى بذل جهود عظيمة لتحويل فهارسها البطاقية القديمة إلى فهارس آلية بصيغة " مارك "، ولذلك يصبح الفهرس المتاح على الخط المباشر هو السجل الشامل لمجموعاتها كافة، وقد أدى هذا في حد ذاته

إلى تجنب إنشاء فهرس مباشر للمقتنيات الحديثة وفهرس بطاقتي آخر مستقل للمقتنيات القديمة، وقد أكملت جامعة هارفارد عملية تحويل كاملة لما يقرب من خمسة ملايين بطاقة، وبتكلفة تقدر بحوالي خمسة عشر مليون دولار أميركي.

المستخلصات والكشافات

إذا كانت فهارس المكتبات هي مصادر معلومات أساسية عن المنفردات، فإنها ليست بهذه الدرجة بالنسبة للدوريات؛ فالفهارس لا تقدم سوى سجل مختصر لدورية معينة بكامل إصداراتها، ولأن هذا السجل ليس له تلك القيمة الكبرى التي تمكن من يبحث عن مقالة معينة من الوصول إليها؛ من ثم برز الدافع لإيجاد خدمات تكشيف واستخلاص تسعى إلى مساعدة الباحثين في الوصول إلى مقالات محددة.

تقوم بعض خدمات التكشيف بتشغيل نظم آلية تتيح عمليات البحث فيها مقابل رسوم محددة، في حين تقوم جهات أخرى بإتاحة بياناتها لطرف يقوم بتقديم خدمات البحث في تلك البيانات على الخط المباشر. كما تقوم العديد من المكتبات الكبرى بإتاحة فهارسها على حاسباتها الخاصة بها، أضف إلى ذلك أن كثيراً من تلك الفهارس تتاح الآن على الأقراص المدمجة CD.ROMs.

وما أن أصبحت فهارس المكتبات متاحة على الخط المباشر، حتى بدأت المكتبات في إتاحة بيانات أخرى لمواد أخرى مثل مستخلصات المقالات والكشافات والأعمال المرجعية. ويمكن أن تختزن مصادر المعلومات هذه في حاسب مركزي بحيث يتم عرض السجلات المختزنة على النهايات الطرفية والحاسبات الشخصية. وتعد الأعمال المرجعية التى تتكون من مداخل مختصرة مناسبة جداً بشكل خاص لهذا النمط من التوزيع لأن المستفيدين ينتقلون بسرعة من مدخل إلى آخر، وسوف يتقبلون عرضاً يتضمن رموزاً نصية مع قدر بسيط من التوحيد في الصيغ. وتعد عمليات الإسترجاع السريع والبحث المرن أكثر أهمية من جماليات عرض المخرجات على الشاشات.

استرجاع المعلومات

تعد عملية استرجاع المعلومات من الموضوعات المحورية للمكتبات؛ فالمستفيد الذي قد يكون عالماً أو طبيباً أو محامياً عادة ما يكون مهتماً بالمعلومات حول موضوع معين، ويرغب في معرفة ما هو متوافر في مجموعة المكتبة ويغطي هذا الموضوع، ويتطلب هذا الأمر بلا شك برمجية متخصصة، وقد بدأت المكتبات منذ منتصف الثمانينات الميلادية في القرن العشرين استخدام حاسبات تتوفر بها برمجيات حاسوبية قادرة على بحث النصوص الكاملة لمجموعات ضخمة. وكانت تسجيلات مارك لمقتنيات المكتبات أولى البيانات التي تم تحميلها على هذه الحاسبات، ثم تبعتها الأعمال المرجعية القياسية. وتعني عملية بحث النصوص الكاملة أن المستفيد لا يمكن أن يقوم بإجراء عملية البحث بإستخدام أية كلمة توجد بالسجل، ولا يشترط في ذلك أن تتوافر للمستفيد المعرفة الكاملة ببناء تلك السجلات ولا بالقواعد التي تحكم إعدادها.

وبالرغم من أن البحث في هذا المجال يعود إلى نحو ثلاثين عاماً مضت، فإن إتجاهاته لم تتغير بشكل كبير؛ فالمستفيد يعبر عن حاجاته للمعلومات باستفسار يتقدم به، وهذا الاستفسار قد يرد في شكل كلمة واحدة مثل (كلمة زهرة القرنبيط (Cauliflower)، أو جملة مثل (المكتبات الرقمية Digital Labraires) أو عبارة مطولة مثل (في أي سنة خرج داروين في رحلة برية مصطحباً معه البيج Beagle[(*)1]. ومهمة الإسترجاع هي إيجاد المواد التي تضاهي هذا التساؤل في المجموعة، ونظراً لعدم توافر الوقت الكافي لأي حاسب للبحث في المجموعة بأكملها لكل تساؤل والتعامل مع كل معلومة بشكل مستقل، كان لزاماً أن تتوافر للحاسب كشافات من نوع معين (تعرف بالكشافات المصنّفة) تمكنه من إسترجاع المعلومات من خلال البحث في مداخلها.

١(*) ـ البيجل: كلب صيد صغير القوام ناعم الوبر.

دراسات التاريخ والإنسانيات في المكتبات الرقمية

يعد حفظ مواد اليوم كذاكرة بعيدة الأمد للغد إحدى المهام الأساسية التي تضطلع بها المكتبات البحثية. فالمكتبات الكبرى تمتلك مجموعات قيمة تشكل المادة الخام لدراسة التاريخ والإنسانيات، وهذه المواد عادة ما تتكون في الأساس من المواد المطبوعة وغيرها من المصنوعات المادية الأخرى. وقد أدى تطور المكتبات الرقمية إلى إثارة حماس كبير نحو رقمنة هذه المجموعات، وكان أحد دوافع هذا الحماس أن المواد القديمة غالباً ما تكون في حالة مادية هشة. وأن عمل نسخ رقمية من هذه المواد يؤدي إلى حفظ محتواها، فضلاً عن إتاحتها للجميع.

ويسعى عدد من مشروعات المكتبات الرقمية إلى تحويل الوثائق الورقية المتوافرة لها إلى صيغة الصور الإلكترونية أو ما تعرف بصور خرائط البتات أو الصور المرسومة خرائطياً. ويجري الآن مسح الوثائق المطبوعة صفحة صفحة، في حين كانت الصفحة في التجارب المبكرة تسجل كسلسلة من النقاط البيضاء والسوداء (غالباً ما تكون ٣٠٠ نقطة في البوصة). وحديثاً بلغ المسح الضوئي أعلى درجات الدقة. وعادة ما تكون صور خرائط البتات الجيدة واضحة بما فيه الكفاية لدرجة أنه يمكن عرضها على شاشات الحاسبات الكبيرة، أو طبعها على الورق في صور مقروءة جيدة.

المكتبات الرقمية والمتاحف

وإذا كانت المكتبات والمتاحف تؤدي دوراً ذا طبيعة خاصة للمستفيدين في مجالات الإنسانيات، حيث تعمل على توفير المادة الخام التي تعتمد عليها الدراسات في تلك المجالات، فإن المكتبات الرقمية يمكن أن توفر سبلاً أكثر إتساعاً للوصول إلى تلك المواد وبشكل أكثر مما تقدمه المجموعات المادية على الإطلاق. ويمكن القول أن جامعة تتوافرلها مكتبة جيدة قد تحظى بالتفرد والتميّز بخدماتها في مجال الإنسانيات على المستويين التدريسي والبحثي، لكنها لن تكون بحاجة إلى استخدام شامل للعناوين الفريدة. وقد بدأت المكتبة البريطانية في رقمنة تراثها

وإتاحته على الإنترنت، ومن أمثلة ذلك، مجموعات مجنا كارتا (Magna Carta)، ومخطوطات بيوولف Beowulf. وقد كان الوصول إلى تلك المواد في الماضي مقتصراً على الباحثين الذين يزورون المكتبة ويقومون بشراء النسخ أو الطبعات المثيلة (Facsimile editions) باهظة الثمن من تلك الأعمال. أما في المستقبل فسوف يكون بمقدور أي شخص أن يطلع على نسخ جيدة من تلك الأعمال.

المستفيدون من المكتبات الرقمية

كما هو الحال بالنسبة للمنشئين، يتفاوت المستفيدون من المكتبات الرقمية بعضهم من بعض تفاوتاً كبيراً من حيث اهتمامهم ومستوياتهم من الخبرة، وتسعى المكتبات في المناطق الحضرية إلى خدمة فئات متفاوتة من المستفيدين. وتعد المكتبة مصدر كتب القراءة الترويحية، ومصدر توظيف بتوفيرها للمعلومات عن فرص العمل، هذا فضلاً عن كونها مصدر معلومات عن أمور كثيرة. وتقدم المكتبة كذلك خدمات الإنترنت التي يتمكن المستفيدون عن طريقها من الوصول إلى مصادر المعلومات التي يحتاجون إليها في كل أنواع المعرفة الإنسانية والبشرية. وقد يتوافر فيها شرائط الكاسيت التي تروي قصص الأطفال، ومصادر معلومات مرجعية يستخدمها المؤرخون وغيرهم من الزوار غير المتخصصين أو تستخدم حتى من قبل الخبراء.

وفضلاً عن التفاوت فيما بين الأفراد، فقد تتفاوت احتياجات الفرد الواحد من وقت لآخر، وحتى لو كان هناك تطابق في احتياجات فردين مختلفين فإن استخدامهما للمكتبة يختلف بلا شك، حيث يمكن لأحدهما أن يستعين بكثافة بالفهارس والكشافات في سبيل حصوله على المعلومات، في حين يكتفي الآخر في ذلك بالإعتماد المكثف على الروابط والإرجاعات الببليوجرافية Citations . ومن ثم كان لزاماً على مصممي المكتبات الرقمية مراعاة هذا التفاوت وعدم افتراض وحدة أنماط لتلك التوجهات، كما لا يُترك الأمر للنظم التي تفترض أن الكل سواء في أنماط استخدامه للمكتبة.

ويمكن تمييز فئات عريضة من المستفيدين، وهو أمر على أية حال يسري على المكتبات الرقمية كما يسري على المكتبات التقليدية كذلك. وأول هذه الفئات تضم من يستخدمون المكتبة لأغراض التسلية. وهو يأخذ شكل التصفح غير المنظم في المكتبة الرقمية، والذي يعرف في الإنجليزية بالقراءة السطحية Surfing. أما الفئة الثانية فتضم الذين يرتادون المكتبة بحثاً عن معلومات أولية حول موضوع معين، كالمهندس الذي يبدأ دراسة قضية فنية بقراءة مقالة شاملةSurvey عن تلك القضية، أو كالسائح الذي يجمع معلومات عن بعض الدول التي يرغب في زيارتها. وفي بعض الأحيان يرغب المستفيد في معرفة حقيقة بسيطة: كأن يريد معرفة نص التعديل الأول للدستور الأميري، أو درجة ذوبان الرصاص، أو الفريق الرياضي الذي فاز في مباراة كرة القدم في تاريخ معين. إن بعض هذه الحقائق تقدمها مصادر مرجعية[(**)1] معينة كالخرائط والموسوعات والمعاجم، في حين يتأثر بعضها في ثنايا المجموعات الأخرى. وفي بعض المناسبات يرغب المستفيد في الحصول على معلومات وافية عما نشر حول بعض الأدوية المحددة، أو المحامي الذي يرغب في معرفة كل الحالات المشابهة للحالة التي يدافع عنها.

وفي كثير من تلك المواقف يمكن تلبية حاجات المستفيدين بالإستعانة بمصادر متعددة، فعلى سبيل المثال، يمكن لمجموعة من الخرائط والأطالس أن تقدم المعلومات ذات الطبيعة الجغرافية، هذا في الوقت الذي يتطلب فيه الأمر الوصول لمصادر محددة للحصول على معلومات للدراسة الشاملة لبعض الموضوعات... .

أمناء المكتبات الرقمية

من المفيد لكي نرى كيف يؤثر التغير في المكتبيين أن نقف عند بعض النقاط التي نتحدث عن كلٍّ واحدة منها على حدة، وهي: مديرو المكتبة،

١(**) ـ يُقسّم المكتبيون مصادر المعلومات المرجعية وفقاً لتفاوت الحاجات للمعلومات إلى فئتين: مصادر ببليوجرافية، ومصادر غير ببليوجرافية أو حقائقية.

والموظفـون الذيـن في منتصـف حياتهـم الوظيفيـة **mid-career librarian**، وتعليـم صغـار المكتبيـين، والأهميـة المتزايـدة لوجـود اختصاصيـين في المكتبـات مـن مجـالات أخـرى، وخاصـة مـن مجـال الحاسـبات.

بالنسبة لمديري المكتبات؛ فإنهم يتعرضون للضغوط، فإدارة مكتبة كبرى اعتاد الناس أن ينظروا إليها على أنها عمل جيد ومن يقوم به له مكانة اجتماعية مرموقة، وراتب جيد في الوقت الذي لا يزال فيه الراتب المغري والمكانة الاجتماعية متوافرين، فإن طبيعة العمل نفسه قد تغيرت تغيراً كبيراً، لأن المكتبات الرقمية تحمل تطلعات على المدى البعيد، لكن مشكلاتها كثيرة في المدى القريب. كما أن المكتبات تتعرض لضغوط ارتفاع الأسعار، والمستفيدون التقليديون يطالبون بعدم تقليص الخدمات التقليدية، ومستفيدون آخرون يطالبون بتوفير سريع للخدمات الرقمية كافة. ويضاف إلى ذلك أن مديري المكتبات غالباً لا يحصلون على الدعم الذي يستحقونه من المسئولين الذين عادة ما يكون تقديرهم لدرجة التغيير في واقع المكتبات محدوداً. ونتيجة لذلك نرى في كل عام عدداً كبيراً من مديري المكتبات يقرر عدم الإستمرار أو الإنسحاب من هذا العمل الذي تسوده تلك الفوضى، ويسعون إلى إيجاد فرصة عمل أفضل مدعاة للإستقرار.

أما بالنسبة للموظفين الذين في منتصف حياتهم الوظيفية فإنهم يرون في المكتبات الرقمية فرصة وتحدياً في الوقت ذاته؛ فالعجز الفعلي في أمناء المكتبات الكبار **senior** الذين أصبحوا أكثر راحة بفضل التقنية الجديدة، يمثل فرصة كبيرة للنشطاء والمبدعين من الموظفين الذين يشعرون بتآلف أكثر مع تلك التقنيات. وعلى النقيض من ذلك فإن الموظفين الذين لا يشعرون بذلك التآلف مع تلك التقنيات سوف يتخطاهم الزمن؛ فالتكيف مع التغير التقني أكبر من مجرد إعادة تدريب، صحيح أن التدريب مهم لكنه سيفشل حتماً إذا ركز فقط على استبدال مجموعة مهارات ساكنة **Static Skills** بمهارات أخرى. فالمكتبات بحاجة إلى أناس يدركون طبيعة هذا التغيير الذي يدور حولهم، وإلى آخرين

يحبون البحث، ويكونون منفتحين للأفكار الجديدة.

أما بالنسبة لعملية تعليم صغار المكتبيين فإنه يقع على عاتق كليات المكتبات، حيث أن العمل بالمكتبات يغلب عليه طابع العمل الحرفي. ولسنوات عديدة ظلت المناهج في كليات المكتبات مرتجلة ومركزة على المهارات الأساسية التي يحتاجها أمين المكتبة متوسط الثقافة.

إن المكتبات الرقمية بحاجة إلى بعض الخبراء الذين ليسوا من المكتبيين المحترفين كالمتخصصين في مجال الحاسبات والمحامين. غير إن إقحام مثل هؤلاء الخبراء في عالم المكتبات المنظم قد ينطوي على بعض الإشكاليات. فالمكتبيون مترددون في توظيف من هم من خارج مجالهم، وهم عندما يحتاجون مرشحين لشغل وظائف جديدة يضعون قيوداً على المرشحين بأن يكونوا حاصلين على درجات جامعية في علم المكتبات. مع أن قليلاً من الشباب الذين يقومون بإنشاء مكتبات رقمية هم من سبق لهم أن رأوا كليات مكتبات في حياتهم الوظيفية.

مباني المكتبات الرقمية

من مجالات التغيير التي تنطوي على قدر كبير من الصعوبة للمكتبات بشكل عام، ولمكتبات الجامعات بشكل خاص، تلك المتصلة بكيفية التخطيط لمباني المكتبات. ففي الوقت الذي تعد فيه المكتبات الرقمية محور التركيز في البحث والتطوير حول العالم، فإن أكبر مشكلة بالنسبة للعديد من المكتبات تتمثل في العجز الدائم في المكان.

وللإفادة من المكتبة التقليدية، على المستفيد أن يذهب إليها، حتى إن كانت بعض المكتبات تسعى إلى توصيل الكتب أو صور من غيرها من مصادر المعلومات إلى بعض المستفيدين ذوي الاحتياجات الخاصة، فإن هؤلاء المستفيدين يجب أن يكونوا قريبين من المكتبة ومعروفين لدى موظفيها. وعلى العكس من ذلك، فإن المستفيدين من المكتبة الرقمية ليسوا مضطرين للذهاب

لمكان وجود المكتبة، لأنهم سوف يحصلون على كل ما يريدونه من المكتبة عن طريق الحاسوب.

المكتبات الرقمية والنشر الإلكتروني في الوقت الحاضر

المكتبات الرقمية والنشر الإلكتروني حقائق واقعة وموجودة في حاضرنا، وليستا فكرة أكاديمية قيد نقاش أو مجرد حلم خيالي. ولعل أحد أسباب صعوبة التنبؤات يتمثل في أن التقنية في الوقت الحاضر تتميز بأنها أكثر نضجاً من الاستخدامات التي توظف فيها، أما في الماضي فقد أثبتت التنبؤات الخاصة بالتقنية الأساسية أنها كانت دقيقة إلى حد كبير، وفي كل عام تصبح أشباه الموصلات والأجهزة الممغنطة Magnetic devices أصغر وأرخص وأسرع بجانب تزايد قدراتها التخزينية، وهناك أسباب هندسية طيبة تشير إلى استمرار التنبؤ بإستمرار هذه الإتجاهات على مدى السنوات الخمس أو العشر القادمة.

إن المكتبات الرقمية تعيش في نهاية مرحلة تمهيدية، وعلى وشك أن تبدأ مرحلة جديدة، ويمكن أن تعتبر هذه المرحلة الأولى بمثابة نقلة من عالم المطبوعات التقليدية والمجموعات المكتبية إلى الشبكات الرقمية. وتندرج تحت هذه الفئة كل الصحف المتاحة على الإنترنت، والإصدارات الإلكترونية من الدورات العلمية، والمواد التاريخية التي تم تحويلها إلى الأشكال الرقمية، وبشكل أساسي تسعى كل هذه المواد إلى إستخدام التقنية الجديدة لتعزيز أنواع مستقرة من المعلومات. وإذا كان هذا التصور صحيحاً، فإن المرحلة التالية ستشهد بزوغ أنواع أخرى من المجموعات والخدمات التي ليس لها نظائرها التقليدية، أما الأشكال التي سوف تتخذها تلك الأنواع، فلا شك أنه يكاد يكون من المستحيل توقعها الآن.

آفاق البحث والتطوير

تشكل المكتبات الرقمية الآن مجالاً راسخاً للبحث العلمي، مع ما يتوافر من مستلزمات ورش العمل والمؤتمرات العلمية. وقد كانت هناك محاولات لإصدار دوريات مطبوعة عن المكتبات الرقمية، والأهم من ذلك أن ثمة عدة

آلاف من الأشخاص يعتبرون أن وظائفهم تتمثل في إنجاز البحوث المتصلة بهذا المجال.

ملحوظة ختامية

إن حلم مكتبات المستقبل يمزج كل شيء نقدره بشأن الطرق التقليدية مع أفضل ما يمكن أن تقدمه المعلومات المباشرة على الإنترنت، وإن كان الخلط بين الجوانب السيئة لكلا الجانبين قد يجد طريقه لبعض الأحلام المزعجة. إن شكلاً جديداً من المكتبات بزغ نجمه الآن ويحدونا الأمل أن تحظى المكتبات الرقمية بالقدر نفسه من مشاعر الحب والاحترام، وأن تعمل على تلبية المتطلبات العميقة التي صاحبت أحسن انواع المكتبات ودور النشر منذ زمن طويل.

التقميش

تغيرت الأمور المساعدة في عملية وضع الأبحاث والدراسات كثيراً عما كانت عليه في السابق. بخاصة بعد دخول وسائل متطورة حديثة، وهي المعروفة بالسمعية - البصرية، التي تساعد بالتعرف على المصادر والمراجع والوثائق والمخطوطات. من هذه الوسائل المساعدة، التقنيات المكتبية الحديثة كالتصوير الفوتوغرافي والميكروفيلم. ودخلت اليوم تقنية الميكانوغرافيا التي تقوم بالتقميش والجمع والتصنيف وحفظ المعلومات، عن طريق البطاقات المثقوبة والأدمغة الألكترونية، بالإضافة إلى قيام بعض الباحثين باللجوء إلى توثيق أبحاثهم إلكترونياً، كما بات بإمكانهم كتابة أبحاثهم وأطاريحهم بواسطة الكومبيوتر.

تعريف التقميش

ويعرّف التقميش بأنه ضم كل ما تناثر من فتات الأشياء، وجمع الأشتات التي تبعثرت في جهات مختلفة. ويجمع الباحث أو يقمش مادته الأولية من وثائق متنوعة، ويقوم بتدوينها وتسجيلها على بطاقة ما، نطلق عليها تسمية الجزازة أو الفيشة. والتجزيز هو تدوين الوثائق المقمشة على جزازات أو فيش أو قصاصات من الورق المقوّى. وقديما قيل: " إذا كتبت فقمش وإذا حدثت ففتش [١]".

وقد تم الإجماع بين أهل البحث العلمي التربوي على ضرورة القيام بالتقميش، وأعطوا أهمية كبيرة للمصادر والمراجع، ورأوا ضرورة توثيقها وتدوينها على بطاقات أو تجزيزها. ولكن اختلفت آراءهم بعض الشيء، بالنسبة إلى كمية المادة المقمشة ونوعيتها.

بالنسبة إلى كمية المادة المقمشة، فقد وجد بحاثة أمضوا حياتهم في تقميش المادة المتعلقة بمواضيعهم، فقاموا بإستنساخ كل ما اعتقدوا أنه مفيداً لهم في

١ ـ أسد رستم: مصطلح التاريخ، ص ٢.

بحثهم عن الحقيقة. مع ما يمكن أن توصف به هذه الطريقة من السلبية، بالنسبة لكمية النصوص الكثيرة، التي يمكن إستعارتها وأخذها من مصادرها الأصلية، وما يسبب ذلك من هدر للوقت وما يحتاج له من إمكانات كبيرة. " ويعود أصل الطريقة الجمّاعة إلى ماض سحيق، وقد جمع الإنسان، في مضامير متنوعة، عدداً كبيراً من الملاحظات والمعلومات والمعطيات، وتابع كل شاردة وواردة في أحداث الزمان وصروف الأيام [1]".

بالرغم من ذلك، فإن البحث عن الحقائق والنظريات التربوية المستجدة، ليس من علاقة تجمعها بسبب كثرة الطروحات التربوية، والتطورات العلمية المستجدة في كل يوم، بقدر ما يكون الهدف منها؛ تحقيق نظرة جديدة من خلال بعض المعطيات، ومتانة المادة المقمشة وإستخلاصها بطريقة جيدة وصادقة. وكشف ما يعتورها من زيف وتزوير، قد يساهم سرد النصوص الكبيرة وإستنساخها، في ستر الحقيقة التي يسعى وراءها البحث العلمي التربوي.

في مقابل هذه النظرة، توجد أفكار أخرى ترى أن بعض البحاثة يقومون بالتقميش بطريقة بخيلة؛ بحيث تكون المعلومات التي يجمعونها قليلة جداً ولا تفي بالمطلوب، ولا تشكل بالتالي أي سند يمكن الركون إليه في الموضوع المطلوب إجراء البحث فيه.

ينبغي ألا تكون المادة المقمشة من الكثرة، بحيث تكون لا فائدة منها بكمية كبيرة، أو من القلة يصعب معها الإستفادة منها. ولما كان المثل يقول: خير الأمور الوسط. بات من الواجب أن نراعي في عملية التقميش الحد الأدنى والحد الأقصى.

من نافلة القول أن المراجع وضعت في خدمة الباحثين للإفادة منها، ويجب التقميش فيها بطريقة تفيد البحث كثيراً، بشكل متجانس وبوضع منسجم ومتآلف، لا يصيب البحث بأي سوء.

---

١ ـ ريمون طحان ودنيز بيطار طحان: أسس البحوث الجامعية اللغوية والأدبية، ص ١٣٤.

التقميش ممنهجاً

عند الدخول في صلب عملية التقميش، يجب أن يكون ذلك بطريقة منهجية؛ وبالعودة إلى الأصول، لكشف ما فيها من ظنون، والبحث الدقيق عن المخطوط غير المنشور، لكشف حقيقة وضعه والظروف المحيطة به. وفي كل عملية تقميش يجب التركيز على نوعية المادة المقمشة، للوقوف على قيمتها الحقيقية.

يقوم البعض بالتقميش على الأوراق والدفاتر، وغيرها من الوسائل الكتابية[١]، وبالرغم من الصعوبات التي قد يواجهها عندما يريد العودة إلى مقمشاته؛ إلا أنه يكون قد تقيد بمنهجية معينة. وبالرغم من ذلك فإنه يصادف صعوبات كثيرة إذا ما أراد إضافة بعض الجمل والفقرات، أو تعديل بعضها وإستبدال أخرى، مما يعرضه للإضطراب وهدر الوقت والجهد، وإستحالة بلوغ ما يريد تحقيقه إلا بعد مشقة كبيرة.

لذلك ينصح دوماً بعدم التدوين على الأوراق المثبتة بأي وسيلة ما، ويفضل الإطلاع على بعض الأساليب والتقنيات الحديثة في عملية التقميش. ومنها القيام بالتقميش بواسطة جزازات متحركة، تسهل كثيراً من التعب، وتوفر الوقت، وتفسح في المجال للتقديم أو للتأخير كلما رأينا ذلك ضرورياً. كما أنها تسهل لنا عمليات القيد والتوثيق والترتيب والتصنيف. ومن المفيد القول أن حسن استعمال الجزازات، يشير إلى أنها تشارك في منهجيتها أساليب التنظيم المتبعة

---

١ ـ من هذه الوسائل: أن ينقل الطالب ما يجيء في المصادر من شؤون بحثه في دفتر خاص ينسق فيه النقل يكتب على وجه واحد من الورقة، ويترك هامشاً كبيراً للصفحة يستغله لكتابة ما يدل عليه الخبر من أجزاء الخطة. ويمكن أن يستعمل هذا الهامش لما يثيره النص أو الخبر في ذهنه من آراء وملاحظات لينتفع بها في المراحل القابلة عند كتابة البحث. وهذه الطريقة ممكنة عندما يكون البحث صغيراً. وقد يتم القبول بهذا الشرط، ولكن الأساتذة والمشرفين قلما يوصون بها؛ لما تسبب من اختلاط وإضطراب وضياع. يراجع: جواد علي الطاهر: منهج البحث العلمي، (الهامش) ص ٨٩.

في فنون التوثيق المتطورة.

من الأهمية بمكان الإشارة، إلى أنه بعد أن يكون الطالب/الباحث، قد قام بتركيز مخطط بحثه، ووضع نقاطه الأساسية وخطوطه العريضة، يجب عليه القيام بالتقميش. فيكون بذلك أشبه بالخياط؛ الذي يقوم بتحضير كل المستلزمات الضرورية لخياطة بدلة ما، أو فسنان فتاة ما، بعد الإنتهاء من وضع الرسومات الخاصة بالبدلة أو بالفستان. وهذا ما يجب على الطالب/الباحث القيام به، بعد تحضير مقومات بحثه الأساسية.

كما أنه يماثل من ناحية ثانية فعل المهندس، الذي يقوم بجمع وتأمين كل مستلزمات المشروع الضرورية، بعد الإنتهاء من وضع كافة التصاميم المتعلقة بالبناء الذي يود تشييده.

والجدير بالملاحظة، وجود طريقتين أو نهجين يتم إتباعهما حالياً في عملية وضع الأبحاث. يعتمد الأول الكتابة طريقاً وحيداً لتحقيق هذه الغاية، بعد أن يكون قد قام بجمع المعلومات من مصادرها الأساسية، ومراجعها المختلفة.

والطريقة الثانية، تعتمد الأبحاث الميدانية سبيلاً لإخراجها، وهذه الأبحاث هي رديف للأبحاث الاجتماعية والاقتصادية، التي تعتمد بشكل أساسي على الإستمارة والمقابلة والاختبار، بالإضافة إلى الأعمال الكتابية[1].

الجزازة أو البطاقة أو الفِيشة أو fiche = Card

الجزازة ورقة صغيرة من النوع السميك، شبيهة إلى حد ما ببطاقة الدعوة العادية (تسمى بطاقة أو جزازة أو رقعة أو " كارتاً " أو " فِيشة " وهي ترجمة لكلمة (fiche – Card) ونشاهد مثيلاتها بكثرة في جوارير المكتبات العامة للدلالة على فهارس الكتب أو المؤلفين.

الجـزازة تكـون مخططـة أو غـير مخططـة، يوجـد منهـا ثلاثـة أقيسـة، الصغـير

---

١ ـ يوسف عبد الأمير طباجة: منهجية البحث، تقنيات ومناهج، ص ١٥٤.

والوسـط والكبـير. وتجـدر الإشـارة، إلى نصيحـة الطالب/الباحـث التقيـد بإسـتعمال حجـم واحـد للجـزازة طـوال مـدة العمـل في البحـث، حتـى لا يتشـتت عملـه بـين حجـم وآخـر مـن أنواعهـا.

التقميش على جزازات ينظم المعلومات، ويدرجها في مجموعات، ويساعد الباحثين بالوصول إليها في أسرع وقت. خاصة ومن المفترض أن لا يتم التدوين على وجهي الجزازة، بل على أحد وجهيها. فالجزازة متحركة، يمكن نقلها من مجموعة إلى أخرى، كما يمكن أن يصار إلى تبديل مكانها من مجموعة إلى أخرى. ومن علامات حراكها أنها عرضة للتمزيق والتغيير والرمي والتعديل في بعضها، أو في كل ما تحتويه من معلومات مقمشة.

وهناك بعض الباحثين الذين يقومون باستعمال جزازات ذات ألوان متعددة، بحيث يكون لكل لون نوع معين من المعلومات المقمشة.

استعمال الجزازات في تدوين المعلومات

أما كيفية التدوين على الجزازات، فتتم من خلال أخذ المعلومات التي تتعلق بموضوع البحث، بعد الإطلاع عليها وقراءتها في أي كتاب أو مصدر؛ من المصادر المتوافرة في المكتبات العامة أو الخاصة، وتكون على صلة وثيقة بالخطة الموضوعة لمسار عمل الطالب/الباحث.

تخصص الجزازة الأولى لتدوين اسم المؤلف مثلاً، ومكان ولادته وسنتها، ومكان وفاته وسنتها، وغيرها من المعلومات الشخصية إذا وجدت. على أن يصار إلى تدوين كلمة مصادر على الزاوية العليا اليمنى للجزازة، ثم توضع تحتها كلمة المؤلف، هذا بالنسبة للجزازة الأولى.

مثلاً:

المصادر

الإمام جلال الدين السيوطي، ولد في القاهرة عام ٨٤٩ هـ وتوفي في القاهرة عام ٩١١ هـ.

أما الجزازة الثانية فتكون مخصصة للكتاب، عنوانه الكامل، اسم المحقق - إن وجد - اسم السلسلة التي صدر فيها - إن وجدت - الرقم الذي يحمله الكتاب من هذه السلسلة، اسم المطبعة وعدد الطبعات، مكان الطبع، دار النشر - إن وجدت - تاريخ الطبع، عدد الأجزاء، الجزء المستعمل في البحث. ويمكن للباحث أن يعثر على هذه النقاط على غلاف الكتاب الداخلي وكذلك الخارجي، أو في المقدمة، أو على الورقة الأخيرة، أو على الغلاف الأخير[1].

عنوان الكتاب: تاريخ الخلفاء، حققه وقدم له وخرّج آياته: الشيخ قاسم الشماعي الرفاعي والشيخ محمد العثماني، ليس من سلسلة للكتاب، وليس له رقماً متسلسلاً، طبعة: لا ذكر لعدد الطبعة، دار الأرقم بن أبي الأرقم، بيروت، توزيع: دار القلم، وليس له تاريخ نشر، لا أجزاء.

ليس من الضرورة أن تكون الكتب التي يتم الإستعانة بها صادرة جميعها عن سلسلة ما، أو عن دار نشر معينة، أو تكون محققة. وليس من مسؤولية الطالب/الباحث الدوران حولها والإعلان عنها. إلا أنه من واجباته الدلالة على مكان الطبع وتاريخه. فإن لم يجدهما فهو ملزم بالإشارة إلى أنه لم يجدهما، ويدون في صفحة قائمة المصادر والمراجع، مثلاً الحرفين: د. ط. أي: دون طبع، سنداً إلى أن اسم الطبعة غير موجود في الكتاب. كما بإمكان الباحث أن يدون أيضاً حرفي: د. ت. أي: من دون تاريخ، وكذلك قد يدون حرفي: د.م.، أي: دون ذكر لمكان الطبع.

يكتب على الزاوية العليا اليمنى للجزازة كلمة " مصادر " وتوضع تحتها كلمة " كتاب ". أما على الزاوية العليا اليسرى لها فيكتب دائماً اسم مؤلف الكتاب الذي يكون بين يدي الباحث، الذي يعمل على الإستعانة به في بحثه.

مصادر

الإمام جلال الدين السيوطي

١ـ رجاء وحيد دويدري: البحث العلمي ، أساسياته النظرية وممارساته العملية. ٣٨٤.

كتاب: تاريخ الخلفاء، حققه وقدم له وخرّج آياته: الشيخ قاسم الشماعي الرفاعي والشيخ محمد العثماني،لا ط. دار الأرقم ابن أبي الأرقم، بيروت، لا تا ن.

تكون الإفادة من هاتين الجزازتين، بعد أن تضاف إليهما بعض المعلومات الأخرى، التي تكون مدونة على دفتر الباحث المساعد، لدى دراسة المصادر، إن أراد إدخال هذه المعلومات في بحثه، أو عند رغبته في وضع قائمة بالمصادر والمراجع، وهو الأمر الذي لا بد منه في كل عمل بحثي.

تدوين المعلومات على الجزازات

تنظّم الجزازات (البطاقات) في مجموعات، وقد ترتّب موضوعياً أو زمنيّاً، والأولى أن ترتّب حسب الأبواب أو الفصول، فيجعل عنوان الجزازة (البطاقة) نفس عنوان الفصل.

بعد القراءات الكثيرة التي يقوم بها الطالب/الباحث في الكتب والمصادر المتعلقة بموضوع عمله، يبدأ بتدوين المعلومات التي يراها ضرورية ولازمة له، بحيث تكون كل معلومة أو كل فقرة على جزازة واحدة. ومن المرفوض أن تحوي الجزازة الواحدة أكثر من خبر أو فكرة أو معلومة. وبعد أن يتم تدوين الفقرة أو العبارة اللازمة على الجزازة الخاصة بها، يدون في زاويتها العليا من جهة اليمين عنوان الموضوع الذي تدور عليه الفقرة أو الخبر المدون على الجزازة. مثلاً إذا كانت نية الباحث إستعارة بعض الفقرات من مصادر تربوية، يكتب على الزاوية اليمنى في رأس الجزازة: توجيهات تربوية لمعلمي رياض الأطفال، مثلاً.

هذا ويكتب على الزاوية العليا اليسرى للجزازة اسم مؤلف المصدر الذي تم النقل عنه: جورج شلالا، عبد الله عبد الدايم، محمد منير سعد الدين، عدنان الأمين، فوزي أيوب. إلخ... ومن الباحثين من يهمل اسم المؤلف واسم الكتاب، وقد لا يضعه على هذه الزاوية.

ثم يوضع تحت اسم المؤلف (أو اسم الكتاب) الجزء - إن وجد، ورقم الصفحة. بمعنى: ٩٨:٤، مما يشير إلى أن الباحث قد استعان بالصفحة الثامنة والتسعون من الجزء الرابع...[١].

ومن الأهمية أن يقوم الباحث بنقد كل ما يقرأه أو بعضه أو جزء منه، لأن هذه الطريقة المنهجية من شروط الباحث الجيد، التي يجب أن ترافقه في معظم مراحل عمله. وفي هذا الإطار يتوجب عليه القيام بتدوين ملاحظاته المختصرة على هامش الجزازة بشكل واضح أو على جزازة متصلة بها، في حال كانت المعلومات المراد نقدها كثيرة نوعاً ما.

وجرت العادة عند الباحثين بأن يبدأوا الإقتباس وينهونه بعلامات التّنصيص: "..." وينبغي ألا يفرّط الباحث في كثرة الإقتباس من المصادر، لأن ذلك يوحي بأنّه يستخدم تفكير سواه، دون أن يتحمّل بنفسه عبء البحث والدراسة، رغم أن الإقتباس دليل على القراءة الواسعة والمعرفة التّامّة بالأفكار، ويحتاج الإقتباس ضرباً من الخبرة، يميّز الباحث فيها بين المهمّ والأهمّ وممّا لا أهميّة له، وعلى الباحث ألا يكرّر نصّاً مقتبساً في بحثه، بل إذا ذكره في موضع إمتنع عن ذكره ثانية، وفي حالة الضرورة يشير إليه بإقتضاب. ومن أسوأ الأشياء أن يسوق الباحث إقتباساً لا يرتبط بكلامه إرتباطاً دقيقاً، ومّما يزيد الإقتباس نفعاً الدّقة والنّقل الصحيح والأمانة .

على الطالب/الباحث أن يذكر صاحب المصدر المقتبس عنه ووضع ما إقتبسه بين علامات التّنصيص «...» ثمّ الإشارة إلى المصدر الّذي إقتبس عنه في هامش الصّفحة أو الفصل أو البحث وفق الخطّة الّتي يضعها، ويستحسن أن يقرأ ويستوعب ما سوف يقتبسه، ثمّ يصيغه بأسلوبه الخاص، ويشير في هامش الصّفحة إلى ذلك بذكر كلمة (بتصرّف) دون أن يضع قوسين في متن الصّفحة.

١ـ علي جواد الطاهر، منهج البحث الأدبي، ص ٩١.

وقبل ختام الحديث عن عملية التقميش، لا بد من التوقف عند عدد من النقاط التي إذا ما تمت ملاحظتها والإنتباه إليها بشكل جيد، كانت منفعتها في عملية التقميش مزدوجة. ومنها:

١ – مراعاة الدقة في عملية نقل المعلومات كما هي وبشكل واضح وجلي، مع الإنتباه إلى عدم القيام بتصحيح أي خطأ قد يراه الباحث، وأن لا يتم التصرف بالنص المستعمل.

وإذا ما كان هناك من ضرورة للقيام بأي تغيير، من المفترض الإشارة إلى ذلك في هامش الجزازة، وكذلك إذا ما كانت هناك من أهمية لزيادة بعض الكلمات أو العبارات، على أن تتم الإشارة إلى كل ذلك إما بالوضع ضمن معقوفين، أو الإعتراف بكل زيادة تحصل، عن طريق توقيع الباحث في نهاية كل زيادة قد يراها ضرورية.

٢ – تمت الإشارة سابقاً إلى أنه يفضل أن يكون حجم الجزازات واحداً في كل أجزاء البحث منعاً للفوضى وإهدار الوقت والجهد في حال تعددت أحجامها وقياساتها، بالرغم من أن بعض الباحثين لا يجدون مانعاً من تنويع أحجامها؛ وفق الموضوعات الرئيسة في التصميم العام، وهو ما يرى فيه بعضهم مساوىء قد تسيء إلى العمل.

٣ – إلا أنه من ناحية ثانية ينصح عدد من الخبراء في مجال البحوث العلمية التربوية، أن تتم الإستعانة بأكثر من لون من ألوان الحبر في التدوين على الجزازات «تسهيلاً للمراجعة وترويحاً للنظر وتمييزاً في الدلالة».[1] كأن يكون اللون الأحمر لاسم المؤلف؛ ورقم الصفحة المستعملة، وعنوان الفقرة باللون الأخضر. وأن يصار إلى كتابة الفقرة أو المعلومة باللون الأزرق، إلى غير ذلك من الألوان.

١ـ عبد الواحد ذنون طه: أصل البحث التاريخي، ص ١٧٣ – ١٧٤.

٤ – أن تكون هناك وفرة ظاهرة في استخدام عدد الجزازات، وهنا لا بد من نبذ التقطير في استعمالها.

٥ – أن تتم الكتابة دائماً على وجه واحد من الجزازة.

٦ – إذا كانت الجزازة تجمع على ظهرها خبراً ما أو فكرة معينة من صفحتين متتاليتين من أي كتاب أو مرجع؛ يفضل توضيح الإشارة إلى ذلك، عن طريق وضع خط مائل بعد آخر كلمة في الصفحة الأولى، ثم تتم زيادة رقم الصفحة الثانية إلى الرقم الذي تم تدوينه تحت اسم المؤلف بعد وضع خط بين الرقمين (٩٣/٩٢)، كما يوضع الرقم الجديد على الهامش مقابل الخط المائل.

٧ – الإنتباه إلى علامات الترقيم وكيفية استخدامها الجيد، لئلا نضع أي منها في غير موضعها الطبيعي والصحيح، مما قد يؤدي إلى خلل في المعنى.

٨ – إذا صادف الباحث في نص ما يقرأه خللاً مطبعياً يشكل خطأ في النحو أو المعنى، يفضل أن يتم وضع عبارة (كذا) وراء الكلمة الخطأ، وباللون الأحمر بين قوسين متابعة لفعل موروث، تمييزاً لما وضعه المحقق بعد كلمة خطأ وجدها في النص الذي يحققه.

أما إذا كانت هناك من ضرورة لزيادة حرف أو كلمة لتصحيح معنى أو ما شابه، فيتم وضعها بين معقوفين (معقوفتين – حاصرتين) [   ] مرسومين باللون الأحمر لتمييزهما عن المعقوفين الموضعين من قبل المحقق.

٩ – إذا رأى الباحث أنه يحتاج من النص الذي بين يديه إلى بعض الجمل والفقرات أو الكلمات، وهو مضطر إلى حذف ما لايحتاج منه، فعليه الإشارة إلى المعلومات المحذوفة بوضع ثلاث نقاط بدلاً من كل منها، وذلك باللون الأحمر.

١٠ – في حال كانت الضرورة تستدعي الإستعانة بخبر أو بفقرة طويلة نوعاً ما، وتحتاج لتدوينها إلى أكثر من جزازة، فيتم في هذه الحالة ترقيم الجزازات المستعملة ب١و٢و٣و٤بشرط أن تكون جميعها تحت نفس العنوان في الزاوية المخصصة له.

١١ - يفضل أن ينقل الخبر أو النص صحيحاً على الجزازة كما هو، وهذه هي الطريقة السليمة.

١٢ - إذا صادف الباحث أن قرأ خبراً أو نصاً لكتاب ما أو في مرجع ما، سبق له وتعرف عليه، من المستحسن الرجوع إلى الأصل والأساس، والسبب لأنه إذا كان هذا الأصل ورد كما هو في مرجعه الأساسي، تتم الإشارة إلى ذلك في جزازة خاصة. أما إذا كان هناك شيء من الاختلاف، يجب إثبات هذا الاختلاف.

١٣ - إذا كان للمؤلف الواحد أكثر من كتاب عاد إليه الباحث في موضوعه، فيكتب إلى يسار اسمه في الزاوية العليا اليسرى للجزازة مختصراً لعنوان الكتاب. فإذا كان هذا المؤلف هو ابن قتيبة، ومن المعروف أنه صاحب كتابي الشعر والشعراء وعيون الأخبار. فيتم تدوين اسم : ابن قتيبة وإلى جانبه شعر، ثم مرة ثانية ابن قتيبة وإلى جانبه عيون، مما يدل على نسبة المصدرين إلى ابن قتيبة.

١٤ - يستحسن أن يكون المصدر ملكاً للباحث، مما يصرفه عن السعي للحصول عليه من المكتبات، منعاً لتضييع الوقت وإهدار الجهد. بحيث يستطيع تصفحه وقراءته وقتما يشاء، ووضع الملاحظات التي يراها ضرورية على هامشه، حتى يمكنه الرجوع إليها في أي وقت يريد.

١٥ - إذا وجد الباحث معلومات تعود بالأهمية على المؤلف، فعليه تسجيلها على جزازة خاصة.

١٦ - إذا خطرت للباحث فكرة تعود لموضوع بحثه أو للتصميم الموضوع له، يفضل تدوينها على جزازة خاصة.

ونجمل فيما يلي أهم طرق الإقتباس:

١. إمّا أن ينقل الباحث النّص كاملاً، ويسمّى ذلك بالإقتباس الحرفي أو المباشر (Direct Quotation).

نموذج

(١)

المأمون بن الرشيد	فتوح المأمون	الإمام جلال الدين السيوطي: تاريخ الخلفاء، لاط. بيروت، مط. دار الأرقم، لا تا. ص: 244-243
وفي سنة خمس عشر سار المأمون إلى غزو الروم، ففتح حصن قرة عنوة، وحصن ماجدة، ثم صار إلى دمشق، ثم عاد في سنة ست عشرة إلى الروم وافتتح عدة حصون، ثم عاد إلى دمشق، ثم توجه إلى مصر ودخلها فهو اول من دخلها من الخلفاء العباسيين، ثم عاد في سنة سبع عشرة إلى دمشق والروم.		

أو

المأمون عبد الله أبو العباس	فتوح المأمون
وفي سنة خمس عشر سار المأمون إلى غزو الروم، ففتح حصن قرة عنوة، وحصن ماجدة، ثم صار إلى دمشق، ثم عاد في سنة ست عشرة إلى الروم وافتتح عدة حصون، ثم عاد إلى دمشق، ثم توجه إلى مصر ودخلها فهو اول من دخلها من الخلفاء العباسيين، ثم عاد في سنة سبع عشرة إلى دمشق والروم. الإمام جلال الدين السيوطي:تاريخ الخلفاء،لاط.بيروت،مط.دار الأرقم،لا تا. ص: 244-243	

٢. إذا كان الإقتباس لا يتجاوز ستّة أسطر يوضع بين شولات، أمّا إذا تجاوزها فإنّ الإقتباس يوضع بشكل مميّز، بحيث ترد الأسطر المقتبسة بعد آخر سطر قبله متتالية مع ترك فراغ أوسع بين الإقتباس وبين آخر هذا السّطر، وبين الإقتباس وبين أوّل سطر بعده، كما يكون الهامشان عن يمين الإقتباس ويساره

أوسع من الهامش الأبيض المتّبع في البحث، وأن يكون الفراغ بين سطور الإقتباس أضيق من الفراغ بين السّطور العاديّة، والحرف أصغر من الحرف الذي يطبع به البحث.

نموذج

(٢)

هذا وكان سليم علي سلام الزعيم البيروتي في عهد الاستقلال، قد وجه باسم المؤتمر القومي الذي عقد في 23 تشرين الأول (أوكتوبر) عام 1936، رسالة إلى المفوض الفرنسي دي مارتل، طالبه فيها بوضح حد للاجحاف اللاحق بالمسلمين واعتماد اللامركزية، نأخذ منها الفقرة التالية:

لما كانت التجارب التي مرت بسكان الجمهورية اللبنانية قد أثبتت أن النظام الذي تمشت عليه هذه الجمهورية منذ نشأتها قد أدى إلى كثير من الاحجاف بمناطق وفئات منها دون أخرى. ولما كان في ذلك ما يعرّض الشعور القومي الذي يصل بين بناء هذه البلاد ويقوي على أنقاضها روح المشادة والتوتر الطائفي فإن المسلمين يطلبون علاجاً لذلك بوضع فصل صريح في المعاهدة اللبنانية - الفرنسية يقر اللامركزية على النحو الذي تضمنه المعاهدة الفرنسية ويضمن المساواة بين الطوائف في الحقوق والواجبات.

لقيت الرسالة صداها عند المفوض الفرنسي، الذي إعارها الاهتمام، لأنه كان على بينة من نوايا اللبنانيين في الوحدة والتوحد ضد الانتداب، من مختلف طوائفهم واتجاهاتهم.

حسان حلاق: مذكرات سليم علي سلام (1938-1868)، لا ط، بيروت، الدارالجامعية، لاتا، ص308.

٣. إذا كان الإقتباس غير مباشر أو ليس بحرفيّ (Indirect Quotation) وهو الأكثر شيوعاً، وذلك بتلخيص ما قرئ، فكرة أو موضوعاً، والأفضل أن

يشـير الباحـث إلى المصـدر الّـذي إقتبـس منـه بذكـر عبـارة (إرجـع إلى ...) أو (أنظـر...) ويذكـر إسـم المصـدر والصّفحـات أيضـاً، ويفضّـل بعضهـم إيـراد المصـدر أو المرجـع كالمعتـاد.

بمعنى آخر، كل شرح لأي معلومة يتطلب شطارة ما، ومستوى معيناً من الفهم للمعلومات، والعبارات المراد شرحها. فالطالب/الباحث يجب أن يكون على قدر من المسؤولية عندما يقوم بتلخيص مقطع ما، أو معلقاً على عباراته، شارحاً سبب وقوعه في النص، إذا كان أدبياً، وفي مجريات الزمن إذا كان تاريخياً. هنا تجب المناقشة، التي يضفي عليها الطالب/الباحث من فكره وعقله، الآراء التي تستهوي أسلوبه ومنهجه.

نموذج

(٣)

المأمون عبد الله أبو العباس	الاقتباس والتأليف
عرف عن المأمون تثقفه بمختلف المعارف والعلوم. وكان ملماً بالفوائد المتأتية عن بعض أنواع المأكل وأصناف الأطعمة التي كانت توضع على مائدته. فكان ينصح صحابته بالأكل من هذا الطبق ويمنع آخر عن مد يده إلى طبق لا يناسبه.أنظر:الإمام جلال الدين السيوطي:تاريخ الخلفاء،لاط. بيروت، مط. دار الأرقم، لا تا. ص: 244.	

أو

آثار ابن خلدون	إنتقاداته	أبو خلدون ساطع الحصري: دراسات عن مقدمة ابن خلدون، طبعة ثالثة موسعة،بيروت،دار الكتاب العربي،1387هـ-1967-م.ص 106-105.

105	عاش ابن خلدون حياة مليئة بالبحث والتجوال في كثير من الأمصار والدول التي وصل إليها، من أجل إثبات النظريات التي كان يراها ويضعها للعمران والمجتمع البشري وحياة الدول. وقد واجهته في هذه المهام متاعب كثيرة، واعترضته مفاسد مختلفة عمل على مكافحتها عندما تولى منصب القضاء.
105	وما تجدر الإشارة إليه أن ابن خلدون صور كل الأضاليل وأعمال الشعوذة التي صادفته، ووضعها في كتبه ومؤلفاته، ليلفت إليها نظر الفتية والشباب والرجال، وليحذرهم من عدم الإنغماس في مفاسدها.

٤. قد يجمع الطالب/الباحث بين التّلخيص والإقتباس، بذكر فكرة ملخّصة يتبعها بنص من المؤلّف، في الحالتين يشار في الهامش إلى ذلك.

الاقتباس يعني أن يقوم الطالب/الباحث باقتباس ما يراه موافقاً للموضوع الذي يبحث حوله، ومناسباً للأفكار التي يود أن يوردها في بحثه. وهنا عليه أن يجانب الدقة في اقتباسه، حتى لا يذهب إلى الشطط، كما عليه أن لا يكثر من اقتباسه، لكي يظل محافظاً على شخصيته. وينصح هنا أن لا يزيد اقتباسه عن عدد معين من الأسطر، على أن يقوم بوضع كل فكرة يقتبسها بين شولتين مزدوجتين.

وعلى ذلك، يعتبر الاقتباس عملية تثبيت للآراء التي توافق الموضوع الذي يدور البحث حوله، حيث يتم عرضها وتحليلها، لتوضيح فكرة ما، أو لإظهار حقيقة معينة. ويرى بعضهم أن الاقتباس هو من أجل إيراد خبر مهم، أو الاستشهاد برأي من يعتبر حجة في ميدان اختصاصه[1].

هناك ملاحظات ثلاث يجب الإنتباه إليها، عند القيام بعملية لاقتباس، وهي:

أ - عندما يقوم الطالب/الباحث بقراءة نص ما، لاجل الاقتباس منه، ووجد فيه خطأ ما، وقام بتصحيحه، عليه وضع ذلك بين قوسين مركنين

١ـ المرجع السابق، ص ١٧٣.

[ ]. كما قد يلجأ أحدهم إلى استعمال القوسين ( ). ويفضل الإشارة إلى ذلك في الهامش.

ب - إذا رأى الطالب/الباحث ضرورة إضافة كلمة ما أو عبارة معينة إلى المقطع المقتبس منه، من المفضل وضعهما ضمن قوسين مركنين [ ] أو قوسين ( ).

ج - إذا ما رأى الطالب/الباحث من ضرورة لحذف كلمة أو فقرة وما شابه من النص المقتبس منه، يفضل أن يضع مكانها ثلاث نقاط متتابعة أفقية.

إن الباحث عندما يستعين بالاقتباس، إنما يكون ذلك من أجل تعزيز رأي ما، أو لنقل خبر مهم، أو للاستعانة بفكرة صائبة والتعبير بواسطتها[1].

نموذج

(٤)

الموسيقى عند العرب	الآلات الموسيقية	آلة الفارابي

«واصطنع الفارابي آلة مؤلفة من عيدان،يركبها ويضرب عليها،وتختلف أنغامها باختلاف تركيبها».

« ذكروا أن الفارابي حضر مجلس غناء لسيف الدولة... ففتح خريطة، واستخرج تلك الآلة، وركبها ثم لعب بها فضحك منها كل من كان في المجلس، ثم فكها وركبها تركيباً آخر، وضرب عليها، فبكى كل من كان في المجلس، ثم فكها، وغيّر تركيبها، وضرب ضرباً آخر، فنام كل من كان في المجلس، حتى البواب، فتركهم نياماً وخرج» .

جرجي زيدان: تاريخ التمدن الإسلامي (ط جديدة، القاهرة، مط دار الهلال، 1958م.)، 221:3، نقلاً عن وفيات الأعيان 77:2 (راجع وفيات الأعيان لابن خلكان).

٥. رغبته أن يورد تعليقاً على نص إقتبسه، فيشير إلى النّص الأصلي ويوضح فيما بعد التّعليق.

أساس هذه الطريقة، البحث عن الحقائق المجردة ونقدها ومناقشتها،

١ـ ثريا ملحس: منهج البحوث العلمية، ص ١٣٩.

إضافة إلى شرحها وتعليلها، من خلال مقابلتها ومقارنتها سلباً أو إيجاباً بعدد من الآراء والأفكار المماثلة لها، أو القريبة منها للمشاهير وأهل الرأي والكلمة.

نموذج

(٥)

أدب المعري	شعره	رثاء والده
جاء في الطبعة الثالثة من كتاب « تجديد ذكرى أبي العلاء» لطه حسين بأن المعري نظم الشعر وهو حدث، ورثى والده وهو في الرابعة عشرة من عمره. (طه حسين: تجديد ذكرى أبي العلاء، ط:3، القاهرة:مط المعارف، 1937ن، ص: 195) ومن يطلع على هذه المرثية يجدها من أروع ما قيل في الرثاء قديماً. وهي تدل على نضوج فكري وأدبي ولغوي، فيها بوادر من الشك والحيرة والنقمة واللادرية التي ظهرت فيما بعد في لزوميات المعري، ويستغرب جداً أن تصدر من إنسان في مثل هذه السن المبكرة. وأول من نبه على هذا الوهم الدكتور جبرائيل جبور في كلمة ألقاها عام 1944، في مهرجان المعري ببيروت. كما أن الدكتور عمر فروخ أشار إلى الخطأ والصواب في كتابه حكيم المعرة. وقد ارتأى الدكتور جبور أن لفظة والده قد سقطت قبل عبد الله أي جد المعري، إذ توفي عام 377هـ كما أشار إلى ذلك ياقوت في معجمه. أما والد المعري فقد توفي عام 395 هـ برواية ابن النديم، وعمر المعري اثنتان وثلاثون سنة. عمر فروخ: حكيم المعرة (ط2، بيروت، مط الكشاف، 1948م)، ص: 17.		

الفـهرسـة

مدخل

تعتبر الفهرسة من أهم الأعمال الفنية التي تستند إليها المكتبة في عملها، وكانت وراء إنطلاقة علم المكتبات. عندما نقول الفهرسة، لا بد أن يتبادر إلى الذهن كلمة الفهارس، وهي التي تشمل كل الموجودات داخل المكتبة.

تعريف الفهرسة

إنها اللائحة التي تضم مجموعة الأشياء والمقتنيات الموجودة لدى شخص مادي أو معنوي، ويتم ترتيبها بطريقة ما، تسهل الحصول عليها والوصول إلى أي منها، في أي وقت يشاء.

الفهرسة في المكتبة، هي التي تقوم على فهرسة الكتب الموجودة بداخلها على نظام معين، بالإضافة إلى أشياء أخرى لها علاقة بالعلم والمعرفة والثقافة، والقراءة والصور، والخرائط، وغيرها الكثير من الأنواع التي تحويها المكتبة.

وكل مكان يحوي مجموعات كبيرة من الأشياء لا بد أن يكون فيه برنامج فهرسة، وفق النظام الذي تتبع له هذه الأشياء.

تعد الفهرسة مفتاح خزائن الكتب ودليلها الذي يحدد أماكن المواد الثقافية على رفوف المكتبة، ولا تستطيع أي مكتبة كبيرة أو صغيرة، أن تؤدي خدماتها الثقافية من دون أن يكون لها الفهرس الممثل لمجاميعها[1].

والفهرسـة ضرورية جـداً لمجموعـة الطوابـع التذكاريـة، ولهـا أهميـة كبـيرة في متاحـف القطـع المنحوتـة، والمقتنيـات الأثريـة، ولوحـات الرسـومات الفنيـة الموجـودة في المتاحـف. كـما لهـا مكانـة مهمـة لمجموعـات النقـود النـادرة؛ المحفوظـة

١ـ علي جواد الطاهر، منهج البحث الأدبي ، ص ٨٣.

في المتاحـف وأماكـن تجميعهـا الأخـرى. أمـا فهـارس المكتبـات، فهـي التـي سـوف نوليهـا الاهتـمام والدراسـة في هـذا الكتـاب.

فهارس المكتبة

إنها القائمة التي تضم كا ما في المكتبة من أشياء، تساهم في إغناء المعرفة الإنسانية بالمعلومات التي هي بحاجة إليها على الدوام. ومن أهمها الكتب.

فالفهرسة إذاً، هي عملية إعداد المادة الثقافية (كتب، دوريات، مخطوطات، مصغرات فيلمية... إلخ.) إعداد فني من خلال الوصف المادي، لكي تكون هذه المواد في متناول المستفيد، بأيسر الطرق وأقل وقت وأكثر دقة وتحديد للموضوع، ويتمخض عن هذه العملية تكوين الفهرس[1].

عندما نقول فهرسة، يجب أن يتبادر إلى الذهن المعرفة، التي تقود إلى أي شيء موجود في المكتبة. تساهم الفهرسة في سرعة التعرف على إمكانية توافر كتاب ما في المكتبة أم لا.

هنا لا بد من طرح مجموعة الأسئلة التالية:

١ - هل يوجد في المكتبة كتاباً معيناً وضعه مؤلف معروف؟

٢ - هل يوجد في المكتبة كتب متعددة لمؤلف واحد مشهور؟

٣ - هل يوجد في المكتبة كتاباً معيناً في موضوع محدد؟

٤ - هل يوجد في المكتبة مجموعة من الكتب في موضوع بحد ذاته؟

٥ - هل يوجد في المكتبة كتاباً معيناً يحمل عنواناً محدداً؟

٦ - هل يوجد في المكتبة الكتب الصادرة عن سلسلة معينة؟

٧ - هل يوجد في المكتبة مجموعة الكتب التي قام بتحقيقها شخصاً معيناً؟

١ـ عبد الله مشعل عبيدات وآخرون: أسس الفهرسة والتصنيف، ص ١٩.

٨ - هل يوجد في المكتبة مجموعة الكتب التي قام بترجمتها شخصاً معيناً ؟

تظهر هنا اجابات مختلفة ومتعددة بالنسبة لفهارس المكتبات. فبالرغم من اتفاق معظم المسؤولين فيها؛ على توحيد إجاباتهم حول الأسئلة الأربعة الأولى، إلا أنها تعارضت نوعاً ما في ردود الأسئلة الأربع الباقية، نتيجة لأسباب مختلفة تتعلق بوضعية كل منها. قد تكون عائدة لمجموعة الكتب التي تمتلكها كل مكتبة، أو لنوع المكتبة. كما قد يكون اختلاف الأجوبة عائد إلى امتلاك مكتبة ما؛ كمية من السيولة تمكنها من تأمين احتياجاتها، أو لنوعية رواد كل مكتبة، ومستواهم الثقافي والفكري.

عدا عن الإجابات المتفرقة التي قد تأتي مختلفة عن الأسئلة المشار إليها سابقاً، إلا أن مهمة الفهرسة يجب أن تتركز بالدرجة الأولى على المعلومات المتعلقة بكل كتاب، مثلاً:

١. مكان الكتاب على أي رف من رفوف المكتبة.

٢. اسم الكتاب والطبعة (عدا الأولى) ومكان النشر والناشر وتاريخ النشر.

٣. عدد أجزاء الكتاب، وإذا ما كان مجلداً واحداً يفضل ذكر عدد صفحاته، بالإضافة إلى وسائل الإيضاح الأخرى، ومع اللوحات والخرائط التي يضمها.

٤. رقم الوارد أو رقم الورود، وهو الرقم الذي يعطى لكل كتاب فور دخوله إلى المكتبة، حيث يدون في سجل الكتب الواردة إلى المكتبة. خاصة وأن رقم الورود له أهمية قصوى عند القيام بجرد الكتب الموجودة.

فالفهرسة إذاً، هي العملية التي تنظم إنشاء الفهارس، بمعنى أنه عندما تتم فهرسة كتاب ما، يجب أن يكون ذلك عن طريق إنشاء سجل خاص به. تذكر فيه كل المعلومات المتعلقة بالكتاب، بحيث أنه عندما يرغب الطالب/الباحث الاطلاع

على كتاب معين في موضوع بحثه، تمكنه هذه العملية من سرعة الوصول إلى مبتغاه، بالعودة إلى سجل الكتاب الذي وضع له. وتكون لهذه السجلات أهمية كبيرة إذا ما تم ترتيبها بطريقة علمية ومنهجية في الآن ذاته، حتى يسهل الوصول إليها في كل الأوقات.

الفهرسة عبر التاريخ

جاء في بعض الموسوعات[1] أن عملية الفهرسة موغلة في التاريخ، ووجد في ما عرف بمكتبات العصور القديمة، بعض السجلات التي ظهر منها أن الفهرسة بصورتها الأولية والمبدئية، قديمة جداً. ويرى أحد الاختصاصيين في هذا العلم[2] أنه اكتشفت في بعض المدن السومرية القديمة؛ أنواع قديمة من الفهارس. وكانت عبارة عن لوح من الفخار نقشت عليه أسماء عدد من الكتب الموجودة آنذاك. وظهر منها أنها مرتبة حسب الموضوعات. وهي محفوظة في متحف جامعة بنسلفانيا في الولايات المتحدة الأميركية. كما تم العثور على قوائم كتب بدائية في مكتبات مصر وبلاد الرافدين أيام الفراعنة، وكذلك في عهدي الأموريين والأشوريين.

وينتفي هذا الظن إذا ما دخلنا في العهد اليوناني، الذي عرفت فيه عملية الفهرسة اهتماماً كبيراً، خاصة بعد أن تم العثور على عدد من الفهارس، التي نشأت لتنظيم محتويات المكتبات المتواجدة في تلك العهود. من أشهرها فهرس مكتبة الإسكندرية، الذي عرف باسم بيناكس (Pinakes) بدأه كاليماخوس (Kalimachos) ولم يتمكن من إنهائه. فأتى من بعده كل من زينودوتس (Zinodotos) وايراتوستينس (Eratostinos) اللذين اتما عمل كاليماخوس. قام هذا الفهرس بذكر قوائم بأسماء أهم الأعلام والأشخاص البارزين آنذاك،

١- Encyclopedia of Library & Information science . Ed. By: Allen kent & Harold Lancour. New york، Marcel Dekker ١٩٦٨

٢- عبد الكريم أمين: التصنيف والفهرسة في علم المكتبات، ص ٦٩.

الذين وجدت لهم مؤلفات في مختلف النواحي الثقافية والعلمية. ولم يبق من هذا الفهرس سوى بعض الشذرات.

يتألف هذا الفهرس في أغلب الظن، من ١٢٠ ملفاً، وظهر تعريف عن كل مؤلف أو كاتب عرف شهرة ما في ذلك الوقت، كاسمه ونبذة عن حياته، وأسماء مؤلفاته، التي قام بالتعريف بها هي الأخرى من عدة نواحي، ومن أهمها عدد الأسطر المؤلفة لكل منها[١].

قسم كاليماخوس فهرسه حسب الموضوعات، فكان فهرساً موضوعياً، توزع على ثمانية أقسام، هي: الخطابة والتاريخ والقانون والفلسفة والطب والشعر الغنائي والمأساة، وأخيراً المتفرقات.

الفهرسة في الإسلام

ساعد قيام الحضارة العربية الإسلامية في إنطلاق حركة علمية وأدبية وثقافية، كان لها صداها الواسع، وإنتشارها الكبير في مختلف أرجاء العالمين العربي والإسلامي آنذاك. خاصة وأن تلك الفترة اشتهرت بكثرة المؤلفات ووفرة الكتب التي وضعت في مختلف العلوم والمعارف، إما بطلب من الخلفاء والملوك والأمراء، أو بمبادرات فردية. فضلاً عن عمليات النقل من اللغات الأخرى إلى اللغة العربية، فيما عرف بحركة الترجمة، مما أوجد الحاجة إلى تدوينها وتنظيم تواجدها؛ ليسهل الوصول إلى أي منها، كلما دعت الحاجة.

فكان من جراء هذه الحركة، أن باتت الحاجة ملحة إلى تنظيم تلك الكثرة من الكتب والمؤلفات المتواجدة في القصور والبلاطات، أو لدى عدد كبير من القادة والأمراء. خاصة وأن القوم آنذاك كانوا يقيمون مكانة كبيرة للعلم والعلماء، وأعطوا للكتب والمكتبات المكانة التي تستحقها، عن طريق إنشاء الاسواق الشهيرة لها. فاوجدوا الفهارس الجيدة، وبرعوا في كل من الفهرسة والتصنيف،

١ـ محمد ماهر حمادة: علم المكتبات والمعلومات، ص ١٠٥.

مما ساعدهم على الاهتمام بمكتباتهم، من خلال عملية تنظيم الفهرسة التي وضعوها بكل دقة وتميز، وعرفت بفرادتها وسهولة الوصول إلى أي كتاب في اي موضع كان.

انقسمت الفهارس التي وضعها المسلمون إلى نوعين: فهارس الكتب، وفهارس وضعت بشكل لوائح أو قوائم، كان يتم تعليقها على كل باب من أبواب غرف المكتبة، أو على باب كل خزانة من خزائن الكتب الموجودة فيها.

كانت مكتبة الخليفة الأموي على قرطبة، الحكم الثاني (٣٥٠ - ٣٦٦هـ) من الطراز الأول، بلغ عدد فهارس الدواوين الشعرية المتواجدة فيها ٤٤ مجلداً، في كل منها عشرين ورقة، فيها أسماء الدواوين الشعرية، وهكذا بالنسبة لبقية الموضوعات. وكذلك الأمر مكتبة الخليفة الفاطمي، الحاكم بأمر الله، الذي أنشأ مكتبة كبيرة في مصر؛ عرفت بدار الحكمة. إذ كانت تعلق على باب كل خزانة من خزائنها الكثيرة، فهارس بمحتويات الموضوعات التي تضمها كل خزانة.

انتظرت عملية الفهرسة في أوروبا فترة طويلة من الوقت، حتى ظهر من أعطى لها الأهمية العلمية والموضوعية التي تستحقها. وبالرغم من ذاك، فإن الفهرسة في عصور أوروبا القديمة، عرفت شيئاً من الحركة، خاصة وأنه وجدت فهارس بدائية في عدد من الأديرة والكنائس لمجموعات من الكتب التي وضعها بعض المؤلفين الأوروبيين.

لم تعرف هذه الحركة قوة إزدهارها وإنطلاقتها العلمية والموضوعية، إلا بحلول عصر النهضة، عندما بات للكتاب قيمة مزدوجة معرفية وتثقيفية. وهو الأمر الذي كان وراء اختراع آلة الطباعة.

لم تهيأ هذه التطورات المكانة اللائقة للفهرسة، لأنها كانت لا تزال غير مرتبة وغير منظمة، وكانت عرضة لأهواء المفهرس، وتقلب مزاجه واهتماماته

وتعـدد ثقافتـه في بعـض الأحيـان، ولم يتـم التوصـل إلى وضـع قواعدهـا الأساسـية إلا مـع حلـول القـرن التاسـع عـشر، عندمـا قـام أنطونيـو بانيـزي (Antonio Panizzi) عـام ١٨٤١م. بوضـع القواعـد المنظمـة لعلـم الفهرسـة، الـذي فتـح الطريـق لعلـم المكتبـات الحديـث.

أراد بانيزي أن يبرهن على أهمية المكتبة وقيمة الكتب التي تحتويها، فقام بإصدار فهرس عام لها. إلا أنه واجه صعوبات كثيرة في عمله، وخاصة في اختيار المداخل الرئيسية (العناوين، المواضيع) والمداخل الثانوية، وفي اختيار رؤوس الموضوعات. وعندما استعصى عليه ايجاد حلول لها، صمم بانيزي على ايجاد قواعد خاصة بالفهرسة، تحدد كل حالة وتوجد الحلول لجميع المشاكل التي اعترضته، والتي قد تواجهه في المستقبل. فأعلن عن وضع القواعد الأولى للفهرسة الوصفية في العام ١٨٤١م. ، وكانت تتألف من ٩١ مادة، ودعيت بقواعد بانيزي الـ ٩١.

أنواع الفهارس

توجد أنواع كثيرة من الفهارس، سوف يتم التعريف بأهمها، من دون التطرق إلى تفاصيل نشؤوها ودقائق قيامها. ومنها:

١ - فهرس المؤلف أو المؤلفين

هو من الفهارس المتداولة كثيراً داخل المكتبات، ومن أكثرها أهمية واستعمالاً، لأنه يهم جميع المتعاطين بعملية الكتابة والتأليف، وبكل رواد المكتبة على حد سواء. قام هذا الفهرس على ترتيب المداخل ألفبائياً، عن طريق ذكر اسم المؤلف الرئيسي للكتاب، والمشاركين معه في وضعه، وذكر المترجم والمحرر والمحقق، وكل من له علاقة بموضوع تأليفه، وطرحه بين الناس. كما حوي هذا الفهرس مداخل إضافية أو إحالات للأشكال المتعددة للاسم الواحد.

مثلاً: إذا أردنا أخذ كتاب تاريخ الأمم والملوك للطبري، كمثال تطبيقي لهذا الأمر، فالمدخل الرئيسي لهذا الكتاب، هو: أبو جعفر محمد بن جرير. إنما لا بد كذلك من ايجاد إحالات من الأشكال المتعددة للاسم إلى الاسم والمدخل المستعمل. مثلاً: أبو جعفر محمد بن جرير الطبري، انظر: الطبري، أبو جعفر محمد بن جرير. وهكذا...

يعتبر هذا الفهرس مهماً جداً، من حيث أنه يسهل الوصول إلى أي مادة في المكتبة، ولا يمكن أن تخلو أي مكتبة من هذا الفهرس.

٢ - فهرس الأسماء

هذا الفهرس هو امتداد وتوسعة لفهرس المؤلفين، الذي سبقت الإشارة إليه، إذ أنه يضم أسماء أشخاص وضعت كتباً عن سِيَرِ حياتهم؛ كالتراجم الشخصية والمذكرات الشخصية وكتب النقد وما إلى ذلك. فمثلاً كتاب الديوان للشافعي، تحقيق محمد عبد المنعم خفاجي، يحتاج إلى مدخلين، الأول باسم محمد عبد المنعم خفاجي مؤلف الكتاب، والثاني باسم الشافعي، الشخص الذي تم وضع الكتاب عنه. ومع ذلك يظل هذا الفهرس عاجزاً عن إرشاد القارىء والمُراجع إلى عناوين الكتب أو موضوعاتها، ويحتاج الأمر إلى نوع آخر من الفهارس.

٣ - فهرس العناوين

وهو فهرس رتبت فيه المداخل ألفبائياً حسب عناوين الكتب. ويشتمل على أسماء وعناوين الكتب الموجودة في المكتبة، مع عناوين السلاسل، وما يماثلها مع الإحالات والمداخل الإضافية الضرورية اللازمة. ذلك أن كثيراً من الكتب معروفة بأكثر من اسم، ولا تستطيع المكتبة أن تثبت بالفهرس إلا اسماً واحداً للكتاب، ولكنها تعمل احالات من الصيغ غير المستعملة في الفهرس إلى الصيغة المستعملة. فمثلاً من المعروف أن كتاب: تاريخ الأمم والملوك للطبري،

له اسم آخر يعرف به، وهو: تاريخ الرسل والملوك. فإذا ما تم استعمال العنوان الأول من الكتاب من قبل المحقق، وجب على المكتبة استعماله وإدخال الكتاب في الفهرس بموجبه، ولكن عليها أن تعمل إحالة أو مدخلاً إضافياً للعنوان غير المستعمل، وهو: تاريخ الرسل والملوك، أنظر: تاريخ الأمم والملوك. إلا أن هذا الفهرس يظل عاجزاً عن تلبية حاجة القراء الذين يريدون معرفة مؤلفات كاتب بعينه، أو يودون أن يعرفوا اسم المؤلف من دون اسم الكتاب، أو يرغبون في معرفة أسماء الكتب التي تبحث في موضوع من الموضوعات، وتنحصر فائدته في ايجاد كتاب مشهور ومعروف بعنوانه فقط.

٤ - فهرس المؤلف والعنوان

وهو الفهرس الذي رتبت فيه المداخل ألفبائياً حسب أسماء المؤلفين، ومن في عدادهم ووفق عناوين الكتب. يعتبر هذا الفهرس تركيب من الفهرسين السابقين - فهرس الأسماء وفهرس العناوين - ويجمع بينهما. وعلى الرغم من أنه يساعد مساعدة قيمة في معرفة مؤلف الكتاب وعنوانه، إلا أنه يبقى عاجزاً عن أعطاء الجواب الصحيح عن موضوعات الكتاب، حيث يقوم بهذه المهمة فهرس الموضوعات.

٥ - فهرس الموضوعات

وهو الفهرس الذي رتبت فيه المداخل حسب رؤوس الموضوعات المستعملة في المكتبة، وذلك بترتيب هجائي، مع الإحالات الضرورية والمداخل الإضافية اللازمة التي قد يحتاجها الفهرس. مثلاً إذا ما أراد أحد الباحثين معرفة عدد الكتب الموجودة في مكتبة ما عن حياة أدولف هتلر. طبعاً يمكن ان توضع جميع الكتب التي تم تاليفها حول هذا الموضوع تحت عدة رؤوس موضوعات، مثل الطاغية هتلر، أو هتلر مجرم حرب، أو الألماني النازي... ولكن المكتبة لا تستطيع أن تستعمل أكثر من رأس موضوع واحد، تضع جميع الكتب الباحثة في ذلك الموضوع تحته.

بالإضافة إلى هذه ، هناك فهارس غيرها، إنما تم تعريفها باسماء أخرى: كالفهرس القاموسي والفهرس العام، والفهرس الرسمي، والفهرس المقسوم، والفهرس المصنف[1].

وينصح الطالب/الباحث باللجوء إلى استعمال فهارس البطاقات لسهولة حركته وإتساعه لإستيعاب بطاقات جديدة تحمل أسماء مؤلفين أو أسماء كتب أو مواضيع. والبطاقة تكون عادة من الكارتون الجيد السميك من الجانبين، حجمها ٣x ٥ أنش أو ١٢/٥ x ٧/٥ سم.

ينظم للكتاب الواحد ثلاث بطاقات: الأولى تشمل البطاقة الرئيسة وهي بطاقة المؤلف، والثانية بطاقة العنوان، والثالثة بطاقة الموضوع.

ونشير أخيراً إلى أن الفهرسة تقسم إلى قسمين: فهرسة وصفية وفهرسة موضوعية.

الفهرسة الوصفية

تقوم على وصف الملامح المادية للكتاب وتحديد ملامحه لتمييزه عن غيره من المطبوعات، ليسهل الوصول إليه. تغطي الفهرسة الوصفية بيانات بيبليوغرافية كاملة لكل كتاب، وتأخذ جميع البيانات العائدة له، من كيانه الذاتي، الذي يتم وضعه على صفحة الكتاب الأساسية، أو الداخلية، أو في أماكن أخرى. ونادراً ما يخلو أي كتاب من هذه البيانات، أي: اسم المؤلف، عنوان الكتاب، الطبعة، بيانات النشر (المطبعة، أو جهة النشر، بلد النشر وسنة النشر)[2].

الفهرسة الموضوعية

تحدد الموضوع الذي تعالجه تلك المادة الثقافية، أو الذي يتعلق بالنص والمضمون. وتعنى بتحديد رقم الصنف الدال على الموضوع ورأس الموضوع، أو رموز التصنيف الموافقة[3].

١ـ محمد ماهر حمادة: علم المكتبات والمعلومات، ص ١٠٩- ١٢٢.

٢ـ عبد الله مشعل عبيدات وآخرون: أسس الفهرسة والتصنيف، ص ١٩.

٣ـ هلال م. ناتوت: المكتبات والمحفوظات، ص ٧٥-٧٦.

التقنيات الحديثة المستخدمة في المكتبة

تعيش البشرية تطورات علمية وتقنية متسارعة، من أبرز سماتها في العصر الحديث الثورة العلمية والتكنولوجية، التي يدور رحاها الآن في مختلف أرجاء العالم، غنيه وفقيره، مع نسب متفاوتة بطبيعة الحال. وقد طالت هذه الفورة التكنولوجية كل المستويات، وكان تركيزها أكثر ما يكون على الوسائط العلمية، وبخاصة الكومبيوتر الذي تم ربطه بكل مجالات الحياة المختلفة في العالم. بحيث أن العالم كله بات يتحرك من خلال هذه الآلة أو بواسطة هذا الجهاز، الذي أصبح من التطور أن صار بالإمكان حمله في الجيب، وتحريكه في كل الاتجاهات.

لا غرابة إذاً، أن يتم اللجوء إلى الحاسوب في الاستعمالات المكتبية، خاصة وأنه أثبت فعالية كبيرة في خدمة الوثائق والمحفوظات الناتجة عن إبداعات الإنسانية الفكرية والمادية. كما شكل هذا الجهاز المجال الرحب لوضع كثير من الدراسات والأبحاث المتركزة على تطور الحياة البشرية من كافة النواحي.

من هنا كان الدخول الإلكتروني الواسع الإنتشار في مختلف مناحي الحياة الإنسانية على حد سواء. وكان للأعمال المكتبية والتوثيقية فيه، المكانة الكبيرة والمميزة، بحيث بات يعتمد عليه في المكتبة لتنظيم كل موجوداتها وترتيبها، وأصبح من السهل الوصول إلى أي من موجوداتها بأسرع وقت ممكن. مما جعله في العصر الحديث حاجة ملحة لا يمكن الإستغناء عنها، بأي شكل من الأشكال.

هذا ولن نتوقف عند وسائل التخزين التي يقوم بها الكومبيوتر وحفظها واستنساخها. كتخزين الوثائق، واستنساخ الوثائق، إنما لا بد من استعراض بعض التقنيات الحديثة، التي يقدمها الحاسوب في الأعمال المكتبية.

١ - الميكروفيلم Microfilm

يعرف باللغة العربية أنه الشريط الذي يتم عليه حفظ الصور الصغيرة،

أو الفيلم الدقيق المصغر، الذي يكون عبارة عن شريط رقيق من مادة شفافة مكونة من مواد كيماوية خاصة، تحدد نوع الأشرطة للتصوير الضوئي، بمعدات خاصة، ومنها أفلام سيللولوز الأسيتات، وسيللولوز النيترات، والبوليستر، وهي ذات قياسات مختلفة أهمها فيلم قياس ١٦ ملم وطوله ٣٠ متراً، يستوعب حوالي ٢٥٠٠ صورة مصغرة.

عرف الميكروفيلم عندما تم اعتماده من قبل مكتبة الكونغرس الأميركي عام ١٩١٢، في مختلف أعمالها المكتبية من حفظ وتخزين للعديد من المعلومات، التي كانت تضمها هذه المكتبة وقت ذاك. وظهرت فكرة الاستفادة من هذه المعلومات بإعادة عرضها واستخدامها من قبل جمهور الباحثين، نتيجة حصول تطورات علمية وتكنولوجية متسارعة. وقد ثبت آنذاك أنه للإستفادة من استخدام الصور التي تم حفظها على شريط الميكروفيلم، لا بد من وجود تجهيزات خاصة، ومنها:

١. آلة التصوير التي تقوم بإلتقاط الصور المرغوب الاحتفاظ بها على الشريط الشفاف، ووفق المعلومات المتعلقة بهذه الآلة هناك نوعان منها: رأسية (Flat-Bed) ودائرية (Rotary) ولكل منها عملها وخصائصها ومميزاتها.

٢. جهاز تحميض (Processor) وقد مر هذا الجهاز بتطورات تقنية كثيرة، حتى بات يقوم الآن بتظهير الفيلم بمدة ساعة واحدة.

٣. جهاز للقراءة (Reader) عبر شاشة مرنة لتحريك الصور ٣٦٠° درجة.

٤. جهاز للقراءة والطباعة (Reader-Printer) يمكن معه تكبير الصور، من دون أي اختلاف عن أصلها.

٥. جهاز إستنساخ الأفلام (Duplicator) يوفر الميكروفيلم المطلوب.

٦. جهاز تعبئة البطاقات (Reader-Filer) لإدخال الشرائح في جيوب كرتون.

أما الآلات الخاصة التي يفترض توافرها لإنتاج هذه المادة، فهي ثلاث:

١.   آلة للف ولصق الأفلام Splicer.

٢.   آلة لقياس كثافة الأفلام Densitometer.

٣.   آلة لتكرير المياه المستعملة في تظهير الأفلام Filter.

لا بد من الإشارة إلى أنه يجب وضع هذه الشرائط المصورة في أمكنة على مستوى حراري معين، بعيدة عن الرطوبة، ومحمية من الطفيليات والحشرات الضارة.

وتعتبر عملية حفظ أفلام الميكروفيلم ذات تكلفة مادية، ولكن لا بد منها طالما أنها توفر لنا الاحتفاظ بكل المعلومات والوثائق القيمة، التي يمكن حفظها عليها[1].

٢ - الفيديوفيش Video-fiche

من التقنيات التكنولوجية الحديثة التي تم التوصل إليها في العصر الحديث، نتيجة الثورة التقنية والتكنولوجية. مهمته حفظ المستندات والاستفادة من المحفوظات، وإعادة استخدامها كلما دعت الحاجة إليها. والفيديوفيش بعكس الميكروفيلم، لا يقوم على التصوير الضوئي، بل على تسجيل الصور مغناطيسياً على جهاز الفيديو، ويمكن التعامل معه بحرية مطلقة، تعديلاً وتحويراً.

من مستلزمات الفيديوفيش وجود: آلة تصوير، حاسوب، قرص ممغنط، شريط (فيلم) تخزين، شريط ممغنط للحفظ، شاشة مرئية، آلة طابعة، جهاز نسخ، وأخيراً وحدة للتحكم أو مفاتيح الجهاز المستخدم (Key board).

٣   الميكروفيش Microfiche

هي بطاقة شفافة جداً مكونة من طبقتين رقيقتين، في داخلها فتحات يمكن دفع الصور المصغرة المحمولة على شريط فيلمي إلى داخل الفتحات بصورة

١ـ المجلة العربية للمعلومات: مج ١٣، العدد ١، تونس، المنظمة العربية للتربية والثقافة، ص ٦٩.

منفـردة أو مجتمعـة، وتستوعب البطاقـة الواحـدة ٦٠ صفحـة أو أكـثر في مسـاحة ٤x٦ إنـش فقـط.

وتمتاز البطاقات الشفافة المصورة عن الميكروفيلم بإمكانية كتابة عنوان المستند المراد تصويره وتصغيره - مع كافة البيانات الضرورية - في الجزء الأعلى من البطاقة، وكذلك سهولة قراءتها بالعين المجردة. وقد شاع استعمال هذه البطاقات أكثر من استعمال الأفلام المصغرة، نظراً لسهولة استعمالها وحفظها وتداولها.

٤ - رقائق فيلمية مؤطرة Lame-Cadré

تشبه هذه البطاقات تلك المستعملة في الكومبيوتر. وتتمايز عنها بوجود المعلومات مطبوعة عليها للتمكن من قراءتها بالعين المجردة، بالأضافة إلى المعلومات المثقبة لأمكانية استخدامها في الكومبيوتر.

٥ - الكومبيوتر أو الحاسوب Computer

هو آلة ألكترونية تستقبل البيانات وتقوم على معالجتها بتنفيذ جميع العمليات الحسابية والمنطقية مستقلة بذاتها، ووفقاً لمجموعة من التعليمات والأوامر الصادرة إليها تمكنها من إعطاء النتائج المرجوة.

يتكون كل حاسوب من الأقسام والأجزاء التالية:

أ - الكيان المادي Hardware

ويتضمن وحدة الإدخال، وسائط الإدخال المباشر وغير المباشر، وحدة المعالجة المركزية، وحدة الاخراج، ووحدة التخزين المساعدة، وأخيراً وحدة الإتصال.

ب - البرامج Software

يمكـن تصنيفهـا إلى برمجيـات النظـام، وبرمجيـات التأليـف، والبرمجيـات

التطبيقية. ومن مهامه تخزين المعلومات مثل سائر الوسائل التي سبقت الإشارة إليها.

ث – أقراص الليزر CD/ROM

من أهم الوسائل التي تم الاعتماد عليها لتخزين المعلومات، أقراص الليزر المشهورة باسم CD/ROM، القليلة الكلفة والتي تمتاز بسولة وسرعة استرجاعها.

ج – الحافظة USB أو FLASH MEMORY

وهي القطعة الإلكترونية التي تقوم بحفظ معظم المواد الموجودة على الحاسوب، والتي باتت تقوم مقام ال CD/ROM بعملية الحفظ وسرعة الإسترجاع، ويمكنها حمل كميات أكثر من قرص الليزر بعشرات المرات نظراً لسعة عملية التخزين لديها

بالإضافة إلى ذلك كله، أصبحت توجد الآن العديد من الوسائل والبرمجيات والقطع الألكترونية التي يمكن وصلها بأي حاسوب كان لتقوم بعمله، مما يشير إلى التقديم الهائل والتطور الكبير الذي تشهده الثورة التكنولوجية في كل يوم.

أنظمة تصنيف المكتبات في العالم
نظام تصنيف ديوي العشري

مقدّمة

يعتبر نظام تصنيف ديوي العشري أقدم أنظمة التّصنيف الحديثة وأوسعها إنتشاراً في الولايات المحدة الأميركية، وله أتباع كثر في مختلف أنحاء العالم وفي العالم العربي أيضاً. ويعود الفضل في وضع هذا النظام إلى ملفيل ديوي (Melvel Dewee) الذي ولد في العاشر من كانون الأوّل عام ١٨٥١.

درس ديوي في كلية أمهرست وتخرج منها عام ١٨٧٢، وعمل مساعداً لأمين المكتبة في هذه الكليّة، وإشترك في تأسيس جمعية المكتبات الأميركية عام ١٨٧٦، وأنشأ (المجلة المكتبية) المشهورة وترأس تحريرها عام ١٨٧٦ وعمل أميناً لمكتبة كلية كولومبيا عام ١٨٨٣، وأنشأ أول مدرسة لتدريس علم المكتبات في هذه الكلية عام ١٨٨٧. وعين مديراً لمكتبة جامعة ولاية نيويورك عام ١٨٨٩، وأسس نادي ليك بلاسيد عام ١٨٩٥، وتحول هذا النادي إلى مؤسسة تعليمية عام ١٩٢٢، وأنشأ المعهد الأميركي للمكتبات عام ١٩٠٦. توفي ديوي عام ١٩٣١ بعد أن أشرف بنفسه على إصدار إثني عشرة طبعة من نظامه.

وقد لاحظ ديوي في أثناء دراسته في كلية أمهرست، عدم كفاية نظام ترتيب الكتب المستعمل في مكتبة الكلية. كما لاحظ قصور هذا النظام عن سد حاجات الطلاب وعجزه عن تلبية طلباتهم بالحصول على الكتب التي يريدون الحصول عليها من أي مكتبة، مما يقتضي وقتاً طويلاً يضيع قبل العثور على الكتاب المرغوب فيه. لذلك ابتكر طريقة جديدة، يتم بموجبها ترتيب الكتب ووضعها على رفوف المكتبة. وهو ما عرف بعد ذلك بتصنيف ديوي العشري.

لاقــى هــذا النظــام عنــد وضعــه موضــع التنفيــذ سخريــة النــاس الذيــن اطلعــوا

عليـه، غـير أن ديـوي وبالجهـد الـذي اشـتهر بـه، والعزيمـة التـي كان يتسـلح بهـا، تمكـن مـن جعلـه واقعـاً حقيقيـاً، فرضـه عـلى الكليـة التـي كان يعمـل فيهـا، وتمكـن مـن تنفيـذه عندمـا قـام بتصنيـف كتبهـا عـلى أساسـه.

وفي صيف ١٨٧٣م. لاقى مشروع ديوي النجاح والرواج الذي كان يأمله صاحبه، مما دفعه لأن يطبعه في كتاب صدر عام ١٨٧٦م.

حوى الكتاب مقدمة من اثنتي عشرة صفحة، ضمت جداول التصنيف اثنتا عشرة صفحة أخرى، ولم تزد رؤوس موضوعات التصنيف آنذاك عن ١٠٠٠، كما ضم الكتاب فهرساً مكوناً من ١٨ صفحة.

عرف تصنيف ديوي ذيوعاً واسعاً في مختلف أرجاء العالم، وهو مطبق حالياً في معظم المكتبات الموجودة في العالم قاطبة، إن لم يكن فيها جميعها. وقد ترجم النّظام إلى عدة لغات منها: الإسبانية والنروجية والتركية والفرنسية واليابانية والسنهالية والبرتغالية والتايلاندية. ووضعت له ملخصات، وأجريت عليه تعديلات، لأكثر من عشر لغات عالمية، ومنها بالطبع اللغة العربية. وهو الآن في طبعته الثامنة عشرة التي صدرت عام ١٩٧٠م. وتقع في ثلاث مجلدات: ضم المجلد الأول نظام ديوي بجداوله وأقسامه وأشكاله وفروعه، وجاء في المجلد الثاني لوحات وجداول زمانية ومكانية، لم يتم إسقاطها في الطبعات السابقة، وخصص المجلد الثالث لضم فهرس نسبي.

المفاهيم الأساسيّة

حاول ديوي أن يضع نظاماً (تتوافر فيه البساطة والسهولة عند التطبيق ويلقى قبولاً عالمياً، لتستخدمه معظم المكتبات) أو كما قال قبل وفاته: «إن الحاجة إلى نظام التصنيف تقضي معرفة أين يوضع الكتاب، وأين تجده مرّة ثانية إذا بحثت عنه في اليوم الثّاني أو بعد قرن من الزمان». وجميع الوقائع حتّى الوقت الحاضر تؤيّد قول ديوي وتثبت صحته بالنسبة لنظامه.

درس ديوي ما أنجزه الفلاسفة في مجال تصنيف المعرفة، ورأى أن الإنجاز الذي قام به الفيلسوف البريطاني فرنسيس بيكون يصلح لأن يكون نظاماً أساسياً لتنظيم مقتنيات المكتبة. تأثر ديوي في نظام تصنيفه بما ورد في لائحة المعرفة البشرية الّتي نشرها بيكون عام ١٦٠٥. وكان لعمله في مكتبة كلية أمهرست دافع كبير في أن يفكر جدياً في وضع نظام لتصنيف مقتنيات المكتبة الّتي يعمل فيها، ليكون هذا النظام عاملاً مساعداً للمكتبات الأخرى على تنظيم مقتنياتها، إعتقاداً منه بأن المشاكل التي يواجهها المكتبيون في مكتباتهم، لا تختلف عن بعضها البعض. فواصل ديوي جهوده إلى أن أنجز نظام التصنيف الذي ابتكره، وطبّقه على المكتبة التي كان يعمل فيها.

بنى ديوي نظام تصنيفه على الأسس التالية:

١.   الأصناف: قسم ديوي المعرفة الإنسانية كلها إلى عشرة أصناف Class كبرى.

٢.   الأقسام: ثم قسم كل صنف من الأصناف العشرة إلى عشرة أقسام Divisions.

٣.   الفروع: وقسم كل قسم من هذه الأقسام إلى عشرة فروع Syb – divisions .

وعلى هذا الأساس سمي تصنيف ديوي بالتصنيف العشري. وبعد ذلك باشر في إستخدام الكسور العشرية، أي أن الكسر العشري لا يرد إلا بعد الرموز الثلاثة الأولى.

ذلك أن ديوي باستخدام مبدأ التقسيم العشري، جعل تصنيفه مرناً وقابلاً للتوسع، مما سهل عليه القيام بإدخال كل الموضوعات التي كانت تستجد أمامه. كما قام بتزويد نظامه بأقسام شكلية. Form. Duvisions، وهي الأقسام التي تظهر طريقة ترتيب المواد في الكتاب، أو طبيعته أو تاريخه..ولجأ ديوي في

نظامه إلى استعمال الرموز، عن طريق استعمال الأرقام العربية، نظراً لسهولة فهمها واستخدامها.

إذا ما أردنا اللجوء إلى معادلات هذا التصنيف ومميزاته الجيدة، يمكن القول أنه نظام قام من أجل المعرفة بأسرها، وتم ترتيبه وتنظيمه وفق طريقة متدرجة من العام إلى الخاص، مما يمكن من زيادة الموضوعات المستجدة والمستحدثة على أصنافه وأقسامه وفروعه. كما تم وضع رموز له، وهو مطبوع بفهرس نسبي لتسهيل عملية التصنيف بشكل ممتاز:

أما الأصناف العشرة فهي التالية:

٠٠٠ – ٩٩الأعمال العامة

١٠٠ – ١٩٩ الفلسفة

٢٠٠ – ٢٩٩ الدين

٣٠٠ – ٣٩٩ العلوم الاجتماعية

٤٠٠ – ٤٩٩ اللغات

٥٠٠ – ٥٩٩ العلوم البحتة

٦٠٠ – ٦٩٩ العلوم التطبيقية

٧٠٠ – ٧٩٩ الفنون الجميلة

٨٠٠ – ٨٩٩ الآداب

٩ ١ التاريخ والجغرافيا والتراجم

قسم ديوي كل صنف من هذه الأصناف إلى عشرة أقسام، منها مثلاً قسم الفلسفة:

١٠٠ الفلسفة

١١٠ ما وراء الطبيعة

١٣٠ علم النفس المرضي والشاذ

١٤٠ العقائد والنظم الفلسفية

١٥٠ علم النفس

١٨٠ الفلاسفة القدماء والشرقيون

أما الأقسام الشرقية، فجدولها كما يلي:

١ - الفلسفة والنظرية

٢ - الكتب المدرسية

٣ - الموسوعات والمعاجم

٤ - المقالات والمحاضرات

٥ - المجلات والدوريات

٦ - الجمعيات

٧ - الدراسات والتعليم

٨ - المجموعات والملخصات

٩ - التاريخ

أما كيفية القيام بتصنيف كتاب ما، لنفترض مثلاً، أنه ورد إلينا معجماً في علم النفس، نعطيه الرقم ٣ العائد إلى الموسوعات والمعاجم من الأقسام الشرقية، ونضيفه إلى الرقم ١٥٠، وهو رقم علم النفس وفق نظام ديوي. فيصبح رقم المعجم ١٥٠,٣، وهكذا...

يقول بعض الاختصاصيين[1] أنه بالرغم من المزايا التي امتاز بها هذا التصنيف، إلا أنه كان له عيوباً لم تتمكن أن تحد من شهرته وإنتشاره العالمي، ومنها على سبيل المثال لا الحصر:

أ – قام ديوي بفصل اللغة عن الأدب في تصنيفه، بحيث أنه أعطى اللغة الرقم ٤٠٠، بينما أعطى للأدب الرقم ٨٠٠، وكان هذا من أكثر العيوب التي شابت هذا التصنيف، لأنه فصل الرأس عن الجسد، عندما قام بفصل اللغة عن الآداب.

ب – العيب الثاني الذي شاب هذا التصنيف، أن واضعه أهمل ناحية مهمة فيه، عندما تجاهل بشكل تام ومطلق؛ الموضوعات الشرقية والإفريقية والإسلامية. ومن هنا لا يمكن استعماله وتطبيقه في الدول أو لدى المجموعات الإنسانية المشار إليها.

ولما سبقت الإشارة إلى مرونة هذا التصنيف، فقد أتاحت هذه المزية إلى إمكانية إنتشاره في مختلف أرجاء العالم. سن دون أن تنفي هذه الخاصية أهماله للمجموعات الإنسانية الثلاث التي تم الدلالة عليها.

من هنا رأى كل من محمود الشنيطي ومحمد كابش بضرورة وضع ملخص موجزلنظام ديوي العشري. فقاما بنقل هذا النظام إلى اللغة العربية، وعملا على تعديله بما يتوافق مع رغبة الباحثين والدارسين في الدول العربية. غير أن عملهما جاء ناقصاً بعض الشيء، ولم يف بالحاجة التي وضع من أجلها. والسبب في أخفاقهما؛ أنهما اختصرا الأصل وعدّلا فيه، وبخاصة في موضوعات الدين الإسلامي واللغة العربية والأدب العربي والتاريخ الإسلامي. فقصرا عن رفد المكتبة العربية الإسلامية بما هي بحاجة إليه من تصنيف جيد، قصر ديوي عن وضعه لها. ولا زالت المكتبة العربية الغنية والوفيرة، بموجوداتها الفكرية والعلمية والتربوية والأدبية والسياسية والثقافية والمجتمعية والتاريخية، تفتقر إلى تصنيف عربي يراعي حاجاتها وتطلعاتها.

---

١ ـ محمد ماهر حمادة: علم المكتبات والمعلومات، ص١٣٨.

نظام التّصنيف العشري العالمي

مقدّمة

كان بول أوتليه وهنري لافونتين يقومان بجهود كبيرة في قارة أوروبا لكي يحققا حلماً طالما راودهما، هو الببليوغرافية العالمية. وكانا بحاجة إلى نظام للتصنيف يكون أساساً لترتيب هذه الببليوغرافية. وقد إختارا النظام العشري وزوداه بكثير من الوسائل التي تجعله ملائماً لإستيعاب الكتب من جميع الأقطار وجميع اللغات، حتى يفي بإحتياجات الهدف الذي سعيا إليه، وكانت هذه الوسائل بدايات للتحليل والتركيب في خطط التصنيف.

كان هذا النظام نتيجة مباشرة لمؤتمر دولي عقد في بروكسل عام ١٨٩٥، عندما أعلن عن تأسيس المعهد الدولي للببليوغرافيا، الذي أصبح فيما بعد الإتحاد الدولي للتوثيق. وفي هذا الإجتماع دعا بول أوتليه وهنري لافونتين لوضع فهرس بطاقي لأدبيات العالم، دعت الحاجة لترتيبها إلى وجود دولي. وقد وقع الإختيار على نظام ديوي للتصنيف العشري كأساس لهذا التصنيف، على أن يعدل ويوسع حسب الحاجة. وقد وافق ملفيل ديوي على هذا الإجراء شريطة ألا تكون هناك تغييرات رئيسية في هيكله. وبوشر فعلاً في بناء الفهرس المقترح. إلا أن هذا العمل الضخم توقف عام ١٩٢٠، غير أن نظام التصنيف الذي طور من أجل هذا الفهرس قد بقي. ونشرت الطبعة الأولى منه باللغة الفرنسية عام ١٩٠٥.

وظهرت الطبعة الفرنسية الثانية بين الأعوام ١٩٢٧ ـ ١٩٣٣، وبعد ذلك راح يتوالى صدور الطبعات الكاملة من النظام. فصدرت الطبعة الثالثة (باللغة الإلمانية) بين العامين ١٩٣٤ - ١٩٥٣ في عشرة مجلدات. وكانت طبعة كاملة. ثم صدرت الطبعة الرابعة (باللغة الإنجليزية) عام ١٩٤٣ (ليست كاملة)، والطبعة الخامسة (باللغة الفرنسية) عام ١٩٤٠ (ليست كاملة) والطبعة السادسة (باللغة اليابانية) عام ١٩٥١ (لم تكتمل)، والطبعة السابعة (باللغة الإسبانية) عام

١٩٥٥ (لم تكتمل) والطبعة الثامنة (باللغة الإلمانية) عام ١٩٥٦ (لم تكتمل).

وبالإضافة إلى الطبعة الكاملة صدرت طبعات مختصرة في أكثر من لغة كالتشيكية والهولندية والفنلندية والإيطالية والبولندية والرومانية والإسبانية والسويدية والبرتغالية واليابانية. ومن أشهر هذه الطبعات المختصرة الطبعة الثالثة باللغة الإنجليزية التي صدرت عام ١٩٦١. كما قد صدرت بعض الطبعات الخاصة التي تغطي موضوعاً أو ميداناً خاصاً.

والطبعة الأخيرة الخاصة بالتربية هي الطبعة الوحيدة التي ترجمت إلى اللغة العربية عام ١٩٧١، حيث كلف قسم التوثيق التربوي بوزارة التربية والتعليم في الأردن بذلك. غير أن هذه الترجمة غير منشورة بعد.

ويقوم الإتحـاد الدولـي للتوثيق بتحديث هذا النظام بصورة مستمرة بواسطة نشرتـه Extensions & Corrections to the U.D.C. وتجمع هذه النشرة مرة كل ثلاث سنوات.

ويستخدم هذا النظام على نطاق واسع في أوروبا وخاصة في المكتبات المتخصصة. والنظام مطبق على كافة أنواع المواد المكتبية وليس مقتصراً على الكتب. وهذه إحدى الميزات التي تميزه عن نظام تصنيف ديوي العشري.

المفاهيم الأساسيّة

إن عبارة «العالمي» لا تعني كونه دولياً أو عالمياً بالنسبة لإستخدام النظام، إنما تشير إلى محاولة معاملة جميع ميادين المعرفة كنموذج موحد من مواضيع متداخلة الترابط لا مجرد مجموعات من تصنفات خاصة وضعة معاً.

أمّا كونه «عشرياً» فنتيجة لما ورثه من نظام تصنيف ديوي العشري الذي إعتمد أساساً لبنائه. وهذه الميزة أعطته المرونة، خاصة وإنه أستخدم الأرقام العربية كرموز. إلا أن تميزه عن ديوي في الإمكانيات غير المحدودة، في بناء الأرقام وربط المواضيع المختلفة، بواسطة إشارات ترقيم خاصة، أكسبته

مرونة فائقة، غير أنها أدت بالضرورة إلى طول الأرقام بشكل جعلت المستفيدين ينفرون منه.

أما فيما يخص سهولة تذكر أرقام التصنيف في ديوي، فإن هذه الخاصية تقل في هذا النظام عن سابقه، بإستثناء الأجزاء الأولى من الأرقام، وهي المشابهة لتلك في تصنيف ديوي.

والرمز لهذا النظام مختلط: (أرقام+ حروف + علامات) ويصلح بصورة ممتازة للمكتبات المتخصصة في موضوعاتها، نظراً للتصنيف الدقيق الشامل الذي يوفره النظام لموضوع التخصص.

الجداول

لما كان النظام مبنياً على أساس نظام ديوي فإن الأقسام الرئيسية قد إعتمدت دون حاجة إلى تبرير أو إعتماد على مفاهيم فلسفية أو منطقية. إلا أن الهدف من النظام قد حتم على المعنيين أن يعيدوا النظر في الأقسام الرئيسية نفسها، ناهيك عن التفصيلات داخل القسم الرئيسي الواحد؛ أو تفريعات المواضيع هناك.

إستخدم النظام الأصول الرقمية من الرقم صفر إلى الرقم ٩، للدلالة على الأقسام الرئيسية، ولم يشترط أن يقل أصل كل رقم عن ثلاثة أعداد، أي أنه إعتمد هذه الأصول كما هي. وعليه اصبحت الأقسام الرئيسيّة على النحو التالي:

٠ المعارف العامة

١ الفلسفة، الأخلاق، علم النفس

٢ الديانات، علم اللاهوت

٣ العلوم الإجتماعية

٤ علم اللغة، اللغات

٥ العلوم البحتة

٦ العلوم التطبيقية

٧ الفنون الجميلة (الفنون، الترفيه، الألعاب الرياضية).

٨ الآداب

٩ التاريخ، الجغرافيا، التراجم

٠ المعارف العامة

٠١ الفهارس، الببليوغرافيات

٠٢ علم المكتبات

٠٣ موسوعات

٠٤ مقالات

٠٥ دوريات

٠٦ منظمات

٠٧ صحف

٠٨ مجموعات

٠٩ مخطوطات

١٠ الفلسفة

١١ الفلسفة الماورائية

١٢ الميتافيزيقا

١٣ ميتافيزيقا الحياة الروحية

١٤ مذاهب فلسفية

١٥ علم النفس

١٦ المنطق

١٧ الأخلاق

١٨ علم الجمال

١٩ تاريخ الفلسفة

٢٠ الديانات

٢١ لاهوت طبيعي

٢٢ الإنجيل

٢٣ اللاهوت العقدي (العقائدي)

٢٤ اللاهوت العملي

٢٥ اللاهوت

٢٦ الكنيسة المسيحية (عام)

٢٧ تاريخ الكنيسة المسيحية (عام)

٢٨ الكنائس المسيحية

٢٩ ديانات أخرى

٣٠ علوم إجتماعية

٣١ إحصاء

٣٢ علوم سياسية

٣٣ إقتصاد

٣٤ قانون

٣٥ إدارة عامة

٣٦ خدمات إجتماعية

٣٧ تربية

٣٨ تجارة

٣٩ عادات وتقاليد

٤٠ اللغات

٤١ الفقه واللغة

٤٢ الإنكليزية

٤٣ الإلمانية

٤٤ الفرنسية

٤٥ الإيطالية

٤٦ الإسبانية

٤٧ لاتيني يوناني

٤٨ لغات سلافية

٤٩ لغات شرقية، إفريقية

٥٠ علوم بحته

٥١ رياضيات

٥٢ فلك

٥٣ فيزياء

٥٤ كيمياء

٥٥ جيولوجيا

٥٦ الأحافير

٥٧ البيولوجيا (علوم الحياة)

٥٨ علم النّبات

٥٩ علم الحيوان

٦٠ علوم تطبيقية

٦١ علوم طبية

٦٢ هندسة

٦٣ زراعة

٦٤ إقتصاد منزلي

٦٥ إدارة أعمال

٦٦ صناعة كيمياوية

٦٧ صناعات ثقيلة

٦٨ صناعات خفيفة

٦٩ صناعة البناء

٧٠ الفنون

٧١ تخطيط المدن

٧٢ الفن المعماري

٧٣ نحت

٧٤ رسم

٧٥ رسم زيتي

٧٦ حفر وطباعة

٧٧ تصوير

٧٨ موسيقى

٧٩ مسليات (ترفيه)

٨٠ الآداب

٨١ عموميات (كتابات مختلفة)

٨٢ إنكليزي

وعلى نفس الأسلوب لنظام ديوي يقسم كل قسم رئيسي إلى عشرة أقسام فرعية. وكذلك تخضع الأقسام الفرعية إلى تفريعات مثل:

٦١ العلوم الطبية

٦١١ التشريح

٦١٢ الفسيولوجيا

٦١٣ الصحة عموماً وصحة الأفراد

٦١٤ الصحة العامة والسلامة

٦١٥ الصيدلة، علم الصيدلة، العلاج

٦١٦ الأمراض، علم الأمراض، الطب

٦١٧ الجراحة

٦١٨ الأمراض النسائية والتوليد

٦١٩ الأمراض المقارنة. الطب البيطري

والفسيولوجيا مفرعة كالتالي:

٦١٢ الفسيولوجيا

٦١٢،١ الدم والدورة الدموية

٦١٢،٢ التنفّس

٦١٢،٣ التغذية

٦١٢،٤ الفسيولوجيا الغددية. الإفراز. الإبراز

٦١٢،٥ الحرارة الحيوانية: حرارة الجسم

٦١٢،٦ التناسل. النمو. النضوج. الشيخوخة

٦١٢،٧ النظام العصبي. أعضاء الحس

٦١٢،٨ أعضاء الحركة. الصّت. الجلد

نظام تصنيف مكتبة الكونغرس

مقدّمة

عندما أرادت مكتبة الكونغرس الأمريكي أن تنتقل إلى مبناها الجديد بدأت في دراسة إمكانيّات الإستعانة بأحد النظم المستعملة، أو وضع نظام جديد. وخرجت من المحاولة بخطة تصنيف خاصة بالمكتبة، قامت على مجموعات كتبها، واستفادت من المنجزات التي حدثت في مجال صناعة الخطط، تلك الموجودة في ذلك الوقت.

تأسست مكتبة الكونغرس عام ١٨٠٠، ووصل عدد مجلداتها عام ١٨١٢ إلى حوالي ٣٠٠٠ مجلد، وظهرت الحاجة لتصنيفها، بدل ترتيبها وفق الحجم والرقم المتسلسل الذي كان معمولاً به. فوضع بناء تصنيف مقسم إلى ثمانية عشر فرعاً عاماً مبنياً على فلسفة بيكون. غير ان المكتبة أحرقت عام ١٨١٤ على يد الجنود البريطانيين. ثم باع توماس جيفرسون مكتبته الخاصة التي كانت تضم حوالي ٧٠٠٠ مجلد ومصنفة حسب نظام وضعه هو بنفسه، مكون من أربعة وأربعين قسماً رئيسياً وفرعاً مبنياً على فلسفة بيكون. ومع أن هذه المكتبة قد إحترقت أيضاً. إلا أن نظام جيفرسون بقي مطبقاً حتى أواخر القرن التاسع عشر.

في عام ١٨٩٩ عين الدكتور هربرت بوتنام أميناً للمكتبة في الوقت الذي كان يتم فيه إنشاء مبنى جديد لها. وتقرر إعادة تنظيمها وتصنيفها، بعد أن أخذ حجم مقتنياتها ينمو بسرعة؛ ووصل في العام ١٩٠٠ إلى ما يقارب المليون كتاب، وبات نظام التصنيف القائم عاجزاً عن تلبية إحتياجاتها، وبخاصة أن نظام ديوي قد ظهرت فيه شوائب عديدة، وقصور واضح عن تنظيم وتصنيف هذا الكم الهائل من الكتب والمواضيع التي كانت تطرأ في كل وقت.

وكان من الطبيعي أن يفكر بوتنام في أنظمة التصنيف القائمة. فقد كان

نظام تصنيف ديوي العشري في طبعته الخامسة ونظام كتر التوسعي في توسعاته الست الأولى. ولما عجزت الأنظمة الموضوعة من خارج الولايات المتحدة، عن تلبية الحاجة أيضاً. وتبين بعد دراسات عديدة استبعاد النظام الإلماني الذي وضعه أوتوهارتفيج؛ لتأثره الواضح بالفلسفة الإلمانية. كما إستبعد تصنيف ديوي أيضاً، لرفضه إجراء تعديلات وتوسيعات كبيرة عليه.

أستقر الرأي أخيراً على التعاون مع كتر، والأخذ بالنظام الذي إعتمده. فتم تعيين عدداً من أخصائيي الموضوعات الذين بدأوا بتطوير جداول مستقلة أو أجزاء محددة من النظام، إعتماداً على ما تمثله مقتنيات المكتبة. وإستغرق إعداد هذه الجداول عدة سنوات؛ ولم تكتمل إلا في عام ١٩٤٠ (بإستثناء قسم القانون الذي لم ينجز كاملاً حتى الآن).

إن النظام لا يتقيد بالترتيب العلمي للموضوعات؛ بل بالترتيب الملائم لمختلف المجموعات. إعتماداً على أنها مجموعات للكتب وليست للموضوعات فقط. ولذلك إعتبر هذا النظام نظاماً تعدادياً وليس نظاماً علمياً يعتمد التحليل والتّركيب.

فجاء نظاماً أو تصنيفاً مفصلاً كل التفصيل، دقيق كل الدقة، تحتاجه مكتبات البحث والدرس والمكتبات الكبرى. وهو ينتشر الآن خارج أمريكا بسرعة، لآنه لا يحمل الطابع المحلي الأميركي؛ بنفس الدرجة التي يحملها تصنيف ديوي، ولأنه متسع ومفصل ودقيق، ويخصص حيزاً أكبر بكثير للموضوعات الشرقية والأفريقية والإسلامية، التي أهملت من قبل ديوي[١].

صدر هذا النّظام في ٢٨ مجلداً خلال الأعوام ١٩٧٣ـ ١٩٨١. وما زال موضوع القانون بدون جداول، وهناك ٥٠ مجلداً كملحقات للجداول الأصلية. ويستخدم الرمز المختلط، أي الأرقام من ٠٠٠٠ ـ ٩٩٩٩، والحروف الهجائيّة

١ـ المرجع السابق، ص ١٣٩ – ١٤٠.

الكبيرة A - Z والحروف الصغيرة a - z.

يصعب تطويع هذه الحروف باللغة العربية. كما أنه لا يوجد كشاف عام لهذا النظام، بل لكل أصل كشاف ملحق به. والتحديث لهذا النظام يعتمد على صدور طبعات لكل أصل من الأصول. وغالباً ما يكون الإصدار متباعداً زمنياً. فقد صدرت الطبعة الأولى لجداول التاريخ العام سنة ١٩١٦، وصدرت الطبعة الثانية عام ١٩٥٩، وكذلك الزراعة مثلاً، فقد صدرت الطبعة الأولى لجداولها عام ١٩١١، والطبعة الثانية عام ١٩٤٨. وبسبب رموزه فإن النظام غير قابل لإستخدام الحاسوب الإلكتروني؛ ولا تعنى المؤسسات التي تقوم بتعليم علم المكتبات والمعلومات، بتدريس هذا النظام. وتفعل ذلك بإيجاز كبير للعلم بهذا النظام، وليس لإتقانه لأن النظام؛ يناسب المكتبات الكبيرة ذات الملايين من المواد المقتناة. ولأنه يصلح لمكتبة رفوفها مغلقة مثل مكتبة الكونجرس.

المفاهيم الأساسية

النظام في أساسه تعدادي. وقد أخذ عن نظام كتر التوسعي عدداً من الملامح، من بينها ترتيب الأقسام الرئيسية وإستخدام الحروف الكبيرة رموزاً لتلك الأقسام وفروعها الأساسية وإستخدامها الأرقام العربية في التفريعات. وبالإضافة إلى ذلك فإنه يكمل أرقام التصنيف عادة بأرقام دالة على المؤلف.

استعملت مكتبة الكونغرس الحروف الهجائية رموزاً للأبواب، ثم استعملت الأرقام العربية رموزاً للأقسام والفروع، وليس فيه من متفرقات. وتم ترك فراغات فيه من أجل التوسع، كما تم ترك خمسة أحرف من أحرف الهجاء لأجل أي توسع مستقبلي. وهذه الأحرف هي I،o،x،y،w وهو مطبوع في أجزاء كثيرة جداً، والحق بكل جزء فهرس. واستعماله صعب ويحتاج إلى تمرين. وبالرغم من ذلك؛ يعتبر هذا التصنيف جيداً في صفاته وعناصره، بغض النظر عن إتساعه وتفصيلاته.

ويتبع النظام في تفريعه فروع الأقسام الرئيسية مبدأ الإنتقال من العام إلى الخاص. كما أنه يستفيد من التسلسل الزمني. أما بالنسبة للتقسيمات الجغرافية، ففي معظمها مرتبة هجائياً؛ رغم أنه يورد الترتيب المفصّل أحياناً، إبتداء بالعالم الغربي والولايات المتحدة.

الجداول

قسم النظام المعرفة إلى ٢١ قسماً رئيسياً على النحو التالي:

A	الأعمال العامة
B	الفلسفة
C	العلوم المساعدة في التاريخ
D	التاريخ العام وتاريخ العالم القديم
E/F	التاريخ الأمريكي
G	الجغرافيا والإنتروبولوجيا
H	العلوم الإجتماعية
J	العلوم السياسية
K	القانون
L	التربية والتعليم
M	الموسيقى
N	الفنون الجميلة
P	اللغات والآداب
Q	العلوم
R	الطب
S	الزراعة

T التكنولوجيا

U العلوم العسكرية

V العلوم البحرية

Z الببليوغرافيا وعلم المكتبات

مثالاً على ذلك، لتظهير عمل هذا النظام، نفترض إذاً أن لدينا كتاباً عن سيرة الرسول عليه السلام، ونود أن نصنفه وفق نظام مكتبة الكونغرس.

خصص هذا النظام الحرف B لعموم الديانات، كما أفرد الحرفين BP للدين الإسلامي، ووضع لسيرة الرسول عليه السلام أو لأي كتاب يتناول سيرته؛ الرمز أو الرقم الهندي ٧٠. وعليه يعطى هذا الكتاب أو الموضوع الرمز التالي وهو: BP-٧٠، أو أي صفة أخرى. وهكذا في بقية المواضيع..

وقد وزع النظام المواضيع في هذه الأقسام على النحو التالي:

<u>A الأعمال العامة:</u> المجموعات والسلاسل (AC)، دوائر المعارف العامة (AE)، الكشافات العامة (AI)، المتاحف (AM)، الصحف (AN)، الدوريات العامة (AP)، الهيئات والجمعيات (AS)، الكتب السنوية العامّة (AY) التاريخ للمعرفة والتّعليم (AZ).

والفرع الأخير هو الفرع الذي يبدو شاذاً هنا.

<u>B الفلسفة والدين:</u> المجموعات والتاريخ والنظم الفلسفية (B) المنطق (BC)، الميتافيزيقيا (BD) علم النفس (BF) الجماليات (BH)، الأخلاق (BJ)، الديانات (BL) اليهودية (BM)، الاسلام (BP)، المسيحية (BR-BX) في هذا التفريع هناك تشابه مع تفريعات ديوي.

<u>C العلوم المساعدة في التاريخ:</u> تاريخ الحضارة عامة (CB)، الآثار (CE)، المسكوكات (CJ) الكتابة والنقوش (CN)، شعارات النبلاء (CR)، علم الإنساب (CS)، التراجم المجمعة (CT).

D التأريخ العام وتاريخ العالم القديم: التاريخ العام (D). دول أوروبا (DA-DR)، آسيا (DS)، أفريقيا (DT) أستراليا والإقيانوسيا (DU)، الفجر (DX).

E-F التاريخ الأمريكي: أمريكا (عامة)، والولايات المتحدة (عامّة) (E)، الولايات المتحدّة (محلياً) وأمريكا بإستثناء الولايات المتحدة (F).

G الجغرافيا والإنتروبولوجيا: الجغرافيا الرياضيّة والفلكية (GA) الجغرافيا الطبيعية (GB)، المحيطات وعلم المحيطات (GC)، الجغرافيا الإنتروبولوجية (GF)، الإنتروبولوجيا (GN)، الأدب الشعبي (GR)، العادات والتقاليد (GT)، الألعاب الرياضية والتسلية (GV).

H العلوم الإجتماعية عامة (H) الإحصاء (HA) النّظرية الإقتصادية (HB)، التاريخ الإقتصادي والأوضاع الإقتصادية ـ الإنتاج القومي (HC)، التاريخ الإقتصادي ـ الزراعة والصناعة (HD) النقل والمواصلات (HE) التجارة (بصورة عامة) (HF)، المالية (HG)، المالية العامة (HJ)، علم الإجتماع (بصورة عامة ونظرية) (HM)، التاريخ الإجتماعي والإصلاح الإجتماعي (HN) العائلة والزواج والبيت (HQ)، الهيئات والجمعيات السرية والأندية (HS)، المجتمعات والطبقات والأجناس (HT)، الأمراض الإجتماعية والأعمال الخيريّة (HV) الإشتراكية والشيوعية (HX).

j العلوم السياسية: الوثائق (j)، الأعمال العامة (jA)، العلوم السياسية ونظرية الدولة (JC)، الأعمال العامة (JF) الولايات المتحدة (JK)، أمريكا البريطانية وأمريكا اللاتينية (JL)، أوروبا (JN) آسيا وأفريقيا وأستراليا وجزر المحيط الهادي (JQ)، الحكومة المحلية (JS) المستعمرات والإستعمار (JV)، القانون الدولي (JX).

K القانون: الأقسام المعدة من هذا القسم الرئيسي حتى الآن هي: القانون بصورة عامة (K) قانون المملكة المتحدة وإيرلندا (KD)، قانون كندا (KE)،

قانون الولايات المتحدة (KF).

L التربية والتعليم: الأعمال العامة (L)، تاريخ التربية (LA) نظرية وممارسة التعليم، والتدريس (LB)، أشكال وعلاقات وتطبيقات خاصة (LC)، الولايات المتحدة (LD) باقي أمريكا (LE)، أوروبا (LF) آسيا وإفريقيا والاقيانوسيا (LG) مجلات الجامعات والكليات والمدارس (LH)، جمعيات الكليات ومطبوعاتها (LJ) الكتب المدرسية (LT).

M الموسيقى: الموسقى (M)، أدبيات الموسيقى (ML) تلقين وتدريس الموسيقى (MT).

N الفنون الجميلة: الفنون البصريّة (N) الهندسة المعمارية (NA) النحت (NB)، الرسم والتصميم (NC)، الرسم الزيتي (ND)، وسائل الطباعة (NE) الفنون التزينية (NK)، الفنون بصورة عامة (NX).

P اللغات والآداب: علوم اللغة (P)، اللغات والاداب الكلاسيكية (PA)، اللغات الأوروبية الحديثة (PB-PH)، اللغات والآداب الشرقية (PJ-POL)، اللغات الأمريكية والإصطناعية (PM) تاريخ الآدات والمجموعات (PN) الآداب الرومانسية (PQ)، الأدب الإنجليزي (PR) الأدب الأمريكي (PS)، الآداب الجرمانية (PT) القصص وأدب الأطفال (PZ).

Q العلوم: العلوم بصورة عامة (Q)، الرياضيات (QA)، الفلك (QB)، الفيزياء (QC)، الكيمياء (QD)، الجيولوجيا (QE)، التاريخ الطبيعي (QH)، النبات (QK)، الحيوان (QL)، التشريح البشري (QM)، الفسيولوجيا (QP)، علم البكتريا (QR).

R الطب: الطب بصورة عامة (R)، الطب الحكومي والصحة العامة (RA)، علم الأمراض (RB)، ممارسة الطب (RC)، الجراحة (RD)، طب العيون (RE)، طب الأذن والأنف والحنجرة (RF)، الأمراض النسائية والتوليد

(RG)، طب الأطفال (RJ)، طب الأسنان (RK)، أمراض الجلد (RL)، العلاجات (RM)، الصيدلة (RS)، التمريض (RT) المعالجات بالأعشاب (RV)، المعالجة المثلية (RX)، مدارس وفنون متنوعة (RX).

S الزراعة: الزراعة بصورة عامة (S)، زراعة النباتات (SB)، التحريج (SD)، تربية الحيوانات (SF)، تربية وصيد الأسماك (SH)، رياضة الصيد (SK).

T التكنولوجيا: التكنولوجيا بصورة عامة (T)، الهندسة بصورة عامة والهندسة المدنية (TA)، الهندسة المائية (TC)، الهندسة الصحية البلدية (TD)، الطرق والأرصفة (TE)، هندسة وعمليات السكك الحديدية (TF)، الجسور والأسطحة (TG)، بناء الأبنية (TH)، الهندسة والآلات الميكانيكية (TJ)، الهندسة والصناعات الكهربائية (TK)، السيارات، والدراجات، والطائرات (TL)، الصناعات التعدينية والتعدين والميتاليرجيا (TN)، التكنولوجيا الكيميائية (TP)، التصوير (TR)، الصناعات التحويلية (TS)، الحرف (TT)، العلوم المنزلية (TX).

U العلوم العسكرية: العلوم العسكرية عامة (U)، الجيوش التنظيم والتوزيع (UA)، الإدارة (UB)، الصيانة والنقل (UA)، المشاة (UD)، الفرسان (UE)، المدفعية (UF)، الهندسة العسكرية (UG)، الخدمات الأخرى (UH).

V العلوم البحرية (V): الأساطيل، التنظيم والتوزيع (VA)، الإدارة البحرية (VB)، الصيانة البحرية (VC)، رجال الأسطول (VD)، الجنود البحريون (VE)، المعدات الحربية البحرية (VF)، الخدمات الأخرى للأساطيل (VG). الإبحار (VK)، بناء السفن والهندسة البحرية (VM).

Z البيليوغرافيا وعلم المكتبات: تاريخ الكتب وصناعتها (٤-Z-٨)، الكتابة (٤٠ Z-١١٥)، صناعة وتجارة الكتب (١١٦ Z-٥٥٠)، حقوق الطبع (٥٥١ Z-٦٦١)، المكتبات وعلم المكتبات (٦٦٥ Z-٩٩٧)، أسعار الكتب وفهارس الناشرين (١٠٠٠-Z٨٩٩)، الببليوغرافيا (١٠٠١ Z-٨٩٩٩).

القسم الثاني

البحث العلمي التربوي
التوثيق وأسس البحث

مقدمة في التوثيق

التوثيق (Documentation) من المصطلحات العلمية الحديثة، له تعريفات عدة ، منها: أنه شكل من أشكال العمل البيبليوغرافي الذي يستخدم وسائل وأدوات متعددة تقليدية مثل التصنيف والفهرسة، وحديثة مثل الكشافات والمستخلصات والمقالات البيبليوغرافية، كما أنه يعتبر من أشكال تحليل ونقل وتجميع وتصنيف الوثائق واستعمالاتها.

وقد إنبثق عن التوثيق مصطلح جديد عرف بالتكشيف (Indexing) وهو يقوم على تحليل الوثيقة ومحتواها الموضوعي، أو: هو عملية تحليل موضوعي للكتاب أو الدورية من أجل توصيل المعلومة للقارىء بسرعة، وهو علم وفن.

أصل إشتقاق التوثيق من " وَثُق " الشيء وثاقةً، فهو وثيق. والوثيق الشيء المُحْكم. يقال: أخذ بالوثيقة في أمره أيّ بالثِّقَة. ووثَّقْت الشيء توثيقاً فهو مُوَثَّق[1].

من خلال المعاني السابقة، يلاحظ أنها تدور حول الأحكام والإئتمان؛ بحيث يعتّد بالأمر ويعتمد عليه؛ لذلك قالوا: " المُوثِق من الشجر: الذي يُعَوّل الناس عليه إذا إنقطع الكلأ والشجر"[2] وبناء عليه استعير للموثوق به[3].

١ـ ابن منظور: لسان العرب، مادة [وثق] ، مج ١٠، ص ٣٧١. والفيروزأبادي، القاموس المحيط، مادة [وثق] مج ٣، ص ٢٨٧.

٢ـ ابن منظور: المرجع نفسه، مج ١٠، ص ٣٧٢.

٣ـ الراغب الأصفهاني: المفردات في غريب القرآن، ص ٥١٢، قالوا: رجلُ ثقةُ وقوم ثقةُ.

والتوثيق في مناهج البحث العلمي التربوي، هو كل ما يتعلق بمصادر المعلومات وحفظها من المراجع والمصادر، التي يحتاج إليها الطالب، من حيث دقة الإشارة، وجودة الضبط، وصدق المعلومات ونشرها...ليسهل الرجوع إليها، والتأكد من إحتوائها المعلومات المدرجة في موضوع بحثه. وكل ما احتوى على معلومات من كتاب أو المستند، أو غير ذلك يسمى " وثيقة ". جاء في المعجم الوسيط: "الوثيقة: المستند، وما جرى هذا المجرى[١]".

والتوثيق هو العلم بتقنيات، يستخدمها الطالب الباحث لتعلم الحقائق والمبادىء الجديدة، عن طريق دراسة الوثائق والمسجلات (Records) وهذه الطريقة التي تتصل بتجميع وتحليل البيانات والمعلومات، تعتبر أقدم شكلاً من أشكال البحث الحقيقي... استخدمها المؤرخون اليونان والقدماء... واستخدمها أرسطو في دراساته عن الدراما والشعر اليوناني[٢].

والتوثيق أصبح اليوم علماً حقيقياً بكل تقنياته ووسائله الخاصة. والتوثيق (أو العلوم الوثائقية) صار فن معالجة المعلومات غير العددية بكل أشكالها[٣].

وللبحث الوثائقي أهمية بالغة، ويتبع خطوات أساسية، تبدأ بوضع الأدلة المأخوذة من الوثائق والمسجلات، مع بعضها بطريقة منطقية... ومن ثم الاعتماد عليها في تكوين النتائج التي تؤسس حقائق جديدة، أو تقدم تعميمات سليمة عن الأحداث الماضية أو الحاضرة، أو عن الدوافع والصفات والأفكار الإنسانية[(٧)٤].

١- إبراهيم مصطفى وآخرون: المعجم الوسيط، مادة [وثيقة] ، ج ٢، ص ١٠٢٣.

٢ ـ أحمد بدر: أصول البحث العلمي ومناهجه، ص ٢٥٤.

٣ ـ Jacque Chaumier، Les Techniques Documentaires، qui - est je ? p 17.

٤ ـ Tyrus Hillway: Introduction to Research. Honghton - Mifflin Co، 2nd. Ed، 1964 ،P 142

وأحمد بدر: أصول البحث العلمي ومناهجه، ص ٢٥٥.

وبالعودة إلى البحث، نرى أنه وسيلة للدراسة يمكن من خلالها الوصول إلى حل لمشكلة ما عن طريق البحث المعمق والسليم لجميع الشواهد والبراهين، التي يفترض التدقيق فيها. ومن هنا اعتبر البحث طلب الحقيقة وتقصيها وإذاعتها بين الناس[١].

أما منهج البحث فهو مظهر حضاري تشتد الحاجة إليه؛ نتيجة الحاجة إلى الدرس والتأليف. ما يواكب ذلك من تراكم للخبرات وتضخم للمادة، وما يتصل بها من إضطراب وفوضى، أو تعصب وجهل وجور، يضيع في متاهاتها القارىء، وتضيع الحقيقة، فتختلط الأمور على الطلاب وتتعسر طريقة عملهم البحثية، ويسلكون دروباً لا تعرّفهم إلى ما يريدون.

وللبحث العلمي التربوي صلة وثيقة بالجامعات، يلتصق بها إلتصاقاً عضوياً وطبيعياً، فيها مهد الحقيقة، وهو الدور الذي من المفترض أن ينبع من داخلها، فضلاً عن كونها ترتبط بمجموعة من البشر، لها من المرتبة العقلية ما يؤهلها للبحث وفهم الطرق التي يسلكها؛ توكيداً للمقولة بأن التعليم الجامعي لا يقوم على التلقين أو تقديم المعلومات بصورة جماعية أو متفرقة، من هنا وهناك، بدون أي رابط، وإنما يكون عماد هذه المعلومات؛ المحاضرة القويمة التي يعدها الأستاذ على أفضل صورة، وعلى البحث الذي ينجزه الطالب بشكله الأمثل.

وإذا كان من الواجبات الضرورية على طلاب الجامعة، إعداد الأبحاث العلمية التربوية، فإن من واجب الأستاذ المشرف مساعدتهم بالوصول إلى الطريقة الصحيحة في إعدادها، وتزويدهم بما يمتلك من خبرات، وقواعد يدربهم بالسير على نهجها. من هنا تظهر القيمة المتوخاة من البحث الجامعي، الذي يكون على دراية كافية بالقواعد والأصول الواجبة في إعداده، وبين البحث غير الجامعي الذي تم وضعه بعيداً عن الأصول والقواعد المتبعة[٢].

---

١ ـ أحمد بدر: المرجع نفسه، ص ٢٠.

٢ ـ علي جواد الطاهر: منهج البحث الأدبي، ص ٢٨.

وقد قطع الغرب شوطاً بعيداً في هذا المجال، وصارت لهم دراية كبيرة بمنهج البحث، مما يوجب التشبه بهم، وليس في ذلك نقيصة إذا ما تم التشبه أو تقليد السابقون في مجال العلوم. لأنه هناك تهاون ظاهر عند بعض البحاثة من الجيل الأول الذين لم يتشبهوا بالغربيين من السابقين في هذا المجال، فجاءت أعمالهم خليطاً ممجوجاً أو سرقة واضحة أو نقلاً سافراً، فيها الكثير من شطحات التخيل والعصبية والمغالطة.

وإذا كنا نريد من طلابنا ما تريده الجامعات في أوروبا من طلابها، لكان الأولى بنا أن نلتزم بما إلتزم به أساتذة أوروبا تجاه طلابهم في المنهج العلمي التربوي. بمعنى أن نعلمهم كيف يبدأون عملهم، وكيف ينهونه، وكيف نوفر عليهم الوقت في عملهم، وندخر لهم الجهد في تحضير أبحاثهم. ثم كيف نأخذ بأيديهم ونحاذرهم من الوقوع في الخطأ الذي وقع فيه غيرهم، ونهديهم إلى الدقة فيما يقومون به، ونمنعهم من الضياع والسأم والشعور بالعجز. ونساعدهم على كيفية إستغلال الوقت في وضع مشاريع أبحاثهم، ونحثهم على الغوص في صلب الموضوع، وكشف حقيقة كل ما يستجد أمامهم من عناوين وموضوعات أصلية وفرعية.

ومن ناحية ثانية، لا بد من معرفة القدر المناسب لكل عمل يقومون به. فالبحث مثله كمثل أي عمل آخر، واسع ومتنوع ومعقد، بمعنى أن فيه تعميماً وتخصيصاً.

أما التعميم فيقصد به القدر العام الذي يحسن أن يعرفه أي طالب ليقوم بما يطلب منه على وجه مقبول، فلا يعذر طالب على الجهل بما أصبح قاعدة في البحث، ولا يحسن أن يترك طالب دون أن يزود هذه الأمور التي باتت أصولاً.

أما التخصيص فهو ما نتوجه به إلى الخاصة من الطلاب، إلى البارزين منهم الذين يظهرون ميلاً خاصاً في البحث، ويبدون تفوقاً ملحوظاً.

من هنا نشجع هؤلاء ونزودهم بالكثير مما يمكن أن يفيدهم نظرياً وعملياً، فمنهم سوف يولد المؤلف المبدع والأستاذ الخلاق.

ونسأل: ما الصفات العامة التي يتميز بها البحث العلمي التربوي؟ ما الصفات التي إذا توافرت في بحث أدبي قلنا أنه بحث علمي؟ وإذا فقدت قلنا إنه ليس بحثاً وليس علمياً! فالبحث العلمي التربوي يعرف من العنوان الذي يجمع بين الجدة والدقة، والتبويب وما بين الفصول والفقر من ترابط وتجانس وتناسب، والهوامش وما هي عليه من إيجاز في الدلالة على المصادر، ثم ما يصحب كل ذلك من فهارس وقائمة تامة المعلومات عن المصادر والمراجع...

البحث العلمي التربوي

تحديد

هو عملية فحص دقيقة ومحايدة، غير متحيزة لمشكلة، تقوم على تقصي البيانات وتحريها بدقة وتبويبها وتحليلها والوصول إلى نتائج. ونتيجة هذا التحليل قد تؤدي إلى إظهار حقيقة المشكلة وأسبابها وما يناسبها من حلول[1]

يقول البعض إن البحث هو إستقصاء دقيق يهدف إلى إكتشاف حقائق وقواعد عامة يمكن التحقق منها مستقبلاً. أو بمعنى آخر هو إستقصاء منظم يهدف إلى إضافة معارف يمكن توصيلها والتحقق من صحتها عن طريق الاختبار العلمي.

البحث الهادف والجامع؛ هو القيام بدراسة هامة، غايتها الكشف عن حقيقة ما أو قاعدة عامة، قد يتم التعرف عليها لاحقاً. كما أن البحث في عرف آخر هو القيام بدراسة ما، في سبيل الوصول إلى معارف أخرى، قد تكون جديدة أو قديمة، إنما سوف تثبت صحتها بعد إجراء عدد من التجارب عليها.

من هذا المنطلق، يرى الاختصاصايان في مناهج البحث العلمي التربوي ماكميلان وشوماخر (McMillan & Shumacher) أن البحث التربوي هو عملية منظمة لجمع المعلومات، والعمل على تحليلها منطقياً، لأغراض معينة[2].

معلومات أساسية في البحث العلمي التربوي

البحث وسيلة للإستعلام والإستقصاء المنظم والدقيق، يقوم به الباحث بغرض إكتشاف معلومات أو علاقات جديدة، بالإضافة إلى تطوير أو تصحيح

١- عبد الباسط عبد المعطي: البحث الاجتماعي، ص ٢١.

لمزيد من المعلومات، يراجع عبد الله زيد الكيلاني ونضال كمال الشريفيين: مدخل إلى البحث العلمي في العلوم التربوية والاجتماعية، ص١٥.

٢ - محمد خليل عباس وآخرون: مدخل إلى مناهج البحث في التربية وعلم النفس، ص ٢٠.

أو تحقيـق المعلومـات الموجـودة فعـلاً... عـلى أن يتبـع في هـذا الفحـص والإسـتعلام الدقيـق، خطـوات المنهـج العلمـي التربـوي وإختيـار الطريقـة والأدوات اللازمـة للبحـث وجمـع البيانـات[1].

منذ قيام البشرية، عاش الإنسان حالات مختلفة من التشتت والبلبلة وعدم الاستقرار، نتيجة المعطيات الجديدة التي كانت تتبدى أمامه في كل يوم، تطلق مخيلته وتغزو عقله وتفكيره، وتثير استغرابه وتحرك نفسه لمعرفة كل ما يجري من حوله، وما يحيط به من إشكاليات.

أمام هذه الفرضيات، راح الإنسان يتساءل ويشغل عقله وتفكيره بتساؤلات كثيرة، عله يتمكن من الوصول إلى كنه ما يجري، يبغي معرفة جوهر الوجود وسر تكون الطبيعة، والأسباب والدوافع التي كانت غاية وجوده على الارض.

ومما لا شك فيه، أن الحركة تنشأ مع الطفل منذ لحظات ولادته الأولى، تنمو وتتطور، تفعل فيها الأيام وتوجهها، يحرك غريزته ويفتش بواسطتها عن عاطفة أمه وحنو والده. في نموه المتواصل، يبدأ الطفل بمد نظره ويديه إلى كل ما يستطيع الوصول إليه، وعندما يبدأ بالكبر، تكثر حركاته، وتصبح أكثر واقعية، ويؤمن له أهله، بعض الأدوات والأغراض، التي تعلمه أن يؤلف أشكالاً وما شابه، تثير فرحه وأعجابه وتفرج أساريره.

بتقادم الأيام تزداد حشريته للتعرف إلى كل الموجودات والأشياء التي يلمحها من حواليه. وتكبر هذه الرغبة معه في المدرسة والجامعة فيما بعد، ويلاقي في عملية تحسين بحثه، كل الدعم والمساعدة من أساتذته ومعلميه، الذين يعملون على توجيهه وترشيده الى عملية البحث المنظمة والمنضبطة في قواعد وأصول.

١- أحمد بدر: أصول البحث العلمي، ص ١٨ - ١٩.

يراجع أيضاً عبد الله زيد الكيلاني ونضال كمال الشريفيين: مدخل إلى البحث العلمي في العلوم التربوية والاجتماعية، ص ٢٠ - ٢٢.

تشتمل لفظة البحث على معنيين:

📖 المعنى المادي: طلب الشيء والتفتيش عنه.

📖 المعنى المعنوي: السؤال عن الشيء.

العلاقة بين المعنيين واضحة، فالتفتيش عن الشيء مرحلة أولى في سبيل الكشف عنه والعثور عليه، فإذا لم يتمكن الإنسان من إيجاد ما يطلبه بواسطة التفتيش، سأل عن ذلك الشيء للتعرف على مكانه. ووردت في الكتب الأدبية القديمة، لفظة البحث بمعنيين هما: التفتيش عن النصوص والأخبار، والمناقشة والجدل والمناظرة..

البحث (Research) بالإنكليزية و (Recherche) بالفرنسية، طلب الحقيقة وتقصيها ونشرها بين العامة.

غير أن المتفق عليه أن الفعل (Research) يعني ينشد ثانية، أو يفحص الشيء ثانية بعناية. أما الاسم (بَحْث) فيعرف عادة بأنه التقصي بعناية، وبخاصة الإستقصاء المنهجي في سبيل زيادة مجموع المعرفة، الذي يزداد بإضافة جديدة[1].

ويعرف البحث لغوياً وفق ابن منظور، بمعنى أنه طلب الشيء في التراب، والبحث أن نسأل عن شيء ونستخبر[2].

أما الجرجاني فيقول فيه: البحث لغة هو التفحص والتفتيش، وإصطلاحاً يعني: إثبات النسبة الإيجابية أو السلبية بين الشيئين بطريق الإستدلال[3].

وقـد ذكـر المـؤرخ التـركي الشهيـر "حاجـي خليفـة" في كتابـه: "كشـف الظنـون عـن أسامي الكتـب والفنـون"[4] أن التأليـف والبحـث لا يعـدو عن أن يكون

---

١ ـ رجاء وحيد دويدري: البحث العلمي أساسياته النظرية وممارساته العملية، ص ٦٧.

٢ ـ ابن منظور: اللسان مادة [بحث] ، المعجم الوسيط ٣٩/١، مادة [بحث].

٣ـ الشريف الجرجاني: كتاب التعريفات، ص ٤٣.

٤ ـ حاجي خليفة: كشف الظنون عن أسامي الكتب والفنون، مج ١، ص ٣٥.

في أنواع سبعة، وفق ما جاء في عبارته "التأليف في سبعة أنواع" لا يؤلف عالم عاقل إلا فيها، وهي:

١ - إما إلى شيء لم يسبق إليه فيخترعه.

٢ - أو شيء ناقص قيمته.

٣ - أو شيء طويل يختصره دون أن يخل بشيء من معانيه.

٤ - أو شيء متفرق فيجمعه.

٥ - أو شيء مختلط يربطه.

٦ - أو شيء مغلق يشرحه.

٧ - أو شيء أخطأ فيه مصنفه فيصلحه.

أما تعريف مصطلح البحث علمياً، فهو القول الذي تعددت معانيه وكثرت، وهو الذي قيل فيه أنه تقرير واف يقدمه الباحث عن عمل قام به خلال فترة دراسته أو أي دراسة أخرى، بعد أن توصل في خلالها إلى نتائج معينة، مسندة بالحجج والبراهين.

وعرف كذلك بأنه التنقيب عن حقيقة ما؛ بهدف الإعلان عنها بعيداً عن موضوعية الباحث، أو دوافعه الشخصية والآنية.

البحث العلمي التربوي أخيراً هو نتاج إجراءات منظمة ومصممة بدقة من أجل الحصول على أنواع المعرفة والتعامل معها بموضوعية وشمولية، وتطويرها بما يتناسب مع مضمون وإتجاه المستندات البيئية الحالية والمستقبلية[١].

التطور التاريخي للبحث العلمي التربوي

تعتبر إنطلاقة الدعوة الإسلامية، المرحلة الأولى التي بدأت فيها علوم الإنسان العربي المسلم بالظهور، خاصة وأن الدين الجديد والسنة النبوية الشريفة

١ـ Polansky، Whitney، " Elements of Research". Newyork. 1946. p. 18

٢ـ N، " Social Work Research " p.

فرضا العلم على كل مسلم ومسلمة. فالعلم " فريضة على كل مسلم ومسلمة"[1] و"اطلبوا العلم من المهد إلى اللحد "[2]. فبدأ علماء المسلمين بالظهور وفلاسفته بالصعود إلى منابر الحكمة والمعرفة، والأدباء والشعراء والمفكرين بالتربع في بلاطات الملوك والأمراء، ينقلون إليهم الثقافات الجديدة التي بدأوا يتفاعلون معها. فراحت تلك الثقافات تتلاقح مع عقول العرب المحصنين بثقافة دينهم الجديد وسنة نبيه، فظهرت ثمار هذا التلاقح في الثقافة العربية الإسلامية.

ومما لا شك فيه أنه نتجت عن ذلك ثقافة إنسانية عالمية كان للعرب فيها الفضل الكبير، وهم الذين عرفوا باندفاعتهم الفكرية والثقافية والمعرفية في مختلف المعارف والعلوم. في الوقت الذي كانت فيه أوروبا ترفل في غياهب الجهل والتخلف الفكري والمعرفي، والتي لم تتمكن من التخلص منهما إلا بفضل الحضارة العربية الإسلامية، التي زودت العالم الغربي بالكثير من المعارف والعلوم التي قامت عليها الحضارة الغربية.

يمكن اعتبار ما أضافه العرب إلى ما أخذوه من الغرب، خلاصة لعملية التلاقح الفكري والثقافي، الذي أنتج حضارة إنسانية رائدة، والتي لم تصبح كذلك لولا الإضافة العربية الإسلامية عليها، بخاصة وأن العرب هم الذين جددوا في هذا الفكر، بحيث يمكن القول أن الفكر العربي الإسلامي قد أخذ وأعطى، وترجم وناقش. ولا غرابة في أن يصفه رام لاندو (Ram Lando) في كتابه الموسوم بمآثر العرب في الحضارة، حيث قال:

"إ ن المسلمين قدموا الكثير من الفتوحات في العلوم، فاجتذب ذاك العلماء والحكماء وأهل البحث والنظر ورجال الفن والأدب من جميع الأصقاع، وأنشؤوا مؤسسات لنقل علوم الشعوب (بيت الحكمة، دار الحكمة، دار العلم والجامع الكبير) كما أنشؤوا المكتبات.

---

١ ـ حديث شريف

٢ ـ حديث شريف

مرت عملية البحث العلمي التربوي والتفكير الأدبي، بتطورات متعددة عبر مراحل التاريخ العربي الإسلامي المختلفة. فقد عرفت هذه العملية خلال العهد العباسي (١٣٢ هـ/ ٧٥٠م.) حركة مزدهرة ونشيطة، بعكس عدد من أقطار العالم القديم آنذاك، كالمصريين والصينيين والهنود، الذين يقال أن حركتهم تجاه البحث العلمي التربوي كانت معدومة وغير مطبقة، بينما عرفتها اليونان وكانت مجهولة في روما. بعكس العرب المسلمين الذين امتازوا بالروح العلمية الإستطلاعية، حتى دعوا نتيجة ذلك بآباء العلم الحديث.

أكثر من ذلك، تمكن العرب المسلمون بفضل العلوم الكثيرة التي أخذوها عن غيرهم من الشعوب التي احتكوا بها، من إقامة الأسس العلمية البارزة لبناء نهضتهم العلمية وثقافتهم الرائدة في مجال العلوم الكثيرة، التي كانت عناوينها بارزة وواضحة في نهضة العصور القديمة والوسطى والحديثة.

وعن اليونان تعرف العرب على عملية التفكير والبحث العلمي التربوي بشكله العملي والتجريدي. وحاكوا البحث العلمي التربوي والفكري – الأدبي، الذي صبغ حضارتهم العربية الإسلامية، كما قاموا بطرق باب المنهج التجريبي في بحوثهم. ولجأوا إلى الملاحظة والتجربة، اللتين كانتا الأساس لإنطلاقتهم العلمية والفكرية. وعنهم أخذت أوروبا في مطلع عصر النهضة، التراث العربي العلمي والفكري، وجعلت منه الأساس في إنبعاث نهضتها الحضارية العلمية والفكرية والإنسانية، التي عمت العالم أجمع في ذلك الوقت.

تأسست دعائم ومرتكزات التفكير والبحث العلمي التربوي بصورتها الجلية في مطلع القرن السابع عشر، حيث راحت تتوالى تجلياتها بالظهور منذ ذلك الحين، وحتى الآن، بعد أن مرت بتطورات عديدة ومتسارعة، ولا سيما على أيدي عدد من الخبراء التربويين والمفكرين والباحثين المتنورين أمثال فرنسيس بيكون (Francis Bacon) وجون ستيوارت ميل (Jean Stewart Meel) وكلود برنارد (Claude Bernard) وغيرهم.

ومن الأهمية بمكان، ذكر معالم التطور الذي شهده البحث العلمي التربوي. فبينما يُظن أن كثيراً مما تعلمه الإنسان من العلوم والمعارف، وما اكتسبه عن طريق الثقافات القديمة، كان من جراء بعض المصادفات والتجارب الأولية البسيطة، أو بما مرت به البشرية من محاولات صائبة أحياناً وخاطئة أحيان أخرى، أو من جراء التعميمات الناتجة عن الخبرة... ففي المقابل كان هناك عدد خجول من الجهود التي قامت في العصور القديمة لإكتشاف معارف جديدة.

يعتبر التقويم أحد أهم هذه الإكتشافات في ذلك الزمن السحيق، بسبب التطور الهائل في احتساب الوقت (Calender) أو (Agenda)، وبدء تحديد الأزمنة والعهود، والتوصل إلى التنبؤ باحتساب المواسم المختلفة، بخاصة تلك المرتبطة بحياة الإنسان، كالمواسم الزراعية، الذي بات يعرف وقت تحصيلها بسبب هذا الإكتشاف المهم للوقت؛ مما أدى للتعرّف على النواة الأولى لقيام البحاثة الأوائل. واعتبرت هذه المعلومات من المقدسات واحيطت بسرية بالنسبة للشخص العادي؛ لأن الكهنة كانوا حراساً عليها، يقومون على حفظها وتسجيلها[1].

تاريخ البحث في العصور القديمة

العصور القديمة هي الفترة التي عاش فيها المصريون القدماء والبابليون واليونان والرومان، وغيرهم من الشعوب القديمة.عرف عن المصريين القدماء في هذه الفترة، أنهم سلكوا إتجاهاً عملياً تطبيقياً، فبرعوا في التحنيط والهندسة والحساب والطب والفلك والزراعة، كما أنهم كانوا يعتقدون بالخلود وبيوم الحساب. واعتبروا الكهنة ذات نفوذ كبير؛لأنهم برعوا في علم الرياضيات. كما اخترعوا علم المساحة (Surveying)، للتمكن من إعادة رسم الحدود بعد إنحسار فيضان مياه النيل السنوية. وسجل المصريون معارفهم على ورق البردى، وحفروا علومهم باللغة الهيروغليفية على الاحجار، وما شابهها من

١ـ عبد الواحد ذنون طه: أصول البحث العلمي، ٦٧ وما بعدها.

الأجسام الصلبة والقاسية. وفي مقابل تفوق المصريين القدماء في علوم عديدة، كالهندسة والطب والزراعة تفوقاً ملحوظاً، فقد نجح هيرودوت (Heirodot) المؤرخ الشهير في الآن ذاته؛ بتدوين الابحاث التي كان يقوم بها عن ملوك مصر، وحول أعداد السكان وقيمة الثروة المتوافرة في البلاد، وقام في الوقت ذاته بتسجيل حاجة الاقاليم من الغلال.

من جهة ثانية، برع اليونانيون القدماء في تسجيل تفوق ملحوظ في مبادىء البحث، ونحوا فيه ناحية التأمل والنظر العقلي المجرد، ولكنهم ابتعدوا فيه عن الإعتماد على التجربة وتقدير العمل اليدوي؛ مما حدا ببرتراند راسل(Bertrand Russell) إلى الإعلان على: « أن فلسفة اليونان كانت تعبر عن روح العصر وطبيعة المجتمع الذي يعيشون فيه».[1]

والسبب في ذلك - كما رأه بعض المفكرين من هذه الناحية - أن المجتمع اليوناني في مرحلة إنهياره كان مجتمعاً عبودياً طبقياً، يمج كل عمل يدوي ويستنكره، ويعتبره عملاً خالياً من أي خلقيات. وكان المجتمع اليوناني - بالإضافة إلى ذلك - يرى أن كل الدراسات التي تحتاج إلى تجارب، هي دراسات غير سوية إلى حد ما. إنطلاقاً من هذا التمايز كان افلاطون (Platon) الفيلسوف اليوناني الشهير، يفاضل بين الفلاسفة والعمال، وقد أحل الفلاسفة في جمهوريته (المدينة الفاضلة) مكانة مميزة.

وقام ارسطو (Aristotle) فيلسوفهم الآخر، بوضع قواعد المنهج القياسي في أثناء إشتغاله على مناهج البحث وأسلوب التفكير، وعرفت هذه الطريقة واشتهرت عنه بمعنى الإستدلال. إلا أنه - بعكس غيره من فلاسفة اليونان - أقام إعتباراً للملاحظة، بالرغم من أنه كان يفضل خطوات المنهج الاستقرائي، وكان في بعض اعماله يسترسل كثيرا في تاملاته[2].

١ـ برتراند راسل، النظرة العلمية، ترجمة عثمان نوية، ص ٦.

٢ ـ Le Blond.J. Logique et Méthode Chez ARISTOTLE. Paris.p.120-146

ومن ناحية ثانية، فقد أخذ اليونان كثيراً من علومهم وإكتشافاتهم عن المصريين والبابليين، الذين أبلوا فيها بلاءاً حسناً، فأخذ اليونان عنهم علوم الفلك والطب والفيزياء والجغرافيا والهندسة، كما كانت لهم عناية خاصة بدراسة الآداب والأخلاق .

وما هي إلا سنوات حتى برع اليونانيون في المعرفة الانسانية، وصار عندهم فلاسفتهم الذين باتوا مضرب المثل في علوم الجغرافيا الطبيعية، التي برع فيها فيثاغورس (Pythagoras) (في العام ٦٠٠ ق.م.) كما كان على دراية بالرياضيات والفلسفة. أما ديمقريطيس (Democritus) (في العام٤٠٠ ق.م.)، فقد برع في علم الذرة (Atomestic theory) وفي تركيب المادة، وذلك في ظل غياب أي من الأدوات المساعدة في إجراء التجارب على هذه المادة.

ومنهم أيضاً هيبوقراط (Hippocrate) المشهور بأبي الطب وبأنه أحد تلامذة ديمقريطيس. اشتهر بعلومه الطبية، وخاصة في تشخيص المريض والمرض، والتوصل إلى معرفة دقيقة للجسم ووظائفه.

بالعودة إلى أرسطو، الذي عاش في القرن الرابع قبل الميلاد وذاع صيته فيه، في مجالات مختلفة، كالمنطق وغيرها، فقد كان الأشهر بين فلاسفة عصره في الفلسفة والمعارف والعلوم. ومنها تشريح الحيوان. كان من أتباعه ثيوفراستوس (Thiophrastus) الذي قام بوضع دراسة منهجية لعلم النبات، وهي التي أسست لمعارف كثيرة في هذا العلم...

وكانت شهرة ارخميدس (Archimède) (عاش في القرن الثالث ق.م.) في علمي الفيزياء والكيمياء، ووضع فيها كتاباً أسماه «الاستاتيكا» وعرف شهرة كبيرة، ولكنه يبدأ من المسلمات التي يفترض أنها لا تحتاج إلى برهان، وانها ليست نتيجة التجربة. كما وضع كتاباً آخر عن الاجسام الطافية يسير فيه على

المنهج القياسي ايضاً[1].

أما سترابو (Strabo) فقد كانت له هالة كبيرة في روما؛ بسبب تطويره لعلم الجغرافيا الذي برع فيه كعلم. وجاء بعده بطليموس (Ptolomy) (عاش في القرن الثاني بعد الميلاد) وهو من أصل مصري. قام بدراسة الرياضيات اليونانية والمصرية، واستخلص منهما كثيراً من النظريات حول حركة الكواكب،

شارحاً ذلك إنطلاقاً من نظرياته الرياضية. نقض فيها مقولة أن القوى الخارقة للطبيعة» Supernatural" هي التي تحرك الأجسام الثقيلة، منكراً ما كان معروفاً في عصره من خرافات، مما اعتبره بعضهم مقدمة جيدة في تثبيت دعائم أسس البحث العلمي.

ورث الرومان عن اليونان الكثير من طرق المعرفة اليونانية، وكان إسهامهم يتركز في الممارسة العملية، أكثر من متابعتهم للمعرفة ذاتها ... لقد كان الرومان صناع قوانين ومهندسين أكثر منهم مفكرين متأملين .

أفتقدت أوروبا الغربية – لفترة من الزمن – المعارف وطرق البحث بعد إنهيار الإمبراطورية الرومانية، وأفول الحضارة اليونانية الرومانية، ولكن العرب كانوا هم حملة مشعل العلم والبحث العلمي إلى أوروبا بعد ذلك .

تاريخ البحث في العصور الوسيطة

العصور الوسيطة هي المدة التي ازدهرت فيها الحضارة العربية الاسلامية، وعرفت في أوروبا بعصر النهضة، وهي الممتدة من القرن الثامن حتى القرن السادس عشر الميلادي.

أفاد العرب كثيراً من الحضارات والمناهج والمعارف السابقة لهم ... والحضارة الإنسانية ليست إلا عقداً متصل الحلقات ... والحضارة العربية هي

---

١ ـ عبد الباسط محمد حسن، أصول البحث العلمي، ص ٦٥.

حلقة الإتصال بين حضارات ما قبلهم؛ كاليونان والهنود، وحضارة أوروبا في عصر النهضة... ولم يكن العرب ناقلين لحضارة اليونان فحسب، ولكنهم أضافوا إليها علوماً وفنوناً كثيرة تميزت بالأصالة العلمية.

وإذا ما أردنا التوقف عند طريقة أو منهج البحث في تلك الفترة. فنرى أن الفكر العربي تجاوز الحدود الصورية لمنطق أرسطو ... أي أن العرب عارضوا المنهج القياسي وخرجوا على حدوده إلى إعتبار الملاحظة والتجربة مصدراً للبحث والتقدم العلمي ...[1]

إتبع العرب في إنتاجهم العلمي أساليب مبتكرة في البحث، فاعتمدوا على الإستقراء والملاحظة والتدريب العلمي والإستعانة بأدوات القياس للوصول إلى النتائج العلمية ... ونبغ من هؤلاء كثيرون منهم: الحسن بن الهيثم وجابر بن حيّان ومحمد بن موسى الخوارزمي، والبيروني، وأبو بكر الرازي، وابن سينا، وغيرهم...

وقد قال الدكتور سارتون (Sarton) أحد مشاهير العلماء الأميركيين في تاريخ العلـوم: « لقد كان العرب أعظم معلمين في العالم في القرون الثلاثة: الثامن، والحادي عشر والثاني عشر الميلادي... ولو لم تنقل إلينا كنوز الحكمة اليونانية لتوقف سير المدنية بضعة قرون... فوجود الحسن بن الهيثم وجابر بن حيان... وأمثالهما كان لازماً وممهداً لظهور غاليليو ونيوتن... ولو لم يظهر ابن الهيثم لأضطر نيوتن أن يبدأ من حيث بدأ (ابن الهيثم ... ولو لم يظهر جابر بن حيان لبدأ غاليليو من حيث بدأ جابر... أي أنه لولا جهود العرب لبدأت النهضة الأوروبية (في القرن الرابع عشر) من النقطة التي بدأ منها العرب نهضتهم العلمية في القرن الثامن للميلاد».

---

١ ـ ذوقان عبيدات، عبد الرحمن عدس وكايد عبد الحق: البحث العلمي، مفهومه، أدواته، أساليبه، ص ١٠١- ١٨٤.

ويعتبر محمد بن موسى الخوارزمي أهم شخصية جديرة بالذكر... إذ ألف كتاباً بعنوان: «الجبر والمقابلة»، إعتمد فيه على جبر برهما جوبتا (Brahma Gupta) الهندي كما إعتمد في بعض البراهين على اليونانيين في طريقتهم الخاصة بتمثيل الأعداد بواسطة الخطوط. وعلى أساس هذا الكتاب قامت دراسات الجبر في العصور الوسطى الإسلامية والمسيحية، وبواسطته دخل النظام العشري بلاد أوروبا، ومن هنا يعد هذا الكتاب ذا أهمية عظيمة[1]. أما بالنسبة إلى دراسة الكيمياء عند العرب، فقد انتقلت المعارف الكيميائية العربية إلى أوروبا في العصور الوسطى باسم الكيمياء « Alchemy». ولعل من بين الإهتمامات العديدة للعرب في هذا المجال ما أشتهر عنهم، وهو تحويل المعادن الى ذهب.

أسهم العرب بانتاجهم العلمي الاصلي، كما أسهموا بإصطناع منهج الإستقراء وإتخذوا الملاحظة والتجربة أساس البحث العلمي، وأفادوا من حضارة من سبقهم كاليونانيين والهنود. ونقلوا هذه الحضارة جميعها إلى أوروبا في بداية عصر النهضة.

إن إطلاع الأوروبيين في بداية عصر النهضة على التراث العربي، كان

١ ـ يقول عبد الرحمن بدوي في كتابه: " مناهج البحث العلمي ". القاهرة، دار النهضة العربية ١٩٦٣، ص٥:" أن الحساب قد تطور تطوراً عظيماً لدى الهنود خصوصاً في القرنين الثاني عشروالثالث عشر بعد الميلاد على يد Arya Bhata إريا بهاتا، وبرهما جوبتا Brahma Gupta وبهسكارا Bhaskara وعن الهنود أخذ العرب. فقد ذكر صاعد الأندلسي في طبقات الأمم، عند كلامه عما وصل إلى العرب من علوم الهند، ومما وصل إلينا من علومهم في العدد حساب " الغبار " الذي بسّطه أبو جعفر محمد بن موسى الخوارزمي. وهو أوجز حساب وأصغره،وأقربه تناولاً وأسهله مأخذاً وأبدعه تركيباً،يشهد للهند بذكاء الخواطر وحسن التوليد وبراعة الاختراع. ويظهر أن العرب قد عرفوا أعمال أريا بهاتا، وبراهما جوبتا، كما يظهر خصوصاً من مؤلفات الخوارزمي ". يراجع: صاعد الأندلسي: طبقات الأمم، تحقيق حياة العيد بوعلوان، ص ٥٨.

نقطة الإنطلاق في الحضارة الاوروبية التي ازدهرت بعد ذلك. وفي مقدمة من أرسى قواعد التفكير في البحث العلمي في اوروبا، روجر بيطون (Roger Pitton) (١٢١٤- ١٢٩٤م) وليونار دي فينشي (Leonard Di Vinci) (١٤٥٢-١٥١٥م) وغيرهما ممن طالبوا بإستخدام الملاحظة والتجريب، وأدوات القياس للوصول إلى الحقائق، وعارضوا منهج ارسطو في القياس المنطقي.

ورغم مطالبة هؤلاء المفكرين بتبني الطريقة العلمية، إلا أنهم لم يستخدموا فعلاً هذه الطريقة إلا في حدود ضيقة، ورغم التحرر التدريجي من سلطان الكنيسة ورجال الدين، إلا أن هذه السلطة كانت ما تزال لها فعاليتها. فالعالم كوبر نيكوس (Copernicus) في أواخر القرن السادس عشر، قد عانى من الإضطهاد والتعذيب على يد السلطات الدينية، واضطر إلى إنكار نظريته علنا بعد أن استبدل شرحه لحركة النجوم؛على أساس مركزية الشمس (Heliocentric) بشرح آخر هو حركة النجوم وارتباطها بمركزية الأرض (Geocentric) .

تاريخ البحث في العصر الحديث

إكتملت دعائم التفكير العلمي في أوروبا في العصر الحديث، وبدأ ذلك على يد الكثيرين وأهمهم فرانسيس بيكون وجون ستيوارت ميل وكلود برنارد وغيرهم ..

ولعل مسيرة البحث العلمي الكبرى، في أي من العلوم، يمكن أن تعود إلى التجارب التي أجراها جاليليو في الفيزياء «Galileo's Experimental Work » وذلك في أوائل القرن السابع عشر. عندما تم إختراع اللوغاريتم Logarithms على يد العالم نابير (عام ١٦١٤) (Nabeir) وبحوث هارفي (Harvey) على الدورة الدموية (وإن كان ابن النفيس العربي قد سبقه إلى ذلك). وكذلك إستخدام الرموز العشرية على يد بريجز (Briggs) (عام ١٦١٧).

ثم نشر نظريات فرانسيس بيكون في مؤلفه «الاداة الجديدة للعلوم «Novum Organum Scientiarum» (عام ١٦٢٠) الذي فصل فيه قواعد المنهج التجريبي وخطواته، ثم ظهر بويل (Boyle) كأب للكيمياء الحديثة، وافكار نيوتن (Newton) الرياضية عن قوانين الجاذبية (عام ١٦٧٩) وغيرهم.

ولا بد هنا من الإشارة إلى فضل جون ستيوارت ميل على المنهج التجريبي في البحث؛ لأنه وضع شروط التجربة والقواعد التي يستهدي بها الباحث؛ للتحقق من خطأ الفرض العلمي أو صوابه[١].

تعريف البحث العلمي التربوي

البحث هو عملية تحري دقيقة وشاملة للوصول إلى المعرفة الحكيمة والحقيقة الصائبة، من خلال التفتيش عنها، والبحث حولها، والتدقيق في كافة جوانبها، لبلوغ مرتبة ما في مسيرة العلوم، والعلوم الإنسانية بصورة خاصة.

وفي حال ابتعد البحث التربوي عن الخطة التي وضعت له، ونأى عن الغاية التي قام من أجلها، لن تقوم له قائمة، ولن يتمكن الباحث من إنجاز عمله، والتعبير عن مؤهلاته، التي كان يظن في نفسه أنه قادر بواسطتها على تحقيق بحث ما.

من هنا إذاً، البحث التربوي هو جهد منظم وموجه، الهدف منه الوصول إلى حلول للمشكلات التربوية، التي تعاني منها المجتمعات البشرية في مجالاتها المختلفة، ومنها الكتب المدرسية والتعليمية، البرامج والمناهج، إستراتيجيات التعليم، عمليات التقويم، المرافق المدرسية وبخاصة الإدارة[٢].

وقد أشار جاك بارزان (Jacques Barzun) في كتابه «الباحث

١ ـ محمد طلعت عيسى، البحث الاجتماعي مبادئه ومناهجه، ص٢٧ - ٢٨.

٢ ـ محمد خليل عباس وآخرون: مدخل إلى مناهج البحث في التربية وعلم النفس، ص ٢٠.

الحديــث»[1] إلى ضرورة توافـر الدقــة في أي بحــث يتــم الـشروع بتحقيقــه، بالإضافة إلى إتبــاع الباحــث عمليــة النظــام والتنظيــم في إعداده، فضــلاً عــن تمتعــه بالمنطــق، وتجمله بالأمانة، وتحمله كامل المسؤولية في إعداده، وحيازة القدرة على التأمل والتفكير.

يصف بارزان البحث بأنه أشبه ما يكون بالتمثال، والباحث بالفنان حامل الازميل الذي لا يتعب ولا يشتكي من نحت الصخر أو الطين القاسي، حتى يظهر أمامه التمثال بشكله النهائي، بعد أن يكون قد وضع فيه كل ما يملك من دقة ومهارة وإخلاص وأمانة.

إذا ما إطمأنّ الباحث إلى أن أفكاره، كانت متينة في أسلوبها، وصادقة تجاه الحقيقة التي يفتش عنها. لابد أن يفطن؛ إلى الغاية من عمله. يعرضه عرض الواثق من نفسه، المتمكن من معلوماته.

نقاط البحث الأساسية

لما كنا قد أشرنا فيما سبق إلى وجوب التقيد بموضوعية أي بحث، والإلتزام بالصدق والصبر والأمانة. نضيف أن هذه المقومات نفسها تنطبق على البحث العلمي التربوي ذاته، ومثله مثل كل بحث؛ له جملة مقومات لا بد أن تكون من الأساسيات.

تدور حول المدخـل الذي يمهد للبحث، والعرض أو ما يعرف بشعاب البحث والموضوع. وأخيراً النتيجة التي نتوخاها منه. وتدور في فلك عناوين هذه المقومات، نقاط عدة، تتمثل بالمفردات اللغوية والعلمية المستخدمة والتعابير المسكوبة بلغة سليمة، بالإضافة إلى نوعية البحث وإشكالية مضمونه. ومن المفاصل المهمة لأي بحث تربوي؛ المنطق السليم، والأفكار السلسة المتطابقة

١ ـ Jacques Barzun، GHF Graff The Modern Researcher Newyork 1957 p. 56 – 60

والمترابطة، وأخيراً ثبت بالمصادر والمراجع المساعدة في عملية البحث.

كل بحث صادق وسليم، من المفترض أن يتقيد بهذه النقاط، ويدور في فلكها ليصل إلى مبتغاه الذي قام لاثباته. ومن هنا أشار بعض الباحثين الكبار إلى وجوب الإنتباه في عملية وضع أي بحث إلى:

١ ـ وضوح المخطط الذي يتقيد به الكاتب في المدخل والعرض والنتيجة.

٢ ـ إستعمال المفردات والتعابير الخاصة بنوعية البحث وطبيعته ومضمونه،

٣ ـ الدقة المنطقية وترابط الأفكار وتعاونها خلال الصفحات لإبراز المحصّل النهائي

٤ ـ الإفادة من المصادر والمراجع وذكرها بامانة، مع الإشارة إلى ما أخذ منها بدقة ووضوح[١].

ونشير في هذا الصدد إلى أن: مهمة الجامعات لا تقتصر - ولا ينبغي لها أن تقتصر - على التعليم التقليدي، بل يجب أن تمتد إلى إرتياد الآفاق البعيدة والمجهولة، فتعنى بالبحث العلمي الذي يضيف إلى العلم إضافات جديدة ويمتاز بالإبتكار والإبداع[٢]» .

إن أي بحث، مهما كان نوعه وموضوعه، يجب أن يتصف بالأهمية، لكونه يعمل على إستكشاف الحقائق التي يدور حولها، والذي لا يتوقف، ولا يجب عليه ذلك، حتى يصل إلى الحقيقة التي يريدها من بحثه.

نقاط البحث الموضوعية

يتمتع كل بحث علمي تربوي بصفات خاصة أو كثيرة في الآن نفسه،

١ ـ جبور عبد النور، المعجم الادبي، ص ٤٧.

٢ ـ مصطفى نظيف، «العلم وتنظيمه في البلاد العربية»، البحث العلمي في العالم العربي، منشورات الجامعة الاميركية في بيروت، ١٩٥٦، ص ٨٣.

منهـا مـا تكـون مشـتركة بـين الباحثـين، ومنهـا صفـات وعلامـات أخـرى يتميـز بهـا باحـث عـن باحـث آخـر، كالثبـات والأخـلاق والاسـتقلال في عملـه عـن توجهـات الآخريـن وأعمالهـم.

١ - الثبــات

تجدر الإشارة إلى أن مسيرة البحث، سواء منها العلمي أو التربوي، يجب أن يستعد لها الطلاب لتنفيذها بطريقة علمية وموضوعية تعتمد بالدرجة الأولى، التعرف على منهج البحث وأساليبه ومراحله. في هذه النقطة بالذات، تجب الملاحظة إلى أن المنهج ثابت، لا يتبدل أو يتغير، ويمكن للطلاب من خلال إتباع المنهج المنظم، بلوغ الحقيقة، مهما كانت عصية ونائية، وخالية من السلبيات والإيجابيات الداخلية والخارجية.

٢ - اخلاقية الباحث

ذات مكانة مميزة في البحث الموضوعي، بمعنى أنه يفترض لمن يتصدى لإعداد بحث تربوي ما، أو دراسة بحثية، أن يتحلى بالأخلاق الحميدة، المتجلية بالأمانة والموضوعية والصبر. وقد أشار الدكتور محمد مندور إلى هذه الخصال، عندما قال إن: «مناهج البحث ليست قيادة للفكر فحسب، بل هي أيضاً، وقبل كل شيء قيادة أخلاقية لأن روح العلم، روح أخلاقية»[١].

٣ - إستقلالية الباحث

يتمتع كل بحث ناجح بنقاط جيدة من الإستقلالية، وبعد واضح عن الذاتية. بمعنى أنه يتوجب على الباحث (الشخص الذي يقوم بعملية البحث، أو ذاك الذي يعد بحثاً ما) أن يتصف بالإستقلالية في العمل الذي يقوم بإعداده. يقال له باللغة الاجنبية **Independent**، أي الذي يجب أن يكون في حالة استقلال داخلية وخارجية، سواء بعقله وفكره، أو بعمله الذي يستخلص فيه الأحكام والمنظومات.

---

١ ـ منذر الضامن: أساسيات البحث العلمي، ص ٢٠.

على الباحث إذاً التقيد التام بصفة الاستقلالية في بحثه وعمله، بحيث إن الموضوع أو العنوان، الذي يبحثه لا يمت له بصلة قربى، أو ميل وهوى وعاطفة، وليس له مكانة في نفسه سوى الوصول بواسطته إلى الناحية البحثية والعلمية. معنى الاستقلالية، عدم قيام الباحث، بوضع أي أفكار أو تصورات مسبقة عن موضوع بحثه، قد تبعده عن الموضوعية والصدق، وتتسبب بإضعاف قيمة عمله، وتجعله عرضة للنقد والتجريح، وهذه العناوين نفسها تنطبق أيضاً على البحث العلمي التربوي[1].

العلاقة بين الباحث والأستاذ المشرف

إن أي عمل ناجح تحكمه علاقة وثيقة تنشأ وتتطور بين الباحث والأستاذ المشرف، محورها البحث الجيد. الفاعل الأول فيها هو الباحث، صاحب الجهد العلمي، والمسؤول عن اختيار موضوعه، الذي من المفترض أن يقوم به، بتوجيه من أستاذه المشرف، بما يتوافق مع فكره وقناعاته. مضافاً إليهما مراعاة ميول الطالب (الباحث) وعقيدته، وفق إمكانياته العلمية واللغوية. وعليه التنبه

بمساعدة أستاذه المشرف إلى أهمية الموضوع، وأن تتوافر له كل المصادر التي يحتاجها، لتأتي النتائج التي يسعى لتوضيحها وتحقيقها على صورتها السليمة والصحيحة.

الفاعل الثاني هو الأستاذ المشرف الذي يقوم بدور الموجه في معظم مراحل البحث، وتصويب مسيره وتصحيح خطة عمله لمنعه من الشطط والزلل.

نشير في هذا الصدد، إلى نوعية العلاقة التي تقوم في الجامعات الأوروبية والغربية بين الطالب والأستاذ المشرف، التي تكون غايتها إعداد البحوث العلمية والتربوية، برعاية وبتوجيه منه. وتتجسد هذه العلاقة بأنواع من الحزم واللطف

١ـ عبد الواحد ذنون طه: أصول البحث التاريخي، ص ١١٥.

والمحبـة والتقديـر والمناقشـة الحـرة، التـي تقـوم بينهـما، مـما يحفـز الطالـب (الباحـث) عـلى حـب النظـام والمحافظـة عليـه.

ومن المفيد الإشارة إلى أن على الأستاذ المشرف، أو أستاذ الصف، العمل على توجيه النقد الهادف والتوجيه البناء إلى طلابه. كما يجب عليه أن يكون صبوراً واسع الصدر، لا يسخر من عمل الطالب، --- بما يحتوي من شوائب وأخطاء. كما عليه أن لا يفرض آراءه الخاصة على الباحث، مهما كانت جدية ومفيدة.

نلفت العناية إلى أن العمل الذي يتم إنجازه من قبل طلاب من شهادة الإجازة الجامعية، يجب أن يدور ضمن هذه الإطر من التوجيهات والتعليمات والأفكار.لأن الهدف من أي بحث؛ هو الوصول إلى حقيقة ما، أو نتيجة معينة، وليس السخرية والاستهزاء من عملهم.

الجامع المشترك في علاقة الأستاذ مع الطلاب، هو البحث، الذي يفضل أن يكون ذا مغزى علمي أو تربوي أو أدبي، يبغي الوصول منه لحقيقة علمية أو فكرة تربوية أو نتيجة أدبية، تخدم الحضارة الثقافية والإنسانية وعملية التربية، بما يتوصل إليه من أفكار واستنتاجات.

في هذه العلاقة، تكون مكانة الأستاذ المشرف من الباحث، بمثابة المرشد الصائب. ونعتقد بأنه على الأستاذ تحمل تبعات قسم كبير من مسؤولية البحث. ويدع الباحث يقوم بعمله في حرية مطلقة، ضمن قدر كبير من المسؤولية التي منحه إياها.

يحكم هذه العلاقة إذاً طرف ثالث، هو البحث الذي يعتبر بمثابة الجامع المشترك بين الباحث وأستاذه المشرف. وهو العمل الذي يتركز فيه العمل الدؤوب لإنجاحه، ولإنتاج عمل له قيمة علمية ومعنوية.

شروط الباحث العلمية والتربوية

كل بحث ناجح وكل باحث إلى أي منحى كان إنتماؤهما، لا بد أن تتوافر فيهما نقاط وشروط متعددة ومختلفة، منها:

١ ـ إرادة الباحث العلمية، انطلاقا من حبه للحقيقة وكشفها.

٢ ـ صبر الباحث على الصعاب التي تواجهه، إن كان في التفتيش عن الوثائق وعن المصادر والمراجع، أو التقميش. كما على الباحث / الطالب أن يكون جلوداً يتقبل ملاحظات الاستاذ المشرف وتوجيهاته، في كل تعديل وتغيير أو تبديل، يراه الاستاذ ضرورياً، أو عندما يطلب من الباحث المجيء بأفكار جديدة، ووثائق نادرة.

٣ ـ ضرورة تمتع الباحث بالذكاء ودقة الملاحظة والمعرفة الواسعة والثقافة العميقة. فضلاً عن إلمامه بالعلوم واللغات المساعدة في تفهم كل ما يتعلق ببحثه، وتمتعه بسمات المحلل والناقد الجيد[١].

٤ ـ حمله مسؤولية الأمانة العلمية، وإبتعاده عن التزوير والتحوير العلمي.

٥ ـ قيام الباحث بإختيار عنوان البحث بدقة، وإيجازه بوضوح، وتحديد الفترة الزمنية التي يدور حولها البحث، إذا أمكن.

٦ ـ التركيز على هدف البحث الواضح والواقعي، الذي يساعد في توجيه نشاط الباحث، بطريقة جيدة وناجحة، مما يشكل معياراً لتقويم العمل.

٧ ـ ضرورة امتلاك الباحث للمهارة البحثية، من تخطيط وإعداد، وصياغة ومتابعة.

٨ ـ قيام الباحث بعملية قراءة واسعة ومتشعبة، تمكنه من الإلمام ومقاربة عناوين كثيرة ومتعددة لموضوع بحثه.

---

١ ـ محمد خليل عباس وآخرون: مدخل إلى مناهج البحث في التربية وعلم النفس، ص ٦٩ ـ ٧٠.

٩ ـ توافر صدق الباحث، واستقامته، وتواضعه وأمانته، وهو ما مر معنا سابقاً. يعمل على تدعيم هذه المقومات في عمله من خلال اقراره بفضل من أخذ عنهم، وتعلم منهم، واقتبس بعض أفكارهم، ونقلها في عمله بكل أمانة، مبتعداً عن البتر والتحيز والهوى، وضرورة احترامه لآراء الاخرين[١].

١٠ ـ قيامه بتنظيم عمله عن طريق تبويب أقسام البحث، مفصلاً لعناوينه، متنبهاً لفقراته، بشكل مبوب ومحكم، وبترابط تسلسلي ومنطقي.

١١ ـ خلوه من الأخطاء النحوية والاملائية ومراعاة علامات الترقيم، والفقرات والهوامش، وترابط الاسلوب وتنظيم الجداول والملاحق، والأشكال والصور. وأن تكون الألفاظ فصيحة دقيقة في مكانها الطبيعي، والمصطلحات كما هي على حقيقتها والتركيبات متينة وجيدة الأسلوب والسبك، حتى تأتي الجمل مرضية واضحة، مع قربها من الإقتصار والإيجاز، فالألفاظ على قدر المعاني كما تقول البلاغة العربية. كما يفضل أن يقوم الطالب/الباحث؛ بعرض مخطوطة بحثه، بصورته الأولية والمبدئية، على أستاذ متخصص في اللغة العربية، قادر على معالجة فقراته وترتيبها، وتنسيق جمله وتشذيب زوائده، وتصحيح أخطائه الإملائية واللغوية.

١٢ ـ حرصه على خلو عمله من روح الأنا والتيه بنفسه والتكبر على الآخرين. ويفضل أن يحذف منه كلمات مثل (الباحث لا يوافق، يعتقد) ويستبدلها بعبارات (يبدو انه، يظهر مما سبق، أو يتضح من ذلك). كما يستحسن عدم اللجوء إلى استعمال ضمير المتكلم مثل (أنا، نحن، أرى، رأيي).

١ ـ المرجع السابق، ص ٣٦.

١٣ ـ حذف الألقاب المختلفة من متن البحث مثل: دكتور أو أستاذ أو عميد.

١٤ ـ إبراز شخصية الكاتب أو الباحث في عمله، على أساس أنه قارىء، مقارن، فطن، متأنق في الآراء، جريء في الحق.

أنواع البحث

يعتبر البحث بمثابة تقرير واف يقدمه الباحث عن عمل أراد القيام به، في مرحلة معينة من حياته الدراسية. فلا بد ان يشتمل على دراسة موضوع ما أو فكرة ما، أو خطة معينة، يبغي من ورائها الوصول إلى نتيجة علمية أو أدبية، تكون مرفقة بالحجج والاسانيد[1].

كثيراً ما نطلق كلمة «البحث» على جميع نشاطات الدارسين، ومع ذلك إذا ألقينا نظرة سريعة على المقالات العلمية المنشورة في أي مجال، سوف تتكشف لنا اختلافات أساسية كثيرة بينها. فبعض هذه المقالات يصف التجارب العلمية ونتائجها، وبعضها يعتبر مجرد تقارير عن مسح الآراء، وبعضها يعلن عن تعميمات عريضة مبنية على دليل يقدمه الباحث. وبعض هذه المقالات أيضاً تحمل مجرد إنطباعات الكاتب التي إكتسبها من دراسته غير المحكّمة لموضوع معين وتفسيره هو وتعليله لبعض الجوانب في الموضوع الذي يقوم بدراسته... إن نشاطات البحث متعددة وكثيرة.. فهي تشمل التجريب وألوان المسح العلمي وتحليل الوثائق والدراسات التاريخية وتفسير الأفكار والتحرير وغير ذلك. ويمكن أن نجمل نشاطات البحوث في الأنواع الثلاثة الآتية:

أ – البحث بمعنى التنقيب عن الحقائق.

ب- البحث بمعنى التفسير النقدي.

ج- البحث الكامل.

---

١ ـ محمد منير سعد الدين، حسان حلاق: المناهج العلمية في كتابة الرسائل الجامعية، كيف تكتب بحثاً أو رسالة أو أطروحة، ص ١٣٩.

البحث بمعنى التنقيب عن الحقائق

وتتضمن هذه الدراسة التنقيب عن حقائق معينة دون محاولة التعميم أو استخدام هذه الحقائق في حل مشكلة معينة.

لنفترض أن هناك أحد الدارسين يقوم ببحث تاريخ كلية التربية... فهو يجمع الوثائق القديمة والفهارس والقصاصات الصحفية والخطابات والمفكرات وغيرها من المواد، وذلك للتعرف على الحقائق المتعلقة بنمو هذه الكلية وتطورها. إنه يحاول أن يكتشف وأن يكتب تقريراً دقيقاً بالحقائق المتعلقة بالكلية التي اختارها موضوعاً لدراسته. وإذا لم يكن هذا الباحث ساعياً لإثبات تعميم معين عن الكلية، فإن عمله يتضمن بصفة أساسية، التنقيب عن الحقائق والحصول عليها.

وينسحب ذلك عادة على الباحث؛ الذي يحاول كتابة سيرة أحد الزعماء في مجال معين. وإذا لم تتضمن دراسة الباحث موضوعات مثل تقييم شخصيته، وتقدير درجة إسهامه في مجال معين، وغير ذلك من الأحكام ذات الطبيعة المماثلة؛ فإن العمل الذي يقوم به لا يخرج عن كونه مجرد التنقيب عن الحقائق والحصول عليها.

والطالب الذي يقوم بتجميع ببيليوغرافيا معينة بجميع الكتب والمقالات المنشورة عن موضوع معين، أو إعداد قاموس للغة معينة، أو الفحص الإحصائي لعدد الطلاب المسجلين في إحدى الكليات، في مكان معين خلال فترة محددة... فهذه النشاطات التي تتضمن إعداد سجل بالحقائق بموقف معين،... هي نشاطات يقوم بها الباحث على مستوى البحث، بمعنى التنقيب عن الحقائق والحصول عليها.

وعندما يقوم الباحث بخطوة أكثر من مجرد تجميع الحقائق والتنقيب عنها والحصول عليها، وذلك بمحاولة التعميم الذي يستند على الحقائق... يكون قد انتقل إلى شكل آخر من أشكال البحوث..

البحث بمعنى التفسير النقدي

وتعتمد هذه الدراسة - إلى حد كبير - على التدليل المنطقي، وذلك للوصول إلى حلول المشاكل. وتطبق هذه الطريقة عادة، عندما تتعلق المشكلة بالأفكار أكثر من تعلقها بالحقائق.

ففي بعض المجالات (مثل الفلسفة والأدب) يتناول الباحث الأفكار أكثر مما يتناول الحقائق، وبالتالي فإن البحث يمكن أن يحتوي بدرجة كبيرة على التفسير النقدي لهذه الأفكار.

ونحن نستخدم في هذا النوع من البحث، وسائل أساسية، مثل: حدة النظر والفطنة والخبرة والمنطق.

لتوضيح ذلك، نفترض مثلاً أن أحد الباحثين يريد أن يقوم بدراسة عن الوظائف والمهام التي يجب أن تقوم بها الجامعة على مستوى البحث العلمي. بعد أن يقرأ بعناية كل أو معظم الكتب والمقالات التي تناولت هذا الموضوع، وبعد تفحص المطبوعات التي صدرت عن الجامعات، في مجال البحث العلمي، وبعد قيامه بمقابلة العمداء المسؤولين عن هذه الدراسات، وسؤالهم عن العديد من المسائل، فإن الباحث سيجد نفسه بعد هذا كله أمام فيض كبير من الآراء.

في حين كان بإمكانه تأطير الحقائق المتعلقة بالوظائف والمهام الفعلية التي تقوم بها الجامعات في مجال البحث العلمي، من خلال تقرير ما ينبغي أن تقوم به هذه الجامعات في مجال البحث العلمي، بحيث كان يعتبر هذا العمل شيئاً آخر مختلفاً تماماً.

ولعل الطريقة الوحيدة التي يمكن أن يتناول فيها المشكلة هي تحليل Analysis وتصنيف Classification الآراء ثم التفسير النقدي لها مبيناً بطريقة منطقية أوجه القوة والضعف، وأوجه الاعتدال والإنحراف الموجودة في تلك الآراء وغيرها من الأفكار المتصلة بالموضوع، والتي تتكون لديه، بناء على

قراءاته واتصالاته المختلفة...

وبذلك صار مستعداً ليكوّن في ذهنه إجابة منطقية ومقبولة عن المشكلة ويستطيع أن يعبر عن الإجابة برأيه في الموضوع. ولكن النشاط الذي قام به، لا يعتبر تقرير بحث Research Report وإن كان من الممكن اعتباره مقالة قصيرة Essay[1].

على كل حال، فما دامت النتائج التي يصل إليها تعتمد على المنطق وعلى الرأي الراجح، فنحن في هذه الحالة، نقوم ببحث يتضمن التفسير النقدي. وهذا البحث هو خطوة متقدمة عن مجرد الحصول على الحقائق.

وكثيراً من البحوث التي يقوم بها الدارسون في مجال العلوم الإنسانية، ينطبق عليها ما يسمى بالتفسير النقدي.

ومع ذلك فلا بد من أن يتوفر في التفسير النقدي ثلاثة جوانب، هي:

١ – أن تعتمد المناقشة أو تتفق على الأقل مع الحقائق والمبادىء المعروفة في المجال الذي يقوم الباحث بدراسته.

٢- أن تكون الحجج والمناقشات التي يقدمها الباحث في التفسير النقدي واضحة ومعقولة، أي أنها يجب أن تكون منطقية. وعلى ذلك فإن التعميمات والنتائج التي يصل إليها الباحث يجب أن تعتمد منطقياً على الحقائق المعروفة. كما يجب أن تكون الخطوات التي اتبعها الباحث في تبرير ما يقول واضحة.

ويكون التدليل العقلي - وهو الأساس المتبع في هذه الطريقة تدليلاً - أميناً وكاملاً؛ حتى يستطيع القارىء متابعة المناقشة وتقبل النتائج التي يصل إليها الباحث.

٣ – من المتوقع أن يؤدي التفسير النقدي إلى بعض التعميمات والنتائج. أي أن نتيجة هذا البحث هو الرأي الراجح الذي يقدمه الباحث كحل للمشكلة التي

١ ـ أحمد بدر: أصول البحث العلمي ومناهجه، ص ٢٤.

يتناولها بالدراسة[1].

البحث التربوي الكامل

هو البحث الذي يهدف إلى حل المشاكل، ووضع التعميمات بعد التنقيب الدقيق عن جميع الحقائق المتعلقة بها، بالإضافة إلى تحليل جميع الأدلة التي يتم الحصول عليها وتصنيفها تصنيفاً منطقياً، فضلاً عن وضع الإطار المناسب اللازم لتأييد النتائج التي يتم التوصل إليها.

مثلاً عملية الدعم المدرسي، تحتاج إلى القيام بالتحري الدقيق عن أوضاع التلاميذ الذين يعانون من هذه المشكلة. ثم محاولة إيجاد الحلول الناجعة لأوضاعهم المنزلية والاقتصادية والشخص-نفسية، تمهيداً لإفادتهم من عملية الدعم المدرسي.

من المتوقع أن يبني البحث التربوي الكامل نتائجه بصفة أساسية على الحقائق، بعد أن تتحدد المشكلة، فالخطوة الأولى نحو الحل تتضمن محاولة الإجابة عن السؤال الآتي: ما هي الحقائق في هذه الحالة ؟

ويجب أن يكون واضحاً أن البحث التربوي الكامل يخطو خطوات أبعد كثيراً من مجرد التنقيب عن الحقائق والوصول إليها... وإن كان البحث الكامل يستخدم الدليل الحقيقي أكثر مما يتم في « التفسير النقدي» .

يتطلب هذا البحث عملاً مضنياً وطويلاً للوصول إلى الدليل الحقيقي (بما في ذلك نتائج البحوث السابقة التي قام بها باحثون آخرون) بينما يمكن « للتفسير النقدي» أن يتم على أساس بعض الحقائق الصغيرة... ومعظم العملية في حالة التفسير النقدي تعتمد على الدليل المنطقي... أما البحث التربوي الكامل، فهو الذي يخطو خطوات واسعة أبعد من مجرد الحصول على الحقائق والتنقيب عنها... إلى حل مشكلة عملية... ثم الوصول إلى مرحلة التعميم المبني على الدليل الذي حصل عليه الباحث.

---

١ ـ أحمد بدر: أصول البحث العلمي ومناهجه، ص ٢٥.

وبالنسبة إلى توصيف البحوث التربوية، فيجب أن تقوم على أسس ومعايير مختلفة ومتعددة، لأنني أرى في ذلك طرقاً مفيدة ومتنوعة في التصنيف، وهي بذلك لا تكون متناقضة أو متنافرة، لأن ذلك يشير إلى أن للبحث العلمي التربوي عدة زوايا؛ يجب النظر إليه من خلالها. ومن هنا، نرى أنه يمكن أن تكون للبحث العلمي التربوي عدة تصنيفات..

وبهذا الصدد قال ماكميلان وشوماخر (McMillan & Shumacher) بوجود ثلاثة أصناف من البحوث موزعة وفق وظائفها:

أولاً: البحث الأساس

وظيفته الرئيسة اختبار نظرية عامة أو مبدأ ما، يتم تداولها من دون التوصل إلى نتائج منطقية لها. وأكثر ما يتم العمل على مثل هذه البحوث في المختبرات العلمية.

ونقول أنه من ضمن الأمثلة على البحوث الأساسية في التربية، البحوث التي تكون الغاية الأساسية منها، الوصول إلى علاقات ومبادىء عامة في عملية التعليم والتعلم. ومنها الطروحات التي جاء بها كل من بافلوف (Pavlove) وسكنر (Scanner) وثورندايك (Thurindayk) وبياجيه (Piaget) وبرونر (Brunner)، وسواهم من الاختصاصيين التربويين، الذين تمكنوا بواسطة الآراء التي طرحوها من إيجاد معارف جديدة، وتعديل المعلومات الموجودة سابقاً، ودحض معظم الأفكار والنظريات التي كانت قائمة قبلاً وتم تطبيقها خلال فترة من الوقت.

ثانياً: البحث التطبيقي:

هو الذي يتم اللجوء بواسطته إلى معارف جديدة تساعد في حل مشكلات مطروحة، للعمل على تحسين الطروحات والنظريات التي تم تحقيقها في البحوث الأساسية. من الأمثلة عليه؛ البحوث التطبيقية التي تتم داخل قاعات

الصفوف الدراسية. ويقوم بتنفيذ اختبار ما، توصلاً للتعرف على مدى الفوائد النظرية المتممة لتطبيق العملية التعليمية التعلمية، فيصنف لذلك من البحوث التطبيقية.

ثالثاً: البحث التطبيقي:

يقوم العمل به على قيمة معينة لعمل ما، وتطبيقه المثالي يتم في داخل المدرسة، للتعرف على مدى تحقق أهداف هذه العملية المطلوبة في العملية التعليمية التعلمية. مثلاً، إذا لاحظ القائم أو المسؤول عن العملية التعليمية التعلمية داخل الصف أو داخل مدرسة ما، أن هناك تقصيراً معيناً من المتعلمين، فإنه لا بد أن يلجأ إلى تكثيف القيام بعملية الدراسة، للتعويض عن وهن ما، أصاب هؤلاء. فتتحقق له بنتيجة ذلك الغاية من تنفيذ البحث التقويمي[1].

البحث وخيال الباحث المبتدىء

يتخيل الباحث المبتدىء أحياناً أنه قام بالبحث، عندما يسجل آراء عدد كبير من الخبراء عن موضوع معين، ثم يعلن عن رأيه الشخصي... ليس هذا من البحث في شيء... ذلك لأننا عندما نعرف آراء الآخرين فذلك شيء هام ومفيد، ولكن ذلك لا يحل أي مشكلة علمية... إن حل المشاكل العلمية، يمكن أن يتحقق بطريقة علمية فقط، عن طريق تجميع وتقييم ووزن الدليل الحقيقي...

زد على ذلك، إن الباحث المبتدىء قد يفكر أنه ما دام قد تقدم بنظرية مقبولة في الأساس لشرح الظاهرة التي يقوم بدراستها، فإن عمله يكون قد إنتهى وإكتمل... والمرجح أن النظرية التي تقدم بها ما تزال في حاجة إلى اختبار وإثبات... ومن واجب الباحث أن ينظم دليله لتأييد فكرته... إن كثيراً من الدارسين يقعون في حب الفروض والنظريات، التي ليس لها من سند أو دليل، إلا مجرد

---

١ ـ للمزيد من المعلومات، يراجع محمد خليل عباس وآخرون: مدخل إلى مناهج البحث في التربية وعلم النفس، ص ٦٩ – ٧٠.

اقتناعهم واعتقادهم بصحتها.

بعض التصانيف الأخرى لأنواع البحث

من الملاحظ أن تصنيف أنواع البحث، يجب أن يكون تصنيفاً عريضاً ومرناً. وهو التصنيف الذي يتم عادة بناء على الهدف الرئيسي للبحث، وعلى المستوى المتوفر. وإذا كنا قد عرضنا أحد تصنيفات أنواع البحوث (بمعنى التنقيب عن الحقائق وبمعنى التفسير النقدي وبمعنى البحث الكامل)[1]. فإن هناك علماء آخرين، يرون أن أنواع البحوث التي تتصل بالعلاقات الاجتماعية تنقسم إلى:

الدراسات الاستطلاعية (الكشفية أو الصياغية)

وهي الدراسات التي يقوم بها الباحث، بهدف التعرف على المشكلة. وهذا النوع من الدراسة يقوم به الباحث عامة عندما يكون ميدان البحث جديداً لم يسبق أن استكشف طريقه باحثون آخرون، أو أن مستوى المعلومات عن البحث قليل.

الدراسات الوصفية والتشخيصية

ويقوم الباحث بهذا النوع من الدراسات؛ لتحديد سمات وصفات وخصائص ظاهرة معينة تحديداً كيفياً أو كمياً.. وذلك في حالة أن تكون هناك بعض الدراسات التي أجريت في هذا المجال.

الغاية من الدراسات الوصفية القيام بوصف ظواهر وأحداث محددة، بالإضافة إلى جمع المعلومات والحقائق والملاحظات المتعلقة بها، ووصف الظروف الخاصة بها، وتقرير حالتها كما هي في الواقع، من دون أي تحليل أو تفسير وتعليل، وتدور ضمن إطار البحوث الوصفية أنواعاً فرعية متعددة، كالدراسات المسحية ودراسة الحالة ودراسات النمو أو الدراسات التطورية. وفي كثير من الحالات لاتقف البحوث الوصفية عند حد الوصف أو التشخيص الوصفي، بل غالباً ما تهتم بتقرير ما ينبغي أن تكون عليه الأشياء، والأحداث التي

---

١ ـ أحمد بدر: أصول البحث العلمي ومناهجه ، ص ٣٠.

يدور حولها البحث، من خلال قيم ومعايير معينة، واقتراح الخطوات والطرق التي تتبع للوصول إلى الصورة، التي يجب أن تكون عليها إزاء هذه المعايير أو القيم. وتسمى هذه البحوث بالبحوث الوصفية المعيارية أو التقويمية.

وفي الغالب يتم اللجوء إلى جمع البيانات والمعلومات العائدة لأنواع البحوث الوصفية، إلى أساليب ووسائل مختلفة، كالملاحظة والمقابلة والاختبارات والإستفتاءات، والمقاييس المتدرجة.

الدراسات (البحوث) التاريخية

البحوث التاريخية هي أقدم البحوث، وتستخدم في جميع المجالات العلمية، ومن أهمها: العلوم الاجتماعية، ذات الطبيعة الوصفية. تقوم هذه البحوث على وصف وتسجيل الأحداث والوقائع التي جرت وتمت في الماضي. وهي لا تقف عند الوصف والتاريخ فقط، لمعرفة الماضي فحسب، بل تقوم على تحليل وتفسير الماضي، من أجل الكشف عن تعميمات تسهل لنا سبل التعرف على الحاضر، والتنبؤ باحداث قد تحصل في المستقبل.

يركز البحث التاريخي على التغيير والنمو والتطور في الأفكار والاتجاهات والممارسات، سواء لدى الأفراد أو الجماعات أو المؤسسات الاجتماعية المختلفة. يستخدم الباحث التاريخي نوعين من المصادر للحصول على مادة عمله، وهي المصادر الأولية والمصادر الثانوية، التي يعمد الباحث للحصول عليها من مصادرها الأولية[١].

الدراسات التجريبية

تحتاج هذه الدراسات إلى دقة شديدة، حيث يقوم الباحث باختبار صحة بعض الفروض العلمية عن طريق التجربة.

١ـ 1973 .pahc ،Van Dalen، D. B. “Understanding Educational Research “، Mc. Craw، New York،

7، وعبد الواحد ذنون طه: أصول البحث التاريخي، ص .166 - 165

ينبغي التأكيد على الطبيعة المرنة لتصنيفات أنواع البحوث؛ لأن كل نوع منها قد يحتوي على أكثر من منهج للبحث، والبحوث الوصفية قد يدخل تحتها، منهج المسح ومنهج دراسة الحالة، مثلاً[1].

والمعروف عن الدراسات أو البحوث التجريبية أنها بحاجة إلى خلفية علمية واسعة، تتوزع على ثلاثة عناصر، وهي: الظاهرة موضوع الدراسة، والعامل المراد معرفة تأثيره في الظاهرة، والعوامل المتداخلة (أي العوامل الأخرى غير العامل الرئيس) المطلوب معرفة تأثيره في الظاهرة.

هـي التـي تبحـث المشـكلات والظاهـرات علـى اسـاس مـن المنهـج التجريـبي، أو منهـج البحـث العلمـي القائـم علـى الملاحظـة ووضـع الفـروض والتجربـة الدقيقـة.

تتميز البحوث التجريبية بكفاية الضبط للمتغيرات وتحكم الباحث فيها، كما تعتبر التجربة العلمية مصدراً رئيساً للوصول إلى النتائج أو الحلول المناسبة للمشكلات التي يدرسها البحث التجريبي، بالرغم من استخدامه لمصادر أخرى من أجل الحصول على بيانات ومعلومات يتطلبها البحث، بعد إخضاعها للفحص الدقيق للتثبت من صحتها وموضوعيتها.

يتم الأخذ بهذا المنهج، في عدد كبير من البحوث في العلوم الإنسانية، وبخاصة التربوية وغيرها من البحوث الاجتماعية، إذ نحدد أهداف البحث الاجتماعي بأهداف وظيفية، وصفية أو تشخيصية أو كشفية أو برهانية.

البحوث الأكاديمية

يتم التمييز في هذه البحوث بين تلك التي يضعها أساتذة الجامعات، وتلك التي يطلب من الطلاب القيام بوضعها، ومنها على سبيل المثال:

١ـ أحمد بدر، المرجع نفسه، ص ١٣.

البحوث الصفية:

يطلق عليها حلقة البحث، أو المقالة أو الإنشاء الإجتهادي، سواء أكانت تربوية أو علمية. وهي من البحوث الأولية التي يبدأ بها الطلاب أعمالهم البحثية في المرحلة الثانوية، ومن ثم في المرحلة الجامعية.

جاء في دائرة المعارف البريطانية تعريف للمقالة وضعه إدموند جوس (Edmond Juss) جاء فيه: "المقالة بإعتبارها فناً من فنون الأدب، هي قطعة إنشائية ذات طول معقول، تكتب نثراً، تلم بالمظاهر الخارجية للموضوع بطريقة سهلة سريعة، ولا تعنى إلا بالناحية التي تمس الكاتب عن قرب".[1]

تتألف المقالة عادة من مقدمة وموضوع وخاتمة[2]. وتدعى أحياناً بورقة البحث، بالإنكليزية (Teem Paper) وبالفرنسية (Article - Propos) وهي لا تكشف أي جديد من حقائق العلوم، وسواها من موضوعات في العلوم الإنسانية والتربوية، بل تمهد الطريق نحو أبحاث جديدة، وطرقاً للكشف عن بعض الحقائق.

المقالة إذاً، قطعة نثرية محدودة الطول، تعالج مسألة علمية أو أدبية أو إجتماعية أو سياسية، يشرحها الكاتب ويؤيدها بالبراهين والحجج والأسانيد حيناً، والإنفعال الوجداني والتأثير العاطفي والتصوير الفني، حيناً آخر[3]. وتوصف في معظم الأدبيات بأنها قطعة مكتوبة نثراً لها موضوع معين وطول محدود، لا تشبه الرسالة الجامعية أو الأطروحة الأكاديمية. لأنها غالباً ما تأتي عفوية الخاطر، لا

١ـ محمد يوسف نجم: فن المقالة، ص ٩٤ - ٩٥.

٢ـ توجد في الأدبيات العربية القديمة والحديثة المقالة بشكل واضح وجلي، وبخاصة في كتابات ومؤلفات الجاحظ وابن المقفع، ودعيت في بعض الأحيان بالرسالة، بالرغم من أن بعضهم يرى أن الرسالة القديمة كانت أطول من المقالة الحديثة، حيث يظن أن المقالة مأخوذة عن الغرب، وكان أن تعرفنا عليها؛ نتيجة إطلاعنا على فن الصحافة عند الأوروبيين.

٣ـ جودت الركابي، منهج البحث الأدبي في إعداد الرسائل الجامعية، ص ١٤.

يوجد فيها أي تكلفة أو تعب يرهق كاتبها.

إن الهدف من البحث الصفي (حلقة البحث) تعريف الطالب على المصادر المتعلقة بتخصصه وكيفية إستخراج المعلومات المتوافرة في المكتبة، ووضع الأفكار التي أخذها منها بأسلوب خاص، موضوعي ومنهجي، وترتيبها وعرضها بلغة سهلة مقبولة وواضحة. الهدف من ذلك تدريب الطالب على إعداد بحوث متخصصة وموضوعية، تظهر من خلال تطبيق الوسائل العلمية على البحث، وإستخدام المادة وإستقرائها ومعالجتها بالتنقيب والتحليل والموازنة بذكاء وفهم، تقود الطالب إلى الحقيقة المنزهة عن الهوى، المؤيدة بالحجج والأسانيد، حيث يتبين أن الطالب الذي ينجح في الإستفادة من كل هذه النقاط، وسكبها في قالب من البحث العلمي، هو الطالب الذي يتمكن في المراحل الأكاديمية التالية من وضع الأبحاث المطلوبة منه لمرحلتي الدراسات العليا والدكتوراه.

أبحاث الدراسات العليا

تسمى الرسالة (Thesis) بالانكليزية و (Memoire) بالفرنسية، وهي صفة اكاديمية أو تسمية علمية جامعية. غايتها تقويم منهج الطالب الباحث، أكثر من هدف الإكتشاف. يقابلها الماجستير (صارت ماستير في النظام الجديد المعروف بال LMD وموزعة على سنتين M واحد للسنة الأولى، و M اثنين للسنة الثانية البحثية)، وهي الدرجة العلمية الجامعية، التي تلي الإجازة وتسبق الدكتوراه وفق النظام الفرنكوفوني الجديد، أما في النظام الأنكلو- أميركي فهناك درجة البكالوريوس (.B.A) ودرجة الماجستير (.M.A) يحضرها الطالب لنيل درجة الماجستير أو الميتريز أو دبلوم الدراسات العليا، وتليها أطروحة الدكتوراه للحصول على درجة الدكتوراه. وتعتبر الرسالة أقصر من الأطروحة، وتكون مبتكرة في موضوع من الموضوعات.

الأطروحة وتدعى (Dissertation) بالانجليزية، تقابلها (Thèse)

بالفرنسية. يحضّرها الطالب أو الباحث، ليعرضها على لجنة من الاساتذة الذين يحملون شهادة الدكتوراة ومن اهل الاختصاص في المادة التي أجري فيها البحث. تتألف من خمسة أعضاء، تمنح الباحث بعد مناقشته بطريقة علنية درجة الدكتوراه. ويفضل أن تدور أطاريح الدكتوراه في اختصاصات علمية مبتكرة، أو حول شخصيات لها إسهامات علمية وفكرية مختلفة. كما يستحب أن يقوم الباحث / الطالب بدراسة ونشر وثائق ومخطوطات تاريخية غير معروفة من قبل، حيث يضفي على الأطروحة الطابع العلمي المميز.

الدكتوراه تتطلب دراسة أصيلة وعميقة؛ لتأتي بفتح علمي جديد يضاف إلى المعرفة الإنسانية بكل أطرها وجوانبها العلمية والفكرية والتربوية. يجب أن تصاغ بأسلوب قوي ناضج وواضح، معتمدة على المراجع الواسعة، لتأتي بارعة في التحليل والإستنتاج، ولتغدو عملاً إبداعياً ممتازاً، ومرجعاً علمياً مهماً[1].

أما النوع الأخير من البحوث الأكاديمة، فهي التي يتم وضعها من قبل الأساتذة، وفق المنهج الذي يتبعه كل واحد منهم، إنما ضمن أطر علمية وأسس أكاديمية متفق عليها، وتدور حول الأنواع الثلاثة الآتية:

أ - الكتاب الذي من الممكن أن يكون بحثاً ما، تم وضعه في فترة سابقة.

ب - المقال العلمي المنشور في إحدى المجلات العلمية التي تصدر في داخل الجامعة أو خارجها.

ج - بحث أكاديمي أعد من قبل أحد الأساتذة ليشارك به في مؤتمر علمي، لإلقائه على أعضاء المؤتمر، ومناقشته أمامهم.

مناهج البحث العلمي

لا يوجد اتفاق على تصنيف موحد للمناهج العلمية[2]، وهو الذي يقوم على

١ـ رجاء وحيد دويدري، البحث العلمي، أساسياته النظرية وممارساته العملية، ص ٨١ - ٨٢.

٢ـ المرجع نفسه، ص ١٢٧-١٣٦.

الجمع بين نقاط البحث والمعلومات التي يحصلها الطالب ليسكبها في بحثه.

يقصد بالمنهج العلمي، الطريق المؤدي إلى الهدف المطلوب في البحث العلمي، أو هو الخيط غير المرئي الذي يشد البحث من بدايته إلى نهايته، قصد الوصول إلى نتائج معينة، أو هو مجموعة من القواعد العامة المصوغة من أجل الوصول إلى الحقيقة في العلم[1].

والمنهج العلمي شيء مشترك بين كل العلوم، ويتطلب وصفاً منظماً للوقائع التي تمت ملاحظتها في ظل ظروف مضبوطة، يمكن تكرارها باستخدام إجراءات البحث.

من خصائص المنهج العلمي، الجمع بين الاستنباط والإستقراء أي بين الفكر والملاحظة. فالمنهج العلمي خطة منظمة تسير في مجموعة من الخطوات، بقصد تحقيق هدف البحث سواء أكان هدفاً نظرياً أم تطبيقياً. ومشكلة المنهج هي مشكلة العلم، ذلك أن شرط قيام العلم أن تكون هناك طريقة تطوي تحتها شتات الوقائع - المفردات المبعثرة هنا وهناك، بغية تفسير ما قد يوجد بينها من روابط أو علاقات تنظمها قوانين. إن تقدم المنهج العلمي رهين بالمنهج ويدور معه وجوداً وعدماً، فما تقدم العلم إلا لأن منهجاً اتبع وما تأخر إلا لغياب هذا المنهج[2].

فلو رجعنا إلى المصادر المعتمدة في هذا المجال، لرأينا أن هناك عدداً كبيراً من المناهج. فكل مؤلف يصنف المناهج وفق أفكاره ونظرته في المناهج، أما التصنيف الذي نختاره فهو الذي يأخذ بالمناهج الآتية: المنهج التأريخي، المنهج التجريبي، منهج المسح الاجتماعي، منهج دراسة الحالة.

ولكن قبل الدخول في ذلك، يجب التعرّف على الطرق أو الطريقة، التي

١ ـ عبد الرحمن بدوي، مناهج البحث العلمي، ص ٢٣٠. ويعرب فهمي سعيد، طرق البحث، ص ٢١.

٢ ـ جلال محمد عبد الحميد موسى، منهج البحث العلمي عند العرب في مجال العلوم الطبيعية الكونية،ص ٢٧١. ومنذر الضامن: أساسيات البحث العلمي، ص ٣٠ ـ ٣٣.

عرف فيها بعضهم عملية نشوء منهج البحث العلمي بالمعنى المتداول اليوم.

تكونت فكرة المنهج (METHOD) بالمعنى الاصطلاحي المتعارف عليه إبتداء من القرن السابع عشر، بواسطة فرنسيس بيكون (FRANCIS BACCON) وغيره من العلماء الذين اهتموا بالمنهج التجريبي والمنهج الاستدلالي[1] عند دراسة عملية التطور التاريخي التي مرت بها البحوث العلمية والفكرية. وأصبح معنى إصطلاح المنهج "الطريق المؤدي إلى الكشف عن الحقيقة في العلوم، بواسطة طائفة من القواعد العامة، التي تهيمن على سير العقل وتحدد عملياته حتى يصل إلى نتيجة معلومة".[2]

المناهج العلمية تتعدل وتتغير باستمرار على يد العلماء المتخصصين، وما على الفيلسوف في المناهج إلا أن يتابع مناهج هؤلاء العلماء المتخصصين، وأن يحاول تنسيقها في نماذج وتوجيهات عامة توضع أمام العلماء لقبولها أو رفضها.

فالمنهج هو الطريقة التي يتبعها الباحث في دراسة المشكلة لاكتشاف الحقيقة، وإن العلم الذي يبحث في هذه الطرق هو علم المناهج. و قد تكون على يد العلماء المتخصصين والفلاسفة، إذ هما يقطعان طريقاً واحدة متكاملة إلى المعرفة.

وقد مر أنه ليس هناك من اتفاق بين العلماء والباحثين حول تصنيف واحد لمناهج البحث العلمي؛ لذلك كان من الضرورة أن نبين بعض جوانب هذا الاختلاف ونقاطه، ومنها:

١ - تستخدم مصطلحات عديدة للتعبير عن مناهج البحث، منها مناهج وتقنيات وإجراءات وأنواع وتصاميم. فمن يستخدم مصطلح مناهج يرى أن مصطلح الأنواع له مدلول آخر غير المناهج، وهكذا.

---

١ ـ الاستدلال: هـو البرهان الذي يبدأ من قضايا مُسلّم بها، ويسير إلى قضايا أخرى تنتج عنها بالضرورة دون إلتجاء إلى الملاحظة، ثم الفرض وتحقيقه بواسطة التجربة، ثم الوصول إلى القوانين التي تكشف عن العلاقات بين الظواهر. يراجع أحمد بدر: المرجع نفسه، ص ٣٣.

٢ ـ عصمت عبد المجيد بكر، المدخل إلى البحث العلمي، ص ٣١.

٢ - إن الظواهر الإنسانية معقدة وتتداخل العوامل المؤثرة فيها، الماضي والحاضر والمستقبل، ومن الطبيعي أن يؤثر كل ذلك على عملية تصنيف المناهج.

٣ - بالإمكان إعداد دراسة واحدة بأكثر من منهج واحد. ففي الدراسة الواحدة يمكن استخدام منهج دراسة الحالة ومنهج المسح، وهكذا.

إن التصنيف الذي اخترناه هو الذي يأخذ بالمنهج التأريخي، والمنهج التجريبي، ومنهج المسح الاجتماعي، ومنهج دراسة الحالة. لذلك لا بد أن نتعرف على كل واحد من هذه الطرق، والنقاط المتعلقة بها في عملية البحث العلمي.

أ . المنهج التأريخي

يعد هذا المنهج إعادة للماضي بواسطة جمع الأدلة وتقديمها، ومن ثم تمحيصها وأخيراً تأليفها؛ ليتم عرض الحقائق عرضاً صحيحاً في مدلولاتها وفي تأليفها، وحتى يتم التوصل حينئذ إلى استخلاص مجموعة من النتائج ذات البراهين العلمية الواضحة.

تتلخص خطوات المنهج التأريخي بما يلي:

١ - جمع المصادر الأساسية سواء أكانت مكتوبة أم مصورة أم مجسمة أم مسجلة أم شفهية، إلخ...

٢ - استبعاد جميع المصادر أو بعض معلوماتها غير الصحيحة.

٣ - الاقتصار على المعقول من المصادر الأساسية.

٤ - تنظيم وإخراج الأدلة الثابتة في عرض علمي مناسب.

تنقسم المصادر التاريخية إلى قسمين:

أ - مصادر أولية: تضم كل من الآثار والوثائق. والآثار هي بقايا حضارية ماضية أو أحداث وقعت في الماضي. والوثائق هي سجل لأحداث أو وقائع ماضية، مكتوبة أو مصورة أو شفهية. أما السجل الكتابي فيشمل المخطوطات والرسائل

والمذكرات، والسجل المصور غالباً ما يضم الفنون المختلفة من نحت ورسم.

ب - مصادر ثانوية: معلومات غير مباشرة تشمل كل ما نقل أو كتب عن المصادر الأولية، وهي تعطي فكرة عن الظروف التي أدت إلى اندثار المصادر الأولية.

تقويم المصادر:

تخضع المصادر التي يعتمدها الباحث العلمي للنقد والتمحيص، قبل أن يعتمدها ويقبل بها في إعداد بحثه. وأساس التقويم، الحذر والشك في معلومات المصدر، ثم دراسته وفهمه واستخلاص الحقائق من ثناياه. والتقويم قد يكون خارجياً وقد يكون داخلياً.

١ - التقويم الخارجي: يتعلق بإثبات صحة الأصل التأريخي ونوع الخط والورق والتثبت من خلو الوثيقة من الزيادة والنقص والتحريف، وتعيين شخصية المؤلف وزمان التدوين ومكانه.

ويحرص الباحث على إيجاد الأجوبة عن الأسئلة الآتية؛ وذلك عند فحص الوثيقة. ومن هذه الأسئلة:

أ - من الذي ألف الوثيقة

ب- هل العلاقة بين كاتب الوثيقة وبين الوثيقة علاقة طبيعية ومقبولة.

ج- هل موضوع الوثيقة يمكن أن يكون داخل نطاق معارف كاتب الوثيقة

د - هل يمكن أن يكون كاتب الوثيقة في المكان والزمان المبينيين.

هـ - هل المعلومات الموجودة في الوثيقة، وضعها المؤلف بنفسه أم أنه نسخها أم نقلها عن شخص آخر

و- هل البيانات المطلوبة في الوثيقة تتفق مع المستوى المعروف لذكاء المؤلف وتعليمه وخبرته ومزاجه وطباعه.

كما ينصب التقويم الخارجي على المادة التي كتبت عليها الوثيقة، كالحجر

والألواح الطينية والبردى والورق والعظام والرق[1].

٢ - التقويم الداخلي: يهتم بمحتويات الوثيقة، بما تقوله وبمعناها ودقتها وبالثقة العامة في المعلومات المدونة فيها. ويمر التقويم الداخلي في دورين، هما: تفسير ظاهر النص، وتحديد المعنى الحرفي له، ثم إدراك المعنى الحقيقي للنص ومعرفة غرض المؤلف مما كتبه.

ويتطلب تفسير معنى الوثيقة، المعرفة الدقيقة بالتاريخ واللغات والسياسة والاقتصاد والاجتماع وعلم النفس وغيرها من الدراسات. ومما يستتبع التقويم الداخلي للوثيقة، التثبت من صدق المعلومات التي أوردها مؤلف الوثيقة ومبلغ دقتها، وهل كان يستهدف تدوين الوثيقة نيل فائدة شخصية، وهل كان يتمتع بحواس سليمة وبعقل سليم[2].

وتأخذ الدراسة الوثائقية أشكالاً عديدة، هي:

١ - تاريخ الحياة: ويعني البحث بتحديد وتقديم الحقائق الأساسية عن حياة وشخصية وإنجازات شخص مهم في مجال من مجالات الحياة، وكذلك تاريخ المؤسسات العلمية.

٢ - دراسة المصادر والتأثيرات: وتحاول معرفة كيفية تأثر أفكار الشخص أو الجماعة وكتاباته وإنجازاته الأخرى بعوامل التعليم والأصدقاء المحيطين به، والقراءة وأحداث حياته اليومية والبيئية المحيطة به.

٣ - دراسة تاريخ الأفكار: تتطلب تتبع الآراء والموضوعات الفلسفية والعلمية من أصولها وأشكالها الأولى، خلال مراحل تطورها، أو تتبع التغيرات التي حدثت في التفكير لدى الناس واتجاهاتهم.

---

١ ـ حسن عثمان، منهج البحث التاريخي، ص ٨٣.

٢ ـ محمد خليل عباس وآخرون: مدخل إلى مناهج البحث في التربية وعلم النفس، ص ٧٣ - ٧٤.

٤ - تجميع بيبليوغرافيا موضوعية: قوائم بالأعمال العلمية والبحوث والدراسات التي تمت في مجال محدود.

٥ - تقويم المنهج التاريخي: يختلف المنهج التاريخي عن غيره من المناهج من حيث إرتباطه بظاهرة حصلت في الماضي، يجعل من المتعذر جداً التأكد بشكل قاطع من أنها حصلت بهذه الكيفية. هناك تساؤلات عديدة أو علامات استفهام حول عملية المنهج التاريخي، وما دام هذا المنهج يستعين بتحري الدقة وإبراز الأدلة واتباع المنهج العلمي وجمع المعلومات للتأكد من صدقها ومحاولة الابتعاد عن التحيز في التحليل، كل ذلك سيرفع المنهج التاريخي إلى المستوى العلمي المنشود.

ب. المنهج التجريبي

يقصد بالتجربة، القيام بمحاولة لتأييد أو دحض شيء مشكوك بصحته والقيام بعملية لكشف نتيجة غير معروفة أو لإختبار فرضية معينة، أو لعرض حقيقة معروفة، كما هو الحال في التجربة المختبرية.

يسير المنهج التجريبي وفق خطوات، منها:

١ - الملاحظة:

يركز أي علم من العلوم سواء أكان علماً طبيعياً أم اجتماعياً على ملاحظة الظواهر التي يتخذها ذلك العلم موضوعاً لدراسته. والملاحظة تكون على نوعين: ملاحظة بسيطة غير مقصودة لا تهدف الوصول إلى حقيقة علمية معينة وهي غير قادرة على تفسير الظواهر وتحليلها، وملاحظة علمية مقصودة وهي المشاهدة الدقيقة لظاهرة من الظواهر نستعين فيها بالأدوات والأجهزة والأساليب التي تتفق مع طبيعة الظاهرة، والملاحظة تعد جزءاً جوهرياً من المنهج العلمي التجريبي[١].
وتتمثل الملاحظة في عنصريين متكاملين:

ا - إستعانة الباحث بالأجهزة والأدوات في التسجيل.

١ ـ عصمت عبد المجيد بكر، المدخل إلى البحث العلمي، ص ٣٧.

ب - الجهد العقلي الذي يبذله الباحث تنسيقاً للمعلومات وتفسيراً لها وحدساً بها، فالباحث العلمي ليس مجرد آلة تسجيل ولكنه فكر يفسر.

٢ - وضع الفروض:

الفروض عبارة عن أفكار أولية تتولد في ذهن الباحث عن طريق الملاحظة والتجربة وتعتمد الفروض على عدة أسس، منها:

أ - خبرة الباحث في موضوع اختصاصه والمواضيع الأخرى القريبة منه.

ب - قدرته في استغلال معلوماته.

ج - معرفته لطبيعة المجتمع بوجه عام، والمجتمع الذي يعيش فيه بوجه خاص[١].

وتتخذ صياغة الفرضية شكلين:

أ - صيغة الإثبات: أي صياغة الفرضية بشكل يثبت وجود علاقة (إيجاباً أو سلباً) مثال: وجود علاقة قوية إيجابية أو سلبية بين أسلوب الإشراف الإداري وبين إنتاجية العامل.

ب - صيغة النفي: أي صياغة الفرضية بشكل ينفي وجود علاقة: مثال ذلك لا توجد علاقة بين أسلوب الإشراف الإداري وبين إنتاجية العامل.

ومن العسير أن نرسم خطاً حاداً بين كل من الفرض والنظرية، فالفرق الأساس بينهما هو في الدرجة لا في النوع. النظرية في مراحلها الأولى تسمى (الفرض) وعند إختبار الفرض بمزيد من الحقائق بحيث يتلاءم الفرض معها؛ فإن الفرض يصبح نظرية، أما القانون فهو يمثل العلاقة الثابتة التي لا تتغير بين ظاهرتين أو أكثر.

٣ - التجربة واختبار الفرض:

إن الفـرض، في حـد ذاتـه، لا قيمـة علميـة لـه مـا لم يتـم التأكـد مـن صحتـه.

---

١ ـ يوسف عبد الأمير طباجة: منهجية البحث، تقنيات ومناهج، ص ١٢٨ - ١٣١.

وفي كثير من الأحيان يؤدي الفرض إلى إجراء التجارب والقيام بملاحظات جديدة للتثبت من صدقه، والهدف من التجربة هو التعرف على ما يحدث في جانب أو متغير معين من جوانب الظاهرة التي تخضع للدراسة بدلالة جانب أو متغير آخر في حالة ثبات سائر المتغيرات. والتجارب يجب أن تكون موضوعية لا تخضع أو تتأثر بأهواء وميول الباحث، وأن تكون دقيقة وتعبر عن الظواهر كما يراها الباحث على حقيقتها، لا كما يريدها، وأن يكون أميناً في عرض النتائج.

ج. منهج المسح الاجتماعي

يتم في المسح الاجتماعي، تطبيق خطوات المنهج العلمي تطبيقاً عملياً على دراسة ظاهرة أو مشكلة اجتماعية[1] أو أوضاع اجتماعية معينة سائدة في منطقة جغرافية، بحيث نحصل على المعلومات التي تصور مختلف جوانب الظاهرة المدروسة. وبعد تصنيف وتحليل البيانات، يمكن الإفادة منها في الأغراض العلمية.

ويتلخص غرض المسح الاجتماعي في توفير المعلومات حول ظاهرة أو مشكلة أو وضع اجتماعي. غالباً ما تتولى جهة البحث عن هذه المعلومات لاستخدامها في أغراض التخطيط والسياسة الاجتماعية. وقد تكون هذه الجهة هي إحدى الوزارات أو الهيئات أو إحدى الشركات التي تسعى للحصول على هذه المعلومات للإستعانة بها في برنامج معين[2].

وتتنوع موضوعات المسوح الاجتماعية بإختلاف الأغراض التي تستخدم فيها، وهي:

١ - المسوح التي تتناول مشكلات اجتماعية معينة كمشكلة الجريمة، أو أوضاع الأسرة.

١ـ عقيل حسين عقيل، فلسفة مناهج البحث العلمي، ص ٨٦.

٢ ـ عصمت عبد المجيد بكر: المرجع نفسه، ص ٤٥.

٢ - المسوح السكانية، التي تتناول دراسة حركة السكان من مختلف مجالاتها كالهجرة، أو تنظيم الأسرة.

٣ - مسوح المجتمعات المحلية، وتهتم بخصائص المجتمعات الريفية أو الحضرية أو دراسة مدينة أو حي في مدينة؛ بهدف دراسة خصائص البناء الاجتماعي والاقتصادي والعمراني لهذه المجتمعات.

٤ - بحوث الإسكان والتخطيط الإقليمي؛ وذلك بهدف إعادة تخطيط المدن والمناطق من الناحية العمرانية.

٥ - مسوح الرأي العام والاتجاهات وتهتم بدراسة الجوانب الاقتصادية والتجارية، وتسمى مسوح السوق. كما تهتم بدراسة اتجاهات الرأي العام في الإنتخابات والتصويت.

٦ - مسوح العلاقات الصناعية، وتهتم بدراسة الروح المعنوية للعمال الصناعيين وعلاقتها بالإنتاجية وإتجاهات العمال نحو العمل والإدارة[١].

د. منهج دراسة الحالة

يقصد بمنهج دراسة الحالة، جمع المعلومات المتعلقة بوحدة معينة تخضع للبحث، سواء كانت تلك الوحدة فرداً أو مؤسسة أو مجتمع محلي أو أي مجموعة أخرى يمكن أن تعد وحدة خاضعة للدراسة؛ وقد يدرس المنهج مرحلة معينة من تاريخ الوحدة، أو يدرس جميع المراحل التي مرت بها؛ للوصول إلى التعميمات العلمية المتعلقة بالوحدة المدروسة وبغيرها من الوحدات المشابهة.

أما الوثائق المستخدمة في منهج دراسة الحالة، فهي:

أ - السير الشخصية: ترتبط هذه السير بأشخاص لهم أهميتهم، في جانب أو أكثر من جوانب الحياة الاجتماعية.

ب - تاريخ الحياة: يتضمن تاريخ الحياة ردود أفعال الفرد لجميع المؤثرات

١ ـ عصمت عبد المجيد المرجع نفسه، ص ٢٨١ - ٢٨٤.

والظـروف التـي واجهتـه، والخـبرات التـي حصـل عليهـا منـذ بدايـة حياتـه، التـي كان لهـا أثـر كبـير في تكويـن إتجاهاتـه وقيمـه.

ج - اليوميات أو المذكرات: تكشف بوضوح الخبرات والأحداث والأفعال التي تظهر وكأنها الأكثر أهمية في وقت حدوثها، وهي تكتب لإشباع الرغبة الشخصية لدى كاتبها، وقد تكون اليوميات أو المذكرات عامة في طبيعتها وقد يكون مجالها محدوداً.

د - الرسائل أو الخطابات: ينبغي التحقق من درجة صدق الرسالة أو الخطاب، وفحص التأثيرات التي يحدثها بُعْد المسافة بين الكاتب ومستلم الرسالة[١].

تصورات البحث التربوي

يتمحور كل بحث حول تصورات ثلاثة :

يعرف الأول بالذاتي، بالفرنسية (La Méthode Subjective) وبالإنكليزية (The Subjective Mode). يتكون من ملكات متعددة ، منها: الإبتكار، التجديد، الرغبة في الإستمرار، المثابرة على العمل، التقصي الدقيق في البحث. وبالإجمال يدور حول منهج التفكير عند الباحث.

وحدد الثاني بالموضوعي، ويعرف باللغة الفرنسـية (La méthode D´Objective) وبالإنكليزية (The Objective Mode). ويتمحور حول قوة العمل، بما يشتمل عليه من تنظيم يسود كل مفاصله، وبما فيها من منطق وتسلسل ووضوح. وعبارة الموضوعي، تعني ذلك الذي يقوم بوظيفة العقل المفكر، أو القائد الذي يتحمل قيادة الفريق الى الطريق السوي.

ويدور الثالث ضمن محور الأسـلوب، بالفرنسية (La Méthode Stylistique) وبالإنكليزية (The Stylistic Mode). ويقوم بالجمع بين المحورين الذاتي والموضوعي جمعاً محكماً، من حلال قوة الأفكار ومتانة العمل وحسن التطبيق. ويكون للغة دور أساسي ومهم في هذا المحور. وكلما كانت اللغة قوية وسليمة ومنطقية، كان البحث جيداً، ومقنعاً.

---

١ ـ المرجع السابق، ص ٤٩.

كتابة البحث العلمي التربوي

إختيار موضوع البحث أو مشكلته

إن إختيار عنوان أي بحث ليس بالامر السهل، وليس بالمتعثر في ذات الوقت، إذ هناك كثيراً من العناوين التي ما زالت بحاجة إلى أعمال البحث، سواء منها العلمية أو التربوية أو الأدبية أو الثقافية أو الفنية وغيرها. ويبقى على الباحث السعي لأختيار واحد منها، ليكون موضوعاً لعمله، على أن تراعي فيه نقاط، منها:

١- نية الطالب / الباحث أن يترك لاستاذه المشرف اختيار موضوع دراسته وبحثه، لأن من شأن هذا الأمر أن يترك أثراً سيئاً عند الاستاذ عن تلميذه. ومنها أنه ليس لديه أي فكرة مسبقة عن العناوين التي يرغب البحث فيها ودراستها. يتوجب على الطالب / الباحث، أن يعمل بحثاً وتنقيباً في موضوع يختاره ويعرضه على استاذه المشرف مع أربعة عناوين أخرى، لإختيار إحداها للبحث.

٢- على الطالب / الباحث تمضية ما لا يقل عن ستة أشهر، في قراءة عدد لا يستهان به من العناوين والمواضيع المتعلقة باختصاصه، وبالأفكار التي تدور حوله. وتختصر هذه المدة من القراءات إلى حوالي ثلاثة أشهر بالنسبة لرسالة الماجستير، وتدور على عدة أسابيع بالنسبة للأبحاث العادية.

٣- اللجوء إلى البيبلوغرافيات الخاصة بالابحاث، والرسائل المعدة سابقاً، في عدد من الجامعات، والتطرق إلى المواضيع التي نشرتها وتنشرها الدوريات المختصة، ودليل رسائل الجامعات، التي تسهل جميعها الاطلاع على العناوين التي قام بمعالجتها عدد من الباحثين والمؤلفين التربويين وغيرهم.

٤- أن يكون الموضوع جدياً وحديثاً وبعيداً عن الموضوعات التقليدية.

٥- أن تكون له أهمية وحاجة علمية أو تربوية أو أدبية وفكرية، سواء كان ذلك للباحث نفسه، أو لعمله أو للكلية التي ينتسب إليها، أو لبعض المؤسسات، أو المجتمع عامة.

٦- أن يصار إلى حصر الموضوع ضمن نطاق الاختصاص الذي يدور حوله، وعدم تعرضه إلى نقاط لا فائدة منها.

٧- ضرورة توافر مادة الباحث، وغناه بالمصادر والمراجع المختصة به.

٨- تمكين الباحث علمياً ولغوياً وأكاديمياً من معالجة الموضوع.

٩- فائدة مرجوة من إنجاز البحث، تستحق القيام ببذل الجهد لتحقيقه.

١٠- اتساع الوقت وتوافر الإمكانات المادية، أو وجود بعض الفرص لتقديم الاعانات والمساعدات البحثية المختلفة.

١١- تحقيق قيمة علمية وتربوية وأدبية وثقافية، تمكنه من اظهار الحقيقة التي يسعى اليها كاملة، وغير متفرقة.

١٢- إمكانية قيام الباحث بالسعي وراء أي معلومة، وملاحقتها سواء في الداخل أو في الخارج، والحصول عليها بمختلف الطرق المتاحة.

ملاحظة، إن النقاط الإثنتي عشرة الواردة أعلاه، قد لا يمكن تحقيقها من قبل الطلاب في المرحلة الأولى مئة بالمئة، في حال طلب اليهم القيام باعداد بحث ما، سواء بصورة مصغرة، على شكل مقالة، أو بشيء من التوسع، كرسالة تدور على عدة صفحات. إنما من الضرورة الإلمام وحفظ واستيعاب هذه النقاط جميعها، والرجوع إلى المعلومات الواردة فيها عند إعداد أي بحث علمي وتربوي.

جمع المعلومات وتدوينها

بعد اختيار موضوع البحث، بما يتناسب مع رغبات الطالب / الباحث الذي يتحمل مسؤولية عمله، وواجباته تجاه استاذه المشرف. عليه البدء بتحمل أعبائه، بقراءة وكتابة كل ما يجده ملائماً لموضوعه، والاستعانة بأي مصدر

أو مرجع يتسنى له. وتبدأ عملية البحث الجدي، بالسير على خطى التصميم الموضوع، الذي لـن يكون مقدساً، بل عرضة للتعديل كلما دعت الحاجة، سواء في الترتيب المنطقي المتسلسل، أو في وحدة الموضوع، أو الربط الوثيق بين الاجزاء المختلفة، وتقديم الأهـم على المهـم.

محتويات البحث

عند تحديد مشكلة البحث، يجب القيام بإعداد خطة أولية له، وقراءة المصادر والمراجع، والقيام بين الفينة والأخرى؛ باجراء تغيير جذري أو طفيف في تفاصيل خطة البحث.

على الباحث عدم الإسراع في وضع خطة بحثه، إنما الانصراف إلى قراءة المصادر والمراجع المتعلقة بمشكلة البحث، حيث تترأى له مع كثرة المصادر والمراجع التي اطلع عليها، ومع تبحره في مشكلة البحث، ضرورة تعديل المخطط الذي وضعه في مرحلة أولية. وهنا عليه الإنتباه أن لا يكون مقلداً لخطط بحوث أخرى وتقسيماتها، بل عليه أن يجد بدأب ليبتكر ويبتدع خطة بحث خاصة به. صحيح أن وضع فكرة بحث مبتكرة من الصعوبة بمكان، بحيث يبقى أياماً وليالي. يفكر ويفكر في سبيل إعداد الخطة المناسبة التي سوف يسلكها في البحث.

إن وضع الخطة هو في ذاته عمل أصيل وخلاق، يدل على مدى قابلية وقدرة الباحث وتمكنه من معالجة الموضوع الذي يبحثه، وكلما كانت الخطة واضحة ومنطقية ومرتبة، كان عمله مفيداً وناجحاً وموفقاً، وقد صدق من قال: «العمل بلا نظام كالسير في الظلام».[1]

وعـلى الباحث أن يوطد نفسـه بـأن الخطـة التـي يضعهـا في بدايـة عملـه، إنمـا هـي مـشروع خطـة وهـي قابلـة للتحويـر والتبديـل والتطويـر، كلـما تقـدم في دراساتـه

---

١ ـ عصمت عبد المجيد بكر: المرجع نفسه، ص ١٠٧.

ومطالعاته في مختلف المراجع والمصادر.

وإذا كان اختيار مشكلة البحث العامل الأول فيها هو الحكم على مدى نجاحه، فإن وضع خطة بحث جيدة ومتقنة، يشكل العامل الثاني في إصدار الحكم على مدى نجاحه.

من أبرز شروط الخطة الناجحة؛ أن تشتمل على جميع القضايا والمسائل التي تثيرها مشكلة البحث العلمي، فالخطة الموفقة تغطي جميع تلك القضايا والمسائل، ولا تترك كل ما يتعلق بها؛ إلا وأدخلتها ضمن أجزاء وتفاصيل الخطة. وكذلك ينبغي أن تكون الخطة مبتكرة حديثة، غير مقلدة لخطط المؤلفين الآخرين.

يجب أن تتوافق هذه المقومات مع حجم البحث، الذي يعتبر من أساسيات البحث الناجح، الذي لا يكون كذلك في كثرة عدد صفحاته، بقدر ما تكون قيمته المعنوية والموضوعية في مضمونه.

يتضمن التصميم او خطة البحث، فهرساً بمحتوياته، وتشتمل على:

العنوان والمقدمة والجسم والخاتمة.

يقوم تصميم البحث على منهجية علمية معينة. بحيث تراعى التسلسل المنطقي والعلمي في عرض الموضوعات وطرحها. بمعنى أنه يفضل أن يقوم الطالب/الباحث بترتيب أجزاء البحث وموضوعاته ترتيباً منطقياً وعلمياً محكماً، يعتمد فيه على القواعد المنهجية، وبخاصة المنهج المتبع في البحث التربوي.

تنطلق هذه المنهجية والقواعد من المسلمات الأساسية الآتية:

غلاف البحث: يجب أن يتضمن المعلومات التالية، التي تعتبر ضرورية جداً لأي عمل بحثي:

١- اسم الجامعة والكلية والقسم الأكاديمي (في الزاوية العليا من يمين الصفحة وبشكل عامودي)

٢- عنوان البحث بخط عريض وواضح (في وسط الصفحة).

٣- اسم الطالب/الباحث أو الطلاب المشتركون في إعداده (في وسط الصفحة) وتحته اسم السنة المنهجية والاختصاص.

٤- اسم الأستاذ المشرف (في وسط الصفحة وبشكل مستقل وبخط عريض وبارز)

٥- اسم المدينة التي يتم فيها تقديم البحث، وتحتها تاريخ السنة.

الجامعة...

كلية...

القسم...

إحجام الشباب عن الدخول إلى كلية التربية

إعداد:...

....

السنة المنهجية..

الاختصاص:...

إشراف الدكتور

....

بيروت

العام الجامعي

هذا ومن المفضل أن يتم وضع هذه النقاط والعناوين، بالشكل الذي وردت فيه أعلاه على ورق مقوى سميك من الكرتون، يطلق عليه لفظة المجلد. ثم تطبع مرة ثانية على صفحة أخرى، تكون ممهدة لعنوان البحث.

أ - العنوان

يكون العنوان مختصراً واضحاً، جديداً، جذاباً، منبثقاً من الموضوع نفسه، دالاً عليه.

ب- المقدمة

تعتبر المقدمة من أساسيات أي بحث علمي، مهما كان نوعه تربوياً أو أدبياً أو تاريخياً، حتى أنه لا بحث بدون مقدمة. وعلى الطالب/الباحث أن يميز صفحات المقدمة عن صفحات البحث. فترقم صفحاتها بالأحرف الأبجدية المعروفة (أ،ب،ت،ث،ج، .. أو أ،ب،ج،هـ،و،ز..) أو بالأرقام الرومانية (I،II،III،IV،V ..).

من الأسباب الدافعة لكتابة مقدمة كل بحث، التعريف بالموضوع أو التمهيد له. يقوم الطالب/الباحث فيها بتوضيح الأهمية من وراء دراسته، والأسباب الداعية لها، وإعطاء الأفكار العامة حولها. كما عليه أيضاً، الإشارة لمن سبق لهم وقاموا بوضع أبحاث مماثلة لموضوعه، والحديث عن النتائج التي عملوا على تحقيقها، أو تلك التي بقيت عالقة بعد إتمام عملهم.

ومن النقاط التي يجب التركيز عليها في المقدمة، التعريف بالمنهجية التي سوف يتم اعتمادها في تحقيق البحث. ثم التعريف بالمصادر والمراجع التي ساعدت في إتمامه، والصعوبات التي حالت دون الوصول إلى بعضها والاطلاع عليها. وكذلك الإشارة إلى العراقيل التي اعترضت الطالب/ الباحث، أثناء القيام باعداد عمله وكيفية مواجهتها.

ومـن الأهميـة أن يقـوم الباحـث في المقدمـة بالإعـلان عـن الخطـوات التـي

اتبعها في عمله، ثم التوقف عند الدوافع التي حفزته للتركيز على بعض المسائل وأبرازها. ثم كيفية تقسيم البحث إلى أبواب وفصول، وذكر الأقسام والفروع التي تضمنها مع ملاحظة انطباق العناوين على مضمون البحث. كما ينبغي أن يكون العنوان معبراً وواضحاً. وأخيراً التوقف بالحديث عند الدراسات المتممة التي استعان بها في موضوعه، كالمقابلات والاحصائيات أو الخرائط أو البيانات والجداول المختلفة[1].

هذا وقبل البدء بالمقدمة، هناك من الطلاب الباحثين، من يفضل أن يخصص الصفحة قبل صفحة المقدمة، ليخط عليها، إهداءاً يوجهه إلى شخصية يقدرها ويحبها، أو جهة معينة يرى لها فضلاً عليه. والإهداء ليس من الضرورة أن يكون من أساسيات البحث، أو لازماً له.

وكذلك الأمر، جرت العادة عند غالبية الباحثين، أن يتوجهوا بالشكر، بعد الإنتهاء من وضع أبحاثهم، إلى الأشخاص أو الجهات الذين قدموا مساعدات معينة، وكانت لهم إسهامات بارزة، في إعداد البحث. ولا تعتبر هذه النقطة أيضاً من أساسيات البحث، إنما لفتة مهمة يرى البعض ضرورة القيام بها.

من أساسيات البحث، ومن صلب الموضوع، فهرس الموضوعات الذي تباينت الآراء في كيفية إدراجه. إذ وجدت فئة أن يتم وضعه في نهاية البحث، وفئة أخرى رأت قيامه في بداية البحث، بعد صفحة العنوان. كلتا الطريقتان يتم إعتمادهما حاليا، وفق رغبات هذه الجهة وتلك.

يحتوي فهرس الموضوعات على ثبت بجميع العناوين والنقاط الواردة في البحث، مع تحديد رقم الصفحة التي تقع فيها جميع العناوين والنقاط، من دون إستثناء.

---

١ ـ المرجع السابق، ص ١٠٧، ويراجع أيضاً يوسف عبد الأمير طباجة: المرجع نفسه، ص ٢٩٧ – ٢٩٨.

وعلى الطالب/الباحث الإشارة في المقدمة، للمسائل التي يعتبرها قريبة من موضوع بحثه، ولم يتوقف عندها كثيراً، عليه توضيح ذلك بشكل مقنع ومبرر للقارىء.

وإذا كانت هناك مشاكل ومعوقات جابهته، ومنها صعوبة الحصول على الاحصائيات، أو قلة ثقته بالاحصائيات التي توافرت له، أو صعوبة مراجعة المعنيين، وعدم تعاونهم، مما تسبب بنقص في مستلزمات انجاز البحث. فيفضل الإشارة إليها جميعها، والتعهد برغبته في تذليلها وتجاوزها، من غير الإضرار بعملية سير البحث.

تنقل المقدمة القارىء بصورة تدريجية وبسهولة إلى جو الموضوع، الذي يكون القارىء عادة في حالة فكرية، كثيراً ما تختلف عن حالة الطالب/الباحث، الذي يكون قد درس الموضوع مسبقاً، وتمكن من الإلمام بنقاطه المختلفة.

ت - متن البحث

بعد الإنتهاء من المقدمة، يتم العمل على تقسم البحث إلى فصول ومباحث، وفي الأطروحة تكون هناك الأبواب والفصول. والتقسيم المفضل في الأطروحة، يكون على الوجه الآتي:

مقدمة

الباب الأول – الفصل الأول – المبحث الأول – المبحث الثاني.

الباب الثاني – المبحث الأول – المبحث الثاني .

الباب الثالث – الفصل الأول – المبحث الأول – المبحث الثاني.

الخاتمة.

يمكن تعديل هذا التقسيم وتحويره، كأن تقسم الأطروحة إلى أقسام، والأقسام إلى أبواب وفصول ومقاصد، أو يضم أحد الأبواب ثلاثة فصول، أو يحتوي فصل آخر على ثلاثة مباحث أو أكثر؛ حسب المسائل المتفرعة من

المشكلة الرئيسة المخصصة لها الأطروحة.

أما البحث فيفضل تقسيمه على النحو الآتي:

تمهيد

الفصل الأول - المبحث الأول - المبحث الثاني.

الفصل الثاني - المبحث الأول - المبحث الثاني.

خاتمة

وهذا التقسيم كذلك ليس بتقسيم حتمي، بل قابل للتحوير؛ كأن يضم البحث ثلاثة فصول أو أكثر، أو يحتوي الفصل على ثلاثة مباحث مثلاً.

وإذا كان موضوع البحث ضيقاً؛ بحيث لا مجال للتوسع فيه، إما لطبيعة الموضوع أو لقلة المصادر، أو لحداثة الموضوع؛ فيمكن اتباع المنهج الآتي:

مقدمة

أولاً -

ثانياً -

خاتمة

وكذلك يجوز تقسيم البحث إلى فقرات، وكل فقرة تحتوي على فكرة واحدة، وذلك كالآتي:

١- مقدمة

٢

٣-

٤-

٥- خاتمة

ويتوجب اختيار عنوان لكل باب أو فصل أو مبحث، معبراً عما يحتويه،

وعـدم نسـيان هيمنـة وسـيطرة الفكـرة الرئيسـة للمشـكلة العلميـة عـلى جميـع أقسـام الأطروحـة أو البحـث أو أجزائهـما.

ولعل من المفيد أن يراعي الطالب/الباحث تقسيم الموضوع إلى جزئين أو قسمين، بحيث لا يكون الجزء الثاني أو القسم الثاني من البحث، تكراراً وإعادة لما بحثه في الجزء الأول أو القسم الأول، فالتكرار والإعادة مملان للقارىء[1].

ومن الأهمية بمكان الإشارة، إلى أنه على الطالب/الباحث ضرورة الإنتباه إلى حجم كل باب أو فصل أو قسم، من حيث عدد الصفحات، إذ من غير المسموح أن تكون هناك زيادة واضحة في عدد صفحات الباب أو الفصل، ونقص فاضح في صفحات باب آخر أو في فصوله. إلا إذا اقتضت بعض العناوين والأفكار ذلك، فيكون هناك توسعاً في باب معين، وإنكماشاً في الذي سبقه أو يليه. فتقتضي الإشارة إلى هذا الأمر في المقدمة، من باب العلم بالشيء.

وبقدر ما تكون هذه النظريات والأفكار ضرورية جداً في أي بحث جامعي أو عمل أكاديمي، كرسالة دبلوم الدراسات العليا (الماجستير) أو أطروحة الدكتوراه. فإنه بالنسبة لطلاب السنة الأولى، فإن الأبحاث المطلوبة منهم، يكون الهدف منها تعويدهم على عملية البحث العلمي التربوي، ليكون في ذلك النواة الأولى لتدريبهم على أولى خطوات البحث العلمي المنظم، وترشيداً للمعلومات النظرية التي درسوها طوال الفصل.

ومن هنا، فإن الأبحاث التطبيقية المفروضة عليهم، لن تكون بحجم أبحث الدراسات العليا أو أطاريح الدكتوراه، التي لا بد من العمل فيها على المنهجية المشار إليها سابقاً، من حيث تقسيم البحث إلى أبواب، والأبواب إلى فصول، متناسقة في أحجامها وعدد صفحاتها، والفصول مقسمة إلى مباحث أو أجزاء أو أقسام.

ث - خاتمة

ينتهـي البحـث بخاتمـة، تخصـص لإعطـاء فكـرة جوهريـة عـن المشـكلة

١ـ عصمت عبد المجيد بكر: المرجع نفسه، ص ١١٢.

العلميـة والتربويـة التـي عالجهـا الباحـث، مـع إبـراز أهـم الملاحظـات التـي تبـدت لـه ضمـن بحثـه، والنتائـج التـي انتهـى إليهـا. ويفضـل تثبيـت الاقتراحـات التـي تقـدم بهـا، خاصـة تلـك التـي تحتـوي عـلى اقتراحـات بتعديـل نصـوص القوانـين، أو إصـدار قوانـين جديـدة تتضمـن أفـكاراً ومبـادىء يتـم طرحهـا لأول مـرة.

يفضل أن تكون الخاتمة مختصرة، واضحة في أسلوبها، جيدة في عرض غايتها. والسبب في ذلك، أن هناك الكثير من القراء الذين يلجأون عندما يمسكون بالكتاب؛ إلى الإطلاع على الخاتمة، في نظرة أولية وقبل الشروع في قرائته. مما يشير ذلك إلى أن أهمية أي كتاب أو بحث إنما تظهر من خاتمته. ونقول أخيراً إلى أنه لا بد أن تأتي نتائج البحث والنظريات والمقترحات التي وردت في الخاتمة؛ دالة على قيمته العلمية والموضوعية والتربوية.

من علامات البحث الناجح والمتفوق، وجود تناسق تام بين عناوينه، وتناسق تام بين فقراته. ولا بد أن تظهر هذه المقومات مجتمعة ومتفرقة، في متن البحث وفي عملية السرد المحكمة التي يتبعها، وفق تسلسل علمي وموضوعي بحت.

التوازن والتناسق في خطة البحث

قد يجد الطالب/الباحث بعد الانتهاء من كتابة أجزاء من البحث، أن هناك اختلالاً بين هذه الأجزاء، وأن تحقيق التوازن بينها مستحيل. فمعنى ذلك أن هناك خللاً خطيراً يشوب خطة البحث، من الأفضل معالجتها بإعادة النظر فيها، وتصويبها من أجل تحقيق التوازن والتناسق المفترض بين أجزاء البحث، وهو الأمر الذي تم التشديد عليه سابقاً. لذلك لابد من التوقف عند هذه النقطة مجدداً، نظراً لأهمية تطبيقها ومراعاتها في كل عمل علمي وتربوي.

فـإذا تبـين للطالب/الباحـث أنـه كتـب /١٠٠/ صفحـة مثـلاً في البـاب الأول، ولم يسـتطع كتابـة سـوى /٣٠/ صفحـة في البـاب الثـاني. فمعنـى ذلـك وجـود خلـل كبـير في الخطـة. فينبغـي أعـادة النظـر في الموضـوع وقـراءة المـادة المكتوبـة مجـدداً،

ومراجعة مصادرها لوضع خطة جديدة متوازنة ومتناسقة بين أجزائها.

ولكن يجب أن لا يفهم مما تقدم أن التوازن بين أجزاء البحث، هو قانون جامد محدد، بحيث لا يجوز أن يزيد أحد الأجزاء على بقية الأجزاء؛ ولو بعدد من الصفحات. فمثلاً إذا كتب الطالب/الباحث في الباب الأول /١٥٠/ صفحة، وكتب في الباب الثاني /١٢٠/ صفحة مثلاً، فإن الخطة قريبة من التوازن. المهم هو وجود التقارب النسبي في الحجم، أي التناسب في المعاني، التي تقوم عليها وحدات البحث وأجزاءه.

الأمر الذي يمكن تسميته بالتوازن الكمي، أما التوازن الكيفي فينبغي أن يكون في محتويات البحث وتكوينات تفاصيله، أي التوازن في الأبواب والفصول والمباحث من الناحية العلمية. إذ يجب أن يكون ما يحتويه الباب الأول مثلاً، من معلومات؛ موازياً لتلك الموجودة في الباب الثاني، وهكذا الحال بالنسبة للفصول والمباحث والفقرات الأخرى. وليس من المقبول تخصيص الباب الأول لموضوع خطير، وتخصيص الباب الثاني لموضوع غير ذي أهمية أو جانبي[1].

أدوات البحث العلمي

إذا كان هناك من تمايز بين أنواع البحوث ومناهجها، (على الرغم من وجود تداخل بين تصنيفات الأنواع والمناهج) فينبغي أن يكون هناك أيضاً تمايز بين مناهج البحث وأدوات البحث، لأن الأداة هي الوسيلة التي يجمع بها الباحث بياناته.

ما هو إذاً مفهوم أداة البحث التربوي؟

سبقت الإشارة إلى تعدد أدوات البحث التربوي واختلافها بين بحث وآخر، حيث يتم التركيز على الأداة اللازمة لأي بحث، تبعاً لأهدافه وفرضياته، والأسئلة التي يعمل للإجابة عنها. وهنا لا بد من الإشارة إلى أن الباحث قد يسعى للإستدلال بأكثر من أداة، ليتمكن من امتلاك الردود المناسبة عن الأسئلة التي

١ـ عصمت عبد المجيد بكر: المرجع نفسه، ص ١١٤.

طرحها في البحث.

يقول الاختصاصيون في هذا المجال، أنه على كل باحث تربوي الإلمام بالنقاط والمعلومات الآتية:

a. التعرف على أدوات البحث التربوي وأنواعها، حتى يختار من بينها ما يناسب بحثه.

b. إدراك خصائص أدوات البحث المختلفة، وما يشوبها من حسنات وسلبيات.

c. أن يكون ماهراً في تصميم أدوات البحث التربوي واستخدامها بطريقة جيدة.

d. أن يكون بارعاً في تفسير النتائج التي قام بجمعها بعد استخدام هذه الأدوات.

e. أن يكون على دراية تامة بمناهج البحث وتصاميمها المتعددة.

ويجب أن نشير أيضاً إلى أنه ليس هناك تصنيف موحد لأدوات البحث؛ ولذلك نورد بعض الأدوات المستخدمة في جمع البيانات، منها:

١ – الملاحظة بأنواعها المختلفة

٢ – المقابلات (Interviews)

٣ – الاستبيانات (Questionnaires)

٤ – تحليل المحتوى أو المضمون (Content Analysis)

٥ – الخرائط والرسوم والوثائق

٦ – الوسائل الإحصائية

على الطالب/الباحث أن يختار الأداة الملائمة لتجميع بياناته. ومن

المناسب على كل حال، أن يستفيد من أكثر من واحدة منها[1].

تعد الملاحظة، والمقابلة والاستبيان أدوات لجمع البيانات والمعلومات، وندرس هذه الأدوات تباعاً.

الملاحظة

الملاحظة أداة رئيسة للبحث، فكل بحث يستخدم الملاحظة بدرجات متفاوتة من الدقة والضبط. فقد تكون الملاحظة سريعة غير مضبوطة، وقد تكون ملاحظة مختبرية دقيقة.

يبدأ العلم بالملاحظة ثم يعود إليها مرة أخرى؛ ليتحقق من صحة النتائج التي توصل إليها. هناك فرق كبير بين الملاحظة السريعة العابرة التي يقوم بها الإنسان؛ وبين تلك التي يقوم بها الباحث العالم، وهي تمثل محاولة منهجية يقوم بها بصبر وأناة للكشف عن تفاصيل الظواهر أو عن العلاقات التي توجد بين عناصرها، وهي ملاحظة مخططة بطريقة واعية من أجل تحقيق أهداف البحث فالملاحظة العلمية بما تتميز به من خصائص تصبح مصدراً أساسياً من مصادر الحصول على المعلومات والبيانات[2].

يمكن القيام بالملاحظة في المواقف الطبيعية، من دون اصطناع ظروف معينة كملاحظة العامل في أثناء تأدية عمله، وتسجيل العلاقات الاجتماعية غير الرسمية، التي تنشأ بين العاملين في موقع العمل وعلاقة ذلك بالإنتاجية.

وكذلك ملاحظة إنفعالات جمهور في تجمّع معيّن، مثل جمهور كرة القدم في مباراة رياضية محلية أو عالمية، أو سلوك الناس في الاحتفالات العامة والندوات[3].

١ـ أحمد بدر، أصول البحث العلمي ومناهجه، ص ٣٥.

٢ ـ عصمت عبد المجيد بكر، المدخل إلى البحث العلمي، ص ٥١.

٣ـ أحمد بدر، المرجع نفسه، ص ٣٤١، ومنذر الضامن: أساسيات البحث العلمي، ص ٩٤ ـ ٩٥.

قواعد إجراء الملاحظة

من القواعد التي يمكن الإسترشاد بها عند القيام بالملاحظة، ما يأتي:

١ - يتوجب على الباحث، أن يدخل ضمن مجالات ملاحظاته، كل الأشياء أو الوقائع أو الظواهر أو العلاقات ذات الصلة بموضوع بحثه.

٢ - ينبغي تقسيم العمل إذا شارك في القيام بالملاحظة أكثر من باحث، مثلاً إذا كنا ندرس البناء الاجتماعي لقرية معينة، فبالإمكان أن يتولى باحث تحليل النظام العائلي وباحث آخر النظام الاقتصادي وباحث ثالث النظام القانوني... وهكذا.

٣ - تأكد القائم بالملاحظة من مدى التعارض بين ما يقوله الناس، وبين ما يمارسونه بالفعل، أو يتبين عن طريق الملاحظة صحة ما يدلي به أفراد البحث من معلومات، من دون إشعارهم بأنهم يخفون الحقيقة، أو يتهربون منها.

٤ - يتجه اهتمام الباحث نحو معرفة عدد المشاركين في الموقف الذي يقوم بدراسته، ومدى نشاطهم وخصائصهم المختلفة، والعلاقات المتبادلة بينهم.

٥ - قد يحدث الموقف الاجتماعي في المنزل، في المصنع في مكان عام، أو خاص لذلك تختلف المواقف باختلاف المكان. ومن الضروري أن يعرف الباحث أنماط السلوك المرغوب فيها أو المسموح بها، والأنماط غير المرغوب فيها أو غير المسموح بها، في كل موقف من المواقف.

٦ - معرفة المدة والتكرار، متى حدث الموقف، ماهي الفترة الزمنية التي يستغرقها؟؟ هل هو موقف فريد غير متكرر؟؟ ما هو معدل التكرار؟؟ ما نوع الظروف التي ساعدت على حدوثه؟

٧ - على الباحث أن يساير العادات والتقاليد السائدة في البحث حتى لا يكون وجوده غير مرغوب فيه[1].

١ـ منذر الضامن: أساسيات البحث العلمي، ص ٩٤ - ٩٦.

أنواع الملاحظات

١ – الملاحظة المشاركة

تتم الملاحظة حين يبقى القائم بالملاحظة، مع الأشخاص المطلوب ملاحظتهم مدة زمنية طويلة نسبياً. قد تمتد إلى ما يقرب من العام، وذلك للتعمق في فهم خصائصهم الاجتماعية والثقافية والسلوكية والاقتصادية.

٢ - الملاحظة المنظمة

تستخدم الملاحظة المنظمة لدراسة جوانب معينة بالذات من الموقف الاجتماعي، بدلاً من أن يدرس الباحث مجموعة كبيرة من الأحداث. وهي عادة ما تستخدم لأغراض الوصف والتشخيص، وأحياناً للتأكد من صحة الفروض.

ويقوم الباحث بملاحظاته؛ وفقاً لخطة محددة بوضوح من قبل. فهو غالباً ما يستعين بطرق تزيد من دقة ملاحظاته، كأن يستخدم إستمارة ملاحظة فيها بعض الأسئلة المفتوحة. إنه لا يتمتع بحرية اختيار محتوى ملاحظاته.

٣ – الملاحظة التجريبية

يتجه الباحث نحو السيطرة على الأوجه المختلفة من الظاهرة والتخلص من بعض العوامل التي قد تؤثر في خط سيرها في طورها الطبيعي؛ لذلك تكون ملاحظة مركزة على السلوك أو التفاعل موضوع الدراسة فقط، وتحت ظروف قام الباحث بإعدادها في تجربة.

أخلاقيات القائم بالملاحظة

ينبغي أن نختار القائمين بالملاحظة، من بين الأشخاص الذين يتمتعون بدرجة ملحوظة من الإلتزام الأخلاقي. فالملاحظة بالمشاركة، تقتضي من الباحث الإقامة الكاملة في مجتمع الدراسة والإندماج مع أعضائه. وفي هذه الحالة يتعرف على حقيقة المجتمع وخصوصياته ومعلومات عنه، قد تكون خافية؛ لذلك يعاني الباحث بين التزام الصدق والصراحة التامة في الكشف

عن كل المعلومات، التي حصل عليها، التي يمكن أن تنطوي على دلالة علمية مهمة، أو يحذف بعض الأمور التي تمثل خصوصيات المجتمع أو الجماعة التي تعرف عليها.

المقابلة

المقابلة عبارة عن حوار لفظي وجهاً لوجه بين باحث قائم بالمقابلة وبين شخص آخر أو مجموعة أشخاص آخرين. عن طريق المقابلة يحاول القائم بالمقابلة الحصول على المعلومات، التي تعبر عن الآراء أو الاتجاهات أو المشاعر أو الدوافع أو السلوك في الماضي والحاضر.

ولا يقف استخدام المقابلة عند حدود تخصص معين، أو علم معين من العلوم الاجتماعية التي تدرس الإنسان والمجتمع. تستخدم المقابلة في البحث الاجتماعي والتحليل النفسي، ومن قبل أجهزة التعداد والإحصاء وتعتمد الميادين العلمية التطبيقية على المقابلة في أعمالها، كما هو الحال في مجالات العلاقات الإنسانية والعلاقات الصناعية والعلاقات العامة وبحوث الاتصال والرأي العام والإدارة العامة[1].

قواعد المقابلة

من القواعد التي يمكن الاسترشاد بها عند القيام بالمقابلة:

١ - إستثارة دوافع المبحوث للاستجابة. المبحوث يواجه شخصاً غريباً عنه لا تربطه صلة سابقة به، ويطلب إليه أن يدلي ببيانات تتصل بشؤون حياته الخاصة.

٢ - يتعين على الباحث أن يعمل على كسب ثقة المبحوث؛ فيبدأ بمقدمة مختصرة يشرح فيها الغرض من المقابلة، ويبين لأفراد البحث أن البيانات

---

١ ـ عصمت عبد المجيد بكر، المدخل إلى البحث العلمي، ص ٦٠، ومنذر الضامن: المرجع نفسه، ص٩٦، ويوسف عبد الأمير طباجة: منهجية البحث، تقنيات ومناهج، ص ١٨٨ - ١٩٠.

المطلوبة، لا تستخدم إلا لغرض البحث العلمي.

٣ - تخصيص الوقت المناسب والظروف الملائمة لإجراء المقابلة. ويقتضي في كثير من الأحيان أن تكون المقابلة مقصورة على كل من الباحث والمبحوث؛ لأن وجود أفراد آخرين قد يثير مخاوف المبحوث، وقد يدفعه إلى الإحجام عن الإدلاء بالبيانات الصحيحة.

٤ - إتباع أسلوب المناقشة والحوار عند إجراء المقابلة، وعدم إتباع طريقة إلقاء الأسئلة بشكل جامد وإملائي.

٥ - يجب أن يسعى القائم بالمقابلة إلى الحصول على إجابات عن جميع الأسئلة. وإذا كانت الإجابة ناقصة، فعلى القائم بالمقابلة إستكمال المعلومات الناقصة، التي يرى أنها ضرورية للبحث.

٦ - يجب عدم إظهار نفور أو إشمئزاز من إجابات المبحوث أو إستنكار لما يقوله. المهمة الأساسية للقائم بالمقابلة هي الحصول على البيانات من دون الوقوف موقف المعارض أو المؤيد.

٧ - تدوين إجابات المبحوثين وقت سماعها، بخلاف ذلك فإن الإجابات تنسى كما أن عدم التدوين قد يؤدي إلى تشويه الكثير من الحقائق[١].

أنواع المقابلات

١ - المقابلة الحرة (المفتوحة)

تتميز المقابلة الحرة بالمرونة المطلقة، فلا تتحدد الأسئلة التي توجه للمبحوث ولا احتمالات الإجابة، ويترك فيها قدر من تحرّر المبحوث للإفصاح عن آرائه وإتجاهاته وإنفعالاته ومشاعره ورغباته.

٢ - المقابلة المقننة

يتحدد شكل المقابلة ومضمونها، في هذا النوع، بقدر الإمكان قبل القيام

---

١ ـ يوسف عبد الأمير طباجة: منهجية البحث، تقنيات ومناهج، ص ١٨٨ - ١٩٢.

بهـا، فتوضع قائمـة مـن الأسـئلة يلتـزم بهـا كل الباحثين، وتوجـه الأسـئلة بالكلمـات نفسـها وبالترتيب نفسـه لجميـع الأفراد المبحوثين.

ويهدف التقنين إلى أن أستجابة الأفراد لنفس المثير أو المنبه.

٣ - المقابلة المتمركزة حول موضوع (البؤرية)

تكون الوظيفة الأساسية للباحث، في هذا النوع من المقابلات، تركيز الاهتمام على خبرة معينة صاغها الفرد. القائم بالمقابلة يعلم أن المبحوثين اشتركوا في موقف معين مثل رؤية فيلم سينمائي، أو سماع برنامج إذاعي أو قراءة كتاب.

صياغة أسئلة المقابلة

هناك طريقتان أساسيتان في صياغة أسئلة المقابلة:

الطريقة الأولى

استخدام الأسئلة المفتوحة والأسئلة المقفلة. الأسئلة المفتوحة هي الأسئلة غير المحددة النهائية، التي يطلب فيها إلى المبحوث أن يتحدث على النحو الذي يشاء، ولا يقوم القائم بالمقابلة سوى بتوجيه مسار المقابلة، توجيهاً عاماً من دون أن يتدخل، وإنما يسجل إستجابات المبحوث للمثير الذي يضعها أمامه الباحث، وتبدو هذه الطريقة أوضح ما تكون في المقابلات الحرة.

أما الأسئلة المقفلة، فهي الأسئلة المحددة النهائية التي تحدد شكل المقابلة وطريقة إستجابته، بحيث تكون ملائمة لتصنيف الموضوع مسبقاً للإستجابات المحتملة، وتظهر الأسئلة المقفلة بوضوح في المقابلة المقننة.

الطريقة الثانية

الأسئلة المباشرة والأسئلة غير المباشرة

إن الاختيـار بيـن هـذه الأسـئلة، يتحـدد فـي ضـوء طبيعـة موضـوع البحـث وأهدافـه. ففـي الحـالات التـي يتعـذر فيهـا الحصـول علـى معلومـات عـن طريـق السـؤال المباشـر، يلجـأ الباحـث إلـى الأسـئلة غيـر المباشـرة؛ بغيـة التغلـب علـى الصعوبـات التـي

تتمثل في إحساس المبحوث بالحرج، أو عدم قدرته على الإجابة المباشرة[1].

إختيار القائم بالمقابلة وتدريبه

ينبغي التدقيق في إختيار القائمين بالمقابلة، في ضوء خصائصهم وسماتهم الشخصية، ومستوى معرفتهم وخبراتهم، وعلاقة ذلك كله بموضوع المقابلة وأهداف البحث. ومن الضروري الاهتمام بتدريب القائم بالمقابلة على أسلوب المقابلة ومهارتها. ويحتاج الأمر إلى تحليلهم نفسياً قبل تدريبهم، والموضوعات التي بالإمكان تدريب القائم بالمقابلة عليها البحث وإجراءاته، طرق تطبيق المقابلة، الملاحظة، أساليب تسجيل المعلومات مبادىء العلاقات العامة[2].

إجراء المقابلة

يتطلب إجراء المقابلة، تحضيراً وإعداداً من نواح عدة، هي:

١ - تحديد نوع المقابلة المستخدمة في البحث، هل هي مقابلة حرة، مقننة بؤرية ؟

٢ - تحديد دور المقابلة في البحث، هل يستخدم في المراحل التمهيدية أم في صلب البحث ؟

٣ - تحديد المواقف التي تستخدم المقابلة من أجلها.

٤ - تحديد الأسئلة التي ستوجه للمبحوث في أثناء المقابلة، كما يجب تحديد نوع الأسئلة.

٥ - تحديد العينات التي ستجري عليها المقابلة ونوعها، ومعرفة بعض خصائصها العامة[3].

---

١ ـ عصمت عبد المجيد بكر: المدخل إلى البحث العلمي، ص ٦٤ - ٦٥.

٢ ـ فوزي غرابية وآخرون: أساليب البحث العلمي في العلوم الاجتماعية والإنسانية، ص ٤٨ - ٤٩.

٣ ـ محمد خليل عباس وآخرون: المرجع نفسه، ص ٢٥٠ - ٢٥٤.

الإستبيان

تضم إستمارة البحث عدداً من الأسئلة، يطلب من المبحوث الإجابة عليها بنفسه. وقد ترسل الإستمارة إلى المبحوثين عن طريق البريد، ويسمى « الإستبيان البريدي « وقد يتم تدوين الإستبيان عن طريق المقابلة بين الباحث والمبحوث.

ويستخدم الإستبيان (البريد والمقابلة) مزايا وعيوب، فمن مزايا الإستبيان الذي يتم عن طريق المقابلة:

١ - الإستبيان ضروري في حالة ماإذا كان أفراد البحث يكثر بينهم غير الملمين بالقراءة والكتابة

٢ - يستطيع الباحث عن طريق المقابلة الشخصية، التأكد من صحة البيانات، وعدم تناقضها مع الواقع، أو مع إجابات سابقة وإمكان مراجعة أفراد البحث في الحال.

٣ - يمكن الحصول على تعاون أفراد البحث وتجاوبهم، إذا ما أحسن عرض الموضوع. وهذا يتوقف على خبرة الباحث.

٤ - يستطيع الباحث عن طريق المقابلة، أن يضيف إلى بيانات الإستمارة معلومات أخرى، يرى أنها ذات أهمية بالنسبة للبحث.

أما العيوب فهي:

١ - تحتاج طريق المقابلة إلى عدد كبير من الباحثين؛ مما يتطلب - بدوره - جهداً كبيراً في إختيارهم وتدريبهم.

٢ - تخضع الطريقة لنشأ تحيز الباحث، فإذا كان يتبنى فكرة معينة أو مذهباً من المذاهب، فمن الممكن أن يؤثر على إجابات أفراد البحث عن طريق الإيحاء بالإجابة المطلوبة.

٣ - لا تصلح هذه الطريقة في الحصول على بيانات تعد حساسة أو محرجة

بالنسبة لأفراد البحث. كما في حالة السؤال عن العلاقات العائلية.

أما مزايا الإستبيان فهي:

١ - قلة التكاليف اللازمة لجمع البيانات.

٢ - تحاشى تحيز الباحثين، إذ لا يلتقي الباحث بأفراد البحث.

٣ - يستخدم في البحوث التي تتطلب الحصول على بيانات حساسة أو محرجة.

٤ - يعطي وقتاً كافياً لأفراد البحث لدراسة الأسئلة وتقدير الإجابات.

٥ - يمكن تطبيق « الإستبيان البريدي « على نطاق واسع، أو على عينات كبيرة الحجم.

ومع ذلك فللإستبيان البريدي عيوب منها:

١ - لا يستخدم إلا إذا كان أفراد البحث يجيدون القراءة والكتابة.

٢ - لا يصلح إلا إذا كان عدد الأسئلة كبيراً، لأن الأسئلة الكثيرة تؤدي إلى ملل أفراد البحث، وإهمال الإجابة عن الأسئلة كلها أو بعضها.

٣ - يحتاج إلى عناية خاصة في صياغة الأسئلة حتى يسهل فهمها؛ لأن أفراد البحث لا يجدون وسيلة يلجأون إليها لفهم مدلول الأسئلة التي يصعب عليهم فهمها.

٤ - إن نسبة الإمتناع عن الإجابة أو التجاوب مع هيئة البحث بإستخدام هذه الوسيلة أكبر من طريقة المقابلة[1].

قواعد إعداد إستمارات البحث

١ - تحديد نطاق البحث

ينبغي تحديد موضوع البحث أو مشكلة البحث، قبل التفكير بتصميم إستمارة البحث. فالمشكلة الرئيسة تنقسم إلى مشاكل فرعية، وكل مشكلة فرعية تتوزع على نقاط عدة.

---

١ ـ عصمت عبد المجيد بكر، المدخل إلى البحث العلمي، ص ٧٢.

٢ - تحديد الأسئلة المدونة في الإستمارة

يجب على الطالب/الباحث أن يحصر المعلومات التي يحتاج فيها إلى إجابات، ومن ثم يحدد الأسئلة التي يطرحها في الإستمارة.

٣ - صياغة الأسئلة

ينبغي على الباحث أن يلتزم بمجموعة من الشروط عند صياغة أسئلة الإستبيان، منها:

أ - أن تكون الأسئلة بسيطة واضحة، بعيدة عن التعقيد اللفظي، بحيث لا تقبل اللبس أو سوء الفهم.

ب - صياغة الأسئلة لتكون إجاباتها قاطعة وبسيطة بقدر الإمكان، كأن تكون الإجابة بنعم أو لا.

ج - مراعاة عدم تطلب الإجابة عن الأسئلة إجراء عمليات حسابية مطولة، تستدعي ذاكرة حادة أو مجهوداً فكرياً شاقاً.

د - ألا تكون الأسئلة محرجة، أو تمس جوانب حساسة؛ مما يعتبر تدخلاً في أمور شخصية.

هـ - ألا تكون الأسئلة من النوع الإيحائي، أي التي توحي بإجابات معينة.

و - ألا تكون الأسئلة ذات إجابة بديهية معروفة بدون إلقاء السؤال.

ز - يجب تحاشي الأسئلة التي تدفع المبحوث للكذب أو الإدعاء.

ح - ألا تشتمل الأسئلة على أكثر من نقطة واحدة، فإن كان البحث يريد السؤال عن شيئين يستحسن وضعهما في سؤالين متتالين.

ط - يراعى - غالباً - عند ترتيب الأسئلة التدرج من العام إلى الخاص، ويسمى ذلك بالترتيب القمعي[1].

---

١ ـ أحمد بدر، أصول البحث العلمي ومناهجه، ص ٣٣٥ - ٣٣٦، وفوزي غرايبة، أساليب البحث العلمي في العلوم الاجتماعية والإنسانية، ص ٥٨ - ٥٩.

٤ - شكل الإستمارة وتنسيقها

يجب أن يكون حجم الإستمارة مناسباً، ونوع الورق جيداً يتحمل الكتابة عليه، ولونه مقبولاً، والطباعة جيدة وسهلة القراءة. يوضع على غلاف الإستمارة موضوع البحث واسم الهيئة المشرفة على البحث، وما يفيد سرية المعلومات. أما التنسيق الداخلي للإستمارة فيجب ترتيب الأسئلة ترتيباً منطقياً، يراعى فيه التسلسل والعلاقات بينها.

٥ - الاختبار المبدئي لإستمارة البحث

بعد الإنتهاء من إعداد الإستمارة، يقوم الباحث بتجربتها على نطاق محدود، وذلك لاكتشاف مدى صلاحيتها وملاءمتها قبل إستخدامها في البحث، وتساعد هذه العملية على كشف الأخطاء في صياغة الأسئلة وترتيبها، كما تعطي الباحث فرصة للتعرف على الوقت اللازم لجمع البيانات، ومدى الحاجة إلى إضافة أسئلة جديدة، أو إستبعاد أسئلة لا داعي لها، ومعرفة الاحتمالات المختلفة للإجابة. كما يمكن تقدير درجة التعاون بين الباحث وجمهور البحث.

٦ - متابعة الإستمارة ومراجعتها

تتم مراجعة الباحث لإستمارة الإستبيان بإرسال رسالة شخصية للمبحوث للإجابة أو بمراجعته شخصياً، راجياً الإجابة عن الأسئلة المدونة في الإستمارة. وإذا لم تثمر هذه الجهود في الإقناع، يتعين على الباحث اختيار عينة أخرى من مجتمع البحث بعدد من لم يجب عن الإستمارة، وإرسال الإستمارة إليهم. ومن المهم عدم اللجوء إلى الإختيار الثاني إلا إذا بلغت نسبة المتخلفين عن الإجابة ٣٠٪ فأكثر[١].

تتم مراجعة الإستمارة على مرحلتين:

<u>الأولى</u>: في ميدان البحث وتكون سريعة للتأكد لفقرة أو للتنبه إلى نقص ما، فإن الإستمارات تعاد إلى الباحث الميداني لاستيفائها بالرجوع إلى أفراد البحث.

---

١ ـ عصمت عبد المجيد بكر، المرجع نفسه، ص ٧٦.

المرحلة: مكتبية، يتم فيها إكتشاف الأخطاء الناتجة عن المراجعة في المرحلة الأولى، ومحاولة تصحيحها إذا أمكن، أو إعادتها إلى الباحث الميداني إذا استدعى الأمر ذلك.

وتتضمن هذه المرحلة القيام ببعض العمليات الحسابية التي يستلزمها البحث، مثال حساب السن (العمر) حتى تاريخ القيام البحث، إلخ..

إعداد ورقة البحث
في المرحلة الجامعية الأولى[١*]
الورقة الأولى أو التصور الأول

١* قد يطلب أستاذ المادة من الطلاب .. ورقة بحث او تقرير عن كتاب أو مقال (Book Report or Article Report).. وفي حالة التقرير ينبغي على الطالب القراءة الواقعية للمادة ثم يضمن تقريره: .. مقدمة عن المؤلف ـ أهم آراء المؤلف ومكانته العلمية بإختصار ـ تحليل الطالب النقدي لما قرأه مع إظهار رأيه والإستعانة كذلك بنقد الآخرين للكتاب أو المقال .. وعادة يكون التقرير بين سبع وعشر صفحات.

لمزيد من المعلومات، يراجع محمد خليل عباس وآخرون: مدخل إلى مناهج البحث في التربية وعلم النفس، ص ٣٦١ - ٣٦٤، ويراجع أيضاً منذر الضامن: أساسيات البحث العلمي، ص ٢١٧ - ٢٤٤.

إعداد ورقة البحث

في المرحلة الجامعية الأولى

الورقة الأولى أو التصور الأول

الأغراض الأساسية لورقة البحث

إن معظم أبحاث الطلاب في المرحلة الجامعية الأولى، هي دراسات مكتبية Library Studies.. تتضمن الفحص الدقيق للمواد المكتبية ـ المنشورة وغير المنشورة ـ وتتضمن كذلك، نقد وتقييم وتفسير المواد التي يطلع عليها الطالب..

وإذا قسمنا البحوث إلى أقسام ثلاثة هي البحث بمعنى التنقيب عن الحقائق والحصول عليها، والبحث بمعنى التفسير النقدي، ثم البحث الكامل. فإن أبحاث الطلاب في المرحلة الجامعية الأولى، تقع معظمها في النوعين الأولين ويطلق عليها في الغالب كلمة « تقرير» أو « ورقة بحث»

هذا ويكلف الطالب بإعداد ورقة البحث Term Paper or Assignment لتحقيق الأغراض الأساسيّة الآتية:

١. تعويد الطالب على التفكير والنقد الحر.
٢. تدريب الطالب على حسن التعبير عن أفكاره وأفكار الآخرين بطريقة منتظمة واضحة وصحيحة.
٣. إظهار كفاءة الطالب في مجالات وموضوعات، لم يتناولها الأستاذ في المادة الدراسية بتوسع وتغطية شاملة.
٤. التعرف على كيفية إستخدام المكتبة، سواء من ناحية التصنيف أو الفهارس أو المراجع ومصادر المعلومات العامة أو المتخصصة.

٥. الإفادة من جميع مصادر المعلومات بالمكتبة ـ أو خارجها ـ في تجميع المواد المتعلقة بموضوع معين وإكتشاف حقائق إضافية عنه..

٦. تنمية قدرات الطالب ومهاراته في إختيار الحقائق والأفكار المتعلقة بصفة مباشرة بموضوع معين، وذلك من بين المواد المكتبية المتوافرة..

٧. تنظيم المواد المجمعة وتوثيقها، وحسن صياغتها، ثم تقديمها بلغة سليمة وبطريقة واضحة منطقية ومؤثرة..

كلما نمت لدى الطالب هذه الخبرات والمهارات، أثناء دراسته الجامعية، كلما زادت فرص إسهاماته الأيجابية، في مجتمعه بعد التخرج وإستطاع أن يواصل دراسته العليا ـ إذا أراد ـ بغير عناء كبير..

إن تعويد الطالب على التفكير الحر النقدي، وعلى التنقيب عن الحقائق والحصول عليها، وتحليلها ونقدها وتفسيرها وتنظيمها.. هي ضرورة تعليمية جامعية، وهي إحدى الجوانب الهامة في حضارة الإنسان المعاصرة..

وإذا كانت كل المعلومات والنقاط الإضافية التي سبقت تخدم الطالب/الباحث، في جميع مراحل البحث وما بعدها .. فسوف يتم التركيز على كيفية إعداد الطالب « لورقة البحث » التي تتطلبها دراسته الجامعية الأولى وذلك في الخطوات الآتية:

أولاً: إختيار موضوع البحث

يفضل أن يختار الطالب موضوع ورقة البحث، بما يتفق مع رغبته وميوله.. على أن يكون ذلك بتوجيه الأستاذ المشرف أو موافقته النهائية... وعليه أن يتجنب الموضوعات التي تتطلب خلفية من المعلومات ليست لديه .. وأن يحدد موضوعه بحيث يمكن أن تغطي ورقة البحث هذا الموضوع بعمق. ذلك لأنه إذا إختار موضوعاً عريضاً فستكون معالجته للموضوع سطحية. وتضيق دائرة البحث فيه، ويمكن أن يتم إختيار جانب معين فقط أو فترة زمنية معينة، أو حدث

ما أو شخص معين .. أو غير ذلك .. فضلاً عن ضرورة إختيار الموضوع الذي تتوفر له المصادر والمراجع، ويمكن الحصول عليها بطريقة سريعة.

ثانياً: القراءة الأولية ووضع خطة البحث

إذا ما إختار الطالب/الباحث موضوعاً معيناً، فعليه أن يقوم بقراءات إستطلاعية ليستقر على الموضوع الذي إختاره. أو القيام بقراءات إضافية لإختيار أحد الموضوعات البديلة التي تتوفر لها المراجع، وفق الشروط الواجبة في إختيار الموضوع، التي سبقت الإشارة إليها.

وعليه بعد ذلك أن يحدد نقاط البحث بصفة عامة، وأن يضع هيكلاً عاماً أولياً لأبوابه وفصوله .. ويقرأ قراءة عامة في بعض الكتب والموسوعات .. إن قراءة مقال من موسوعة أو الإطلاع على أحد الكتب المتخصصة؛ يمكن أن يساعده بالتعرف على سعة الموضوع وطريقة البحث فيه .. بالإضافة إلى أن المقال بالموسوعة يحتوي عادة في نهايته على ببليوغرافيا أو قائمة بالمصادر...

ثالثاً: تجميع المصادر وتسجيل الوصف الببليوغرافي

وتتبع المراحل الآتية لتسجيل البيانات اللازمة:

أ ـ يدون كل كتاب على بطاقة منفصلة مستقلة (٣ ـ ٥ بوصة) لسهولة إستعمالها وترتيبها.

ب ـ ترتيب البطاقات هجائياً طبقاً لأسماء المؤلفين، أما إذا قسم التقرير إلى موضوعات فرعية، فيكتب رأس الموضوع على الركن الأيسر من البطاقة ثم ترتب البطاقات تبعاً لرؤوس الموضوعات. وكل مجموعة من البطاقات في الموضوع الفرعي ترتب هجائياً حسب أسماء المؤلفين.

ج ـ توضع في كل بطاقة التفاصيل الببيليوغرافية وهي إسم المؤلف وعنوان الكتاب أو المقال والطبعة ومكان النشر والناشر وتاريخ النشر ثم الصفحة أو الصفحات التي أخذت منها المعلومات.

رابعاً: إستكمال الملاحظات عن المصادر والمراجع

يصعب في كثير من الأحيان جمع المصادر وبيان الملاحظات الكافية عنها في نفس الوقت، فقد تكون مصادر ورقة البحث من بيبليوغرافية أخرى، أو مقالات مذكورة في كشاف الدوريات، أو كتب بفهرس المكتبة، وهذه جميعها لم يفحصها أو يراها الطالب. وعلى ذلك عليه إستكمال الملاحظات الضرورية الخاصة بهذه المصادر، ويجب أن تكون بصورة مختصرة ومركزة ودقيقة (وخاصّة الأسماء / التواريخ / الأرقام / الصّفحات ..) مع الإشارة إلى ما يتم إقتباسه من الكلمات أو الأفكار، وذلك لتحقيق الأمانة العلمية. كما تستبعد البطاقات التي يراها الطالب غير متعلقة بموضوع بحثه.

خامساً: تدوين مصادر المعلومات وتنظيمها

يفضل أن يدون طالب البحث المعلومات الخاصة ببحثه على بطاقات أخرى (٥ × ٨ بوصة) أكبر من التي إستخدمت في كتابة البيانات البيبليوغرافية.. يكتب رأس الموضوع بالقلم الرصاص ـ على سبيل التجريب ـ في الركن الأعلى الأيمن للبطاقة، أما الركن الأعلى الأيسر فلكتابة إسم المؤلف والمرجع والصفحة بإختصار (والتفاصيل مكتوبة على البطاقة الصغيرة). وتخصص بقية البطاقة لتدوين المعلومات (إستخدام البطاقة أفضل من كتابة المعلومات في كراسة أو دوسيه) وذلك لسهولة ترتيب وإعادة ترتيب البطاقات، أو إضافة أو حذف ما يريده الطالب/ الباحث. ويمكن الإهتداء بالإرشادات الآتية:

١ ـ تقرأ المعلومات المدونة وتعاد قراءتها حتى يتم هضمها وتحسسها إحساساً كاملاً، حتى يمكن صياغتها بأسلوب الطالب/الباحث الخاص.

٢ ـ يتم التخطيط للبحث بصفة مبدئية، وذلك بتجميع كل ما يتصل بنقطة واحدة وإستبعاد ما لا يتصل بالموضوع، ثم توزع مجموعات البطاقات على أبواب أو فصول البحث أو نقاطه، مع الأخذ بالقواعد الآتية في الإعتبار:

أ ـ قاعدة الدليل الكافي .. وقد يستدعي ذلك مزيداً من البحث والإستقصاء.

ب ـ قاعدة التنظيم .. الزمني / الموضوعي / المنطقي .. إلخ.

ج ـ قاعدة الترابط .. يجب ربط المعلومات فيما بينها والبحث في فن براعة إستخدام الحقائق والأفكار في موضعها السليم.

٣ ـ خطط البحث بصفة نهائية وإستخرج البطاقات، واعادة ترتيبها طبقاً لما هو ملائم لإثبات أو نفي ما لا لزوم له.

٤ ـ تشمل الورقة الأولى للبحث في الزاوية العليا من اليمين (إذا كان البحث باللغة العربية ومن اليسار إذا كان البحث باللغة الاجنبية)، إسم الجامعة أو المعهد المسجل به الطالب وإسم القسم الأكاديمي وإسم المادة الدراسية .. ثم تترك مسافة كافية ويثبت في منتصف الصفحة عنوان ورقة البحث وتحته إسم الطالب الباحث ...

وتذكر السنة الدراسية للطالب وإسم الأستاذ المشرف وتاريخ تقديم ورقة البحث .. على أن يراعى في هذا كله حسن التوزيع على الصفحة ..

ومن المهم أن نؤكد على ضرورة كتابة العنوان بالكامل، ولا ينبغي أن يكون العنوان غامضاً حتى لا يسبب إلتباساً بالنسبة للقارئ، وبالنسبة للمكتبات والموثقين في عملية تصنيفه والتعرف على مضمونه[1].

سادساً: كتابة البحث العلمي التربوي

بعد أن يستكمل الطالب كل قراءاته المفيدة في المصادر والمراجع، ويقمشها أو يدونها على البطاقات الخاصة بها، وينجز فرزها بحسب الموضوعات، ويوزعها على الفصول والأبواب العائدة لها. تبدأ مرحلة جديدة من عمله، هي مرحلة التفكير في كتابة البحث، وهنا تلعب القدرات الخاصة المتفاعلة مع المادة المقمشة والمبوبة، دوراً عظيم الشأن في عملية إبداع البحث، ينتج عنها التفاوت

١ـ محمد خليل عباس وآخرون: مدخل إلى مناهج البحث في التربية وعلم النفس، ص ٣٦١ – ٣٨٧.

الكبير بين باحث وآخر، وبحث وآخر.

والطالب/الباحث الحاذق الموهوب، المتمكن من اللغة وأساليبها وقواعدها، هو الذي يحلق في ميدان بحثه، وينسج من المادة المقمشة بين يديه، بحثاً جيداً.

هذه المرحلة صعبة للغاية. وهي مرحلة إنتقاء المعلومات اللازمة من المادة المقمشة؛ أي اختيار المادة الصالحة المتعلقة بالموضوع مباشرة، وترك غير المرغوب منها وإهماله، لعدم لزومه. وكثيراً ما يجد الطالب نفسه في مأزق الإختيار، وصعوبة التخلي عن جزء ولو يسير من المادة المجمعة، التي كلفته جهداً ليس باليسير، فيعمد إلى حشرها في ثنايا البحث. وفي ذلك خطورة كبيرة، إذ قد تتسبب المعلومات المحشورة حشراً إلى إيقاع الخلل في مجمل البحث، مما يفقده وحدته وجماله وتناسقه ورونقه.

ينصح الطالب/الباحث، بألا يزج في بحثه معلومات لا تمت إليه بصلة مباشرة. وأن يعلم إبتداءً، بأن التخلي عن بعض ما جمعه من مادة، حاصل حكماً، وهو شيء طبيعي بالنسبة إلى كل معد لبحث ما. وأن عمله هو إحكام الربط بين المواد المقمشة المناسبة لموضوعه، وتصنيفها، وتحليلها، ومناقشتها، وإبداء رأيه فيها، وليس التنسيق فيما بينها ولو كانت غير متجانسة. وعليه تجنب الإستطراد ما وسعه ذلك، كإضافة فصل أو مبحث لا لزوم له، أو مناقشة لا ضرورة منها، لأن الإستطراد يحدث إضطراباً في ذهن القارىء وتفككاً في أجزاء البحث[1].

سابعاً: مقومات كتابة البحث العلمي

يستحسن بالطالب/الباحث البدء بالكتابة على أوراق مسطرة كبيرة الحجم، ذات هوامش واضحة، وأن يترك فراغاً بين كل سطر وسطر؛ وألا يكتب إلا على وجه واحد من الورقة، وأن يترك في أسفلها أسطراً تكفي لكتابة المراجع والتعليقات (الحواشي).

١ـ منذر الضامن: أساسيات البحث العلمي، ص ٢١٩.

وإذا طرأت لديه معلومة يريد إضافتها، بإمكانه أن يفعل ذلك، إما على الفراغ القائم بين السطر والآخر، إذا كان يكفي ذلك، وإما بوضع علامة (سهم) يبدأ من المكان الذي يجب أن تبدأ الزيادة عنده، ويمتد إلى نهاية السطر، كإشارة إلى أن الإضافة ستكون على ظهر الصفحة. وإذا كان هناك أكثر من أضافة، يمكن أن يضاف إلى السهم الأول، رقم (١) أو (٢) أو (٣) وهكذا دواليك.

وإذا تعددت الإضافات بحيث لم يعد يكفي ظهر الورقة لإستيعابها كلها، يحسن به إلغاء الورقة وإعادة كتابتها من جديد، وإدخال الإضافات بصورة طبيعية، لا سيما وأن كثرة الإضافات تربك القراءة وقد تجعلها متعسرة.

وإذا كانت الإضافة واحدة وكبيرة، فيمكن كتابتها على ورقة مستقلة، ثم يصار إلى قطع الورقة الأولى من المكان الذي يراد إلحاق الإضافة به، أو بواسطة ورق لاصق على ظهر الصفحة.

ثامناً: الأسلوب المطلوب في كتابة البحث العلمي

البحث كناية عن مجموعة من الأفكار. والباحث الناجح هو الذي يحسن التعبير عن أفكاره، بلغة صحيحة، وعبارة مشوقة، دون أن يقع في التكرار، أو الإسهاب، أو الإختصار المخل. والأفكار كناية عن مجموعة من الألفاظ التي تعبر عن معان محددة، إذ هي قوالب تصب بها المعاني والأفكار.

وكما أن للأفكار قوانين لتعقلها وإدراك للعلاقات القائمة بينها، لتجنب الوقوع في الخطأ والزلل، فكذلك الأمر؛ للألفاظ قوانين خاصة من حيث هي ألفاظ، ومن حيث دلالتها على معان محددة، وهذه القوانين يحكمها علم النحو كما علم المنطق.

ولإدراك العلاقات القائمة بين الأفكار بواسطة الألفاظ، لا بد وأن يستخدم الطالب/الباحث أسلوباً علمياً دقيقاً، واضحاً بسيطاً، لا لبس فيه ولا غموض، سواء كان ذلك في الألفاظ أو في الأفكار. وأحيانا قد تكون الأفكار في ذهنه، مشوشة مضطربة، لا تماسك فيها ولا وضوح، فيجيء التعبير عنها، مفككاً، مضطرباً،

غامضاً، وأحياناً قد تكون الأفكار واضحة فيجيء التعبير عنها غامضاً، مفككاً، لعدم قدرته اللغوية في التعبير عن أفكاره. وكثيراً ما نشهد حالات من هذا النوع، وقصور الطالب عن التعبير عن أفكاره تعبيراً سليماً.

وليس هذا بمستغرب، فالمعاني والأفكار مطروحة في الأسواق، وهي شائعة بين الناس أجمعين، عامتهم وخاصتهم؛ وما يميز بعضهم عن بعض، هو القدرة على التعبير عن هذه المعاني والأفكار، بأسلوب واضح مؤثر جذاب.

والرأي المؤكد، هو أنه ليس بإمكان كل إنسان أن يكون باحثاً. إنما قدرة التعبير يمكن لها أن تكون وقفاً على من يملك الموهبة والوسائل اللغوية المناسبة، التي تمكنه من نقل أفكاره إلى الآخرين.

تاسعاً: المنهج المطلوب لكتابة البحث العلمي

يقوم الأسلوب أو المنهج المطلوب في كتابة أي بحث، بدور بالغ الأهمية في إنجاحه. فبواسطته يتم عرض الأفكار والآراء والمعلومات، ويتحقق التماسك الدقيق والترابط الوثيق ما بين الفصول والأبواب.

والأسلوب بالنسبة إلى البحث « بمثابة الوتر الدقيق القوي الذي يستعمله الصائغ في جمع اللألىء ليجعل منها عقداً ثميناً منتظماً لا نشاز فيه ولا شائبة».[1]

وليأتي الأسلوب موفقاً وناجحاً، يجب أن يكون سلساً مفهوماً، لا تكلف فيه ولا زخرفة. وليكون مفهوماً، لا بد أن يتوفر فيه شرطان: الوضوح claret أولاً والبساطة simplicité ثانياً. ولتحقيق الوضوح إلى جانب البساطة، لا بد أن تكون الأفكار واضحة بعيدة عن الغموض والتعقيد. ويفضل أن تكون الألفاظ الدالة عليها، واضحة وبسيطة لا تحتمل أكثر من معنى واحد.

وينصح الطالب دائماً بأن يتقيد بالأمور الآتية:

١ـ ثريا ملحس، منهج البحوث الجامعية، ص ١٤٨.

١ - في إنتقاء الألفاظ

على الطالب/الباحث أن ينتقي الألفاظ المناسبة لنوع البحث وطبيعته، التي تعبر مباشرة عن المعنى المقصود. وإذا كان للفظ الواحد أكثر من معنى (تعدد المعاني للفظ الواحد)، فعليه أن يشير صراحة إلى المعنى الذي يريده من اللفظ. كما عليه أن يبتعد عن وحشي اللفظ وغريبه؛ لأن الألفاظ الغامضة تعقد المعنى وتعوق الفهم.

وخلاصة القول، إن اللفظ جسم روحه المعنى، وإرتباط اللفظ بالمعنى كإرتباط الجسم بالروح، بينهما رباط قوي ودقة متناهية. وللدقة في إختيار الألفاظ، أضافة إلى التناسق فيما بينها، بالغ الشأن في عملية التأثير على القارئين والسامعين. والتناسق بين الألفاظ يحصل عندما تحتل كل لفظة مكانها المناسب في الجملة، التي تقوم بتأدية وظيفتها التعبيرية عن المعنى المراد أو الفكرة المقصودة.

٢ - في إنتقاء العبارات

نؤكد على الطالب/الباحث في هذه النقطة، أن تكون عباراته وجمله قصيرة وواضحة؛ بحيث تكون الجملة على قدر تمام المعنى الذي تعبر عنه بدون زيادة أو نقصان.فما يمكن التعبير عنه بكلمات معدودات يجب ألا يتجاوزها إلى أكثر من ذلك، وإلا عُد لغواً وحشواً يسيء إلى المعنى ولا يُحسن إليه.

كما يتوجب عليه أن يحسن الربط بين الجمل كما الأفكار، لأن الربط المنظم بين الجمل يساعد على توضيح الأفكار و إيصالها إلى القارىء، بمعنى أن التناسق بين الجمل أو الوحدات التعبيرية يحل التناسق بين الأفكار. كما أن عليه أن يبتعد عن الجمل الإنشائية (الإنشائيات) وزخرف الألفاظ، التي لا معنى لها

سوى زخرفة الأسلوب على غير طائل. وأن يتجنب ما وسعه ذلك، الاستطراد والتكرار، سواء بالنسبة إلى الألفاظ أو العبارات[1]. فضلاً عن صيغ المبالغات، وعلامات التهكم والسخرية من بعض الآراء. وأن يتنبه في جمله إلى قواعد الإملاء، ووجوب تقديم الفعل على الفاعل بصورة عامة. كما عليه التنبه لأدوات الربط أو الوصل، كالواو والفاء بحيث يبدو الكلام آخذاً برقاب بعضه بعضاً من غير قطع أو فصل. وأن يضع علامات الوقف من نقاط وفواصل... إلخ في مواضعها المناسبة. فيضع النقطة بعد إنتهاء الجملة المفيدة. ويضع الفاصلة بين الجمل المتعاطفة، مع الإشارة إلى أن علامة النقطة (.) تدل على إكتمال المعنى، وكأنها كلمة قائمة بحد ذاتها؛ وأن علامة الفاصلة (،) تدل على عدم إكتمال المعنى، وإنما على تتابع أجزائه.

٣ - في الفقرات

الفقرة كناية عن مجموعة من الجمل المترابطة فيما بينها لإبراز فكرة ما، أو لإيضاح حقيقة ما. وهي تؤلف مع غيرها من الفقرات، بحثاً في فصل، أو فصلاً في باب. ومن المستحسن ألا تطول الفقرة كثيراً؛ وأن يكون طولها مقبولاً. ويشترط في ترتيب الفقرات، التسلسل المنطقي فيما بينها، بحيث تكون الصلة بينها صلة جوهرية عضوية، كل منها تنبثق عن الأخرى؛ بحيث إذ قطعت أو بترت إحداها، ضاع المعنى العام منها وكان الشتات. بمعنى أن تكون العلاقة بين الفقرات متماسكة مترابطة، كتماسك الجسد الواحد، إن مس عضواً منه، تداعت سائر الأعضاء بالوهن والحمى.

وبما أن كل فقرة تعبر عن فكرة، فيجب البدء على سطر جديد عند بداية

١ـ لا غرو أن نجد مثل هذا الأمر من التكرار، عند البعض من اهل الاختصاص في هذا الأمر. وكمثال على ذلك، نلاحظ مثل هذا الشيء عند الدكتور أحمد شلبي في الصفحتين ٢١ و ٢٢ من كتابه الموسوم بعنوان: «كيف تكتب بحثاً أو رسالة»، إذ نجده يردد عبارة واحدة، عدة مرات في هاتين الصفحتين.

كل فقـرة. ويُستحسـن تـرك جـزء أو فسـحة مـن الفـراغ، بـين كل فقـرة وأخـرى، أوسـع حجـماً مـن الفـراغ الكائـن بـين السـطرين العاديـين.

٤ - في الضمائر

يلجأ بعض الطلاب الباحثين للتعبير عن آرائهم في مشكلات البحث وفي آراء الغير، إلى إستعمال صيغة المتكلم المفرد (أنا) التي تظهر فيها مظاهر القوة والإعتداد بالنفس، مثل: وأنا أرى، أما أنا فارى، ورأيي أنا، أما الرأي الذي أراه، أما أنا فأعتقد، أما أنا فأظن... إلخ.

ويلجأ البعض الآخر من الطلاب إلى إستعمال صيغ المتكلم الجمع (نحن) في بحوثهم، ظناً منهم أن في ذلك تخفيفاً لمظاهر الإعجاب والإعتداد والثقة بالنفس، مثل: ونحن نرى، أما نحن فنرى، ونحن نظن، ونحن نميل، ونحن نعتقد، ونحن لا نوافق... إلخ.

وإذا كان للطالب أن يستخدم الأسلوب الذي يرتئيه، بشرط أن يلتزم به طيلة بحثه، منذ بدايته حتى نهايته، فإنه يستحسن منه بعامة، تجنب إستعمال الضمائر بنوعيها: ضمائر المتكلم وضمائر الجمع، والإستعاضة عنها بأساليب علمية مجردة من كل مظاهر الغرور أو الإعتداد، وأكثر قبولاً من العقل، وأحسن وقعاً على النفس، مثل: يمكن القول، يبدو أن، ويظهر أن، ولعل الرأي الأقرب إلى الصواب، يتضح مما سبق ذكره، بيد أن الرأي الغالب، علماً بأن، على أن، مع العلم بأن، ولذا، ولهذا، وهكذا، بيد أن، فضلاً عن أن، ولكن، وبالإضافة إلى، ومن ناحية أخرى، مع الملاحظة بأن، مع الإشارة إلى أن، والجدير بالذكر، ومن المستحسن، ويستحسن، ويفضل ... إلخ.

والأمـر الـذي يدعـو إلى الملاحظـة والإستهجان، هـو أن نـرى بعـض الباحثين المعروفـين، حتـى الذيـن ألفـوا منهـم في منهجيـة البحـث العلمـي، يتحدثـون تـارة بصيغـة الأنـا (المتكلـم المفـرد)، وتـارة بصيغـة النحـن (المتكلـم الجمـع)، حتـى

في الصفحة الواحدة، وتحت العنوان الواحد.

٥ - في الإقتباس

قد يجد الطالب/الباحث نفسه - للتدليل على رأيه - مضطراً للإستشهاد بمصدر آخر أو مرجع هام موثوق به. وفي هذه الحالة فإن الإقتباس يجب أن يكون دقيقاً، ويوضع بين مزدوجين صغيرين (شولتين) مرتفعين قليلاً عن السطر " "، بشرط أن يكون مسبوقاً كفاية بالتحليل والمناقشة، ومنسجماً مع ما يسبقه من معلومات وأفكار وما يليه من المعلومات والآراء.

وإذا كان الإقتباس قصيراً لا يتجاوز الخمسة أو الستة أسطر، فإنه يوضع بين شولتين، كجزء متمم للبحث. وإذا تعدى هذا الحجم من الأسطر إلى صفحة، فإنه يوضع بصورة مميزة، وذلك بحرف أصغر من الحرف المعتمد في البحث، وعلى سطر جديد، على أن يترك هامش أو فسحة من الفراغ بينه (أي بين الإقتباس) وبين أخر سطر قبله وأول سطر بعده؛ وكذلك هامش من الفراغ على يمين وشمال الإقتباس يكون أوسع مما هو متبع في بقية البحث أو الرسالة[١].

ومن ناحية أخرى، يجب أن يكون الفراغ بين أسطر الإقتباس أقل مما هو موجود بين الأسطر العادية في النص. وأن يتأكد الطالب/الباحث من أن صاحب الكتاب الذي يقتبس منه، لم يغير رأيه في طبعة جديدة للكتاب، أو فيما نشره من أبحاث.

وإذا اضطر الطالب/الباحث أن يجتزيء من النص الذي إقتبسه، كلمة أو عبارة أو فقرة لا يحتاجها، فيمكنه ذلك، بشرط أن يضع ثلاث نقط أفقية (...)؛ وبألا يسيء الحذف إلى المعنى الأصلي الذي يريده المؤلف. أما إذا إضطر إلى أضافة كلمة أو أكثر لربط الإقتباس بما سبقه أو بما يليه، أو ليوضح لبساً في النص

١ـ عبد الواحد ذنون طه: أصول البحث التاريخي، ص ١٧٣ - ١٧٧.

المقتبس، كتوضيح عودة الضمير أو الفاعل أو المفعول... إلخ، فإن عليه أن يضع ذلك بين قوسين مركنين [ ].

وينصح الطالب/الباحث عادة بألا يكثر من الإقتباس أبداً؛ لأن الإسراف في الإقتباس من دلائل الوهن في البحث؛ تطمس شخصية الباحث العلمية وتخفيها؛ في حين أن المطلوب في البحث هو إبراز موهبته وقدراته العلمية.

٦ - في التقسيم أو التفريع

قد يضطر الطالب/الباحث إلى أن يقسم عنواناً رئيساً إلى أقسام، وهذه الأقسام إلى أقسام أخرى، أو أبحاث... وهكذا. وفي هذه الحال، فإن عليه أن يجعل بداية سطور الأقسام الأولى، داخلة قليلاً عن بداية سطور الأصل. وأن يجعل بداية سطور الأقسام الثانية، داخلة قليلاً عن بدية سطور الأقسام الأولى.

مثال على ذلك:

حديث الآحاد: وهو يقسم إلى قسمين:

١ - حديث الآحاد المشهور

٢ - حديث الآحاد غير المشهور. وهو ينقسم إلى ثلاثة أقسام:

أ - الحديث الصحيح

ب - الحديث الحسن

ج - الحديث الضعيف. وهو على أنواع كثيرة، منها:

١ - الحديث المرسل

٢ - الحديث المضطرب، إلخ...

مثل آخر:

من المفترض على الطالب الباحث من ناحية ثانية، أن يمتنع عن إطلاق الأحكام المتسرعة، وأن يبتعد قدر المستطاع عن الهوى، وثالثاً أن لا يقر بأي فكرة أو رأي يصادفه في قراءاته من غير أن يكون بديهياً، ويفتقر إلى اليقين.

٧ - في الألقاب أو الصفات

إذا ذكر الطالب في سياق بحثه شخصاً ما (مفكراً، عالماً، أديباً... إلخ) فعليه أن يذكره مجرداً من لقبه أو صفته أو وظيفته، فيقول مثلاً: ويرى طه حسين في كتابه: مستقبل الثقافة في مصر، أن ...

بدلاً من: ويرى الدكتور طه حسين في كتابه... أو : ويرى عميد الأدب العربي في كتابه...

مثال آخر، ومنه:

ويرى صبحي الصالح في كتابه: الإسلام ومستقبل الحضارة، أن ...

بدلاً من: ويرى الدكتور الشيخ صبحي الصالح في كتابه ... أو: ويرى صبحي الصالح مدير كلية الآداب والعلوم الإنسانية السابق بالجامعة اللبنانية، في كتابه...

يمكن إضافة الصفة فقط إلى الشخص، إذا كان ذلك يضفي أهمية وقيمة على الرأي، كأن نقول: ويرى عبد الله العلايلي، اللغوي المعروف، أن...

إلا أنه بإمكان الطالب/الباحث أن يذكر صفة الشخص ولقبه في المقدمة، وذلك إذا أراد أن يوجه له تقديراً على العون أو المساعدة التي أمده بها؛ أو إذا كان الشخص الذي يقتبس عنه غير معروف في محيط المادة التي يخوض فيها، شرط أن يعرّف به في الحاشية[١]. كما يفضل عند ورود اسم أجنبي في النص، أن يدون بالأحرف العربية أولاً ثم بالأحرف الأجنبية، كما هو اسمه.

---

١ ـ كأن نقول مثلاً: هو أستاذ الفلسفة، أو التاريخ، أو علم النفس التربوي... إلخ في كلية التربية (الفرع الأول).

٨ - في التشكيل

كثيراً ما يتوقف فهم النص وقراءته قراءة صحيحة، على علامات الوقف، التي تقوم بأداة الربط بين أجزائه، وتبين أماكن الفصل والوصل فيه.

وعلامات الوقف كناية عن رموز إصطلاحية، تواضع (إتفق) العلماء عليها، تأتي بين أجزاء الكلام أو الجمل والكلمات، لتيسير عملية القراءة والفهم على القارىء.

وكما أن المعنى يضطرب ويختلف إذا أسيء الرسم الإملائي للكلمة، فكذلك الحال، فيما إذا أسيء استعمال إحدى علامات الوقف، أو وُضعت إحداها مكان الأخرى.

فإذا كتبنا مثلاً الهمزة في كلمة سُئل على الألف: سأل، تغير المعنى وإنعكس، بحيث أن المسؤول يصير سائلاً. وكذلك إذا كتبنا الهمزة في كلمة يكافىء على الألف: يُكافأ، تغير المعنى، وأصبح من يعطي المكافأة هو المكافأ (الرسم الإملائي للكلمة).

وإذا وضعنا علامة وقف بدل أخرى، إضطرب المعنى أيضاً، وخفي علينا إدراك العلاقة بين أجزاء الكلام. فإذا وضعنا فاصلة بين الجملتين الآتيتين، على النحو التالي:

ساءت أحوال العرب والمسلمين في العصور الحديثة، لأنهم لم ينتبهوا إلى نوايا الغرب الإستعمارية وتخلوا عن دينهم.

لفهمنا أن كلاً من الجملتين جزء من التعبير عن معنى معين؛ في حين أننا لو وضعنا الفاصلة المنقوطة (؛) بدل الفاصلة (،) بينهما، لأدركنا أن الجملة الثانية هي سبب الجملة الأولى.

وثمة آيات قرآنية كانت وما زالت، على خلاف في تفسيرها بين العلماء؛

لأن القرآن الكريم جاء خلواً من علامات الوقف، منها الآية الآتية:

« وما يعلم تأويله إلا الله والراسخون في العلم يقولون آمنا به كل من عند ربنا [1]».

وكذلك ثمة نصوص إسلامية، إختلف المسلمون الأوائل أشد الإختلاف في تفسيرها؛ لأنها جاءت خالية من علامات الوقف:

مثال ذلك: الحديث النبوي الشريف: « نحن معاشر الأنبياء لا نورث ما تركناه صدقة » .

وهناك حادثة مشهورة جرت في روسيا القيصرية، مفادها أن شخصاً حُكم عليه بالإعدام، وحُدد يوم التنفيذ. فجاء من يتوسط له عند القيصرة، التي أرسلت رقاقة صغيرة إلى السجان، كتبت عليها الكلمات الآتية: « العفو مستحيل الإعدام ».

فحار السجان في أمره، ودفعه ذلك، إلى تأجيل تنفيذ الإعدام.

ولذا، فإن على الطالب/الباحث أن يحسن إستخدام علامات الوقف في بحثه أو رسالته، وفاقاً للأصول. والذي لا يقوم بذلك خير قيام، يتعرض للنقد. وغالباً ما تُرد الرسائل الخالية تماماً من علامات الوقف، أو التي تسيء إستخدامها إساءة فادحة.

وعلامات الوقف، هي: ١- النقطة، أو الوقفة   .

٢- الفصلة أو الفاصلة أو الفارزة   ،

٣- الفصلة المنقوطة أو الفاصلة المنقوطة أو القاطعة   ؛

٤- النقطتان العموديتان   :

---

١ ـ سورة آل عمران. الآية ٧.

٥- النقط الأفقية الثلاث أو علامة الحذف ...

٦- الشرطة أو الوصلة -

٧- الشرطة أو الوصلة المائلة /

٨- الشرطتان - -

٩- الشولتان المزدوجتان، أو علامة التنصيص « »

١٠- القوسان أو الهلالان ( )

١١- القوسان المركنان أو المعقوفتان [ ]

١٢- علامة الإستفهام ؟

١٣- علامة الإنفعال أو التأثر !

١ - النقطة أو الوقفة (.):

وهي توضع:

أ - بعد إنتهاء الجملة الخبرية المفيدة، أو الكلام الذي تم معناه، لتلفت نظرنا إلى إبتداء جملة جديدة أو كلام جديد.

مثلاُ: من يجتهد ينجح. ومن ينجح يكن سعيداً. ومن يكن سعيداً يكن رحوماً. ومن يكن رحوماً يكن محبوباً. ومن يكن محبوباً يكن كريماً.

ب - بعد بيانات النشر المتعلقة بالكتاب والصفحة المقتبس منها.

مثلاً: العريس، محمد، شخصيات إسلامية، ط١، بيروت، دار اليوسف، ٢٠٠٤، ص١٦٦.

٢ – الفصلة أو الفاصلة (،):

وهي تستعمل لفصل بعض الجمل عن بعض، التي يتكون من مجموعها، كلام تام المعنى، في موضوع معين، فيقف القارىء عندها وقفة وجيزة.

وهي تستعمل في المواضع الآتية:

أ - بعد إسم المنادى: يا نبيل، لا تحشر نفسك فيما لا يعنيك.

ب - بين الجملة الشرطية وجوابها: <u>من إجتهد وأصاب، فله أجران. ومن إجتهد فأخطأ فله أجر واحد.</u>

ج - بين الجمل المتعاطفة المرتبطة بالمعنى في الفقرة الواحدة، مثل:

رأى المسلمون عجباً، وهم يقاتلون الروم. رأوا فارساً لم يروه من قبلُ، يندفع إندفاع الصاعقة، ويمرق مروق السهم، فيمزق صفوف العدو، وترتعد أمام بسالته فرائض الأعداء. قالوا: لا بد أنه خالد، لكن خالداً ما لبث أن أشرف عليهم، فثارت بهم الدهشة، وتقدموا يسألونه عن ذلك الفارس الذي أوقع الرعب في نفوس الروم، <u>فقال:</u> ....

د - بين الكلمات المتعاطفة في الجملة الواحدة أو الفقرة الواحدة، مثل:

يرى أفلاطون أن كل ما لا يقع تحت الحس من المعقولات، <u>كالعدالة، والحكمة، والشجاعة، والعفة، والجمال، والقبح، والخير</u> ... إلخ. موجود في عالم حقيقي، هو عالم المثال.

هـ- بعد القسم، مثالاً على ذلك: <u>والله لن أكلمك أبداً</u>

و - بعد الإجابة بـ: نعم أو لا، على سؤال ما، شرط أن يتبع ذلك، جملة خبرية. مثلاً:

جاءت إمرأة من بني خشعم تسأل الرسول عليه السلام: «يا رسول الله إن أبي أدركته فريضة الحج شيخاً زمناً لا يستطيع أن يحج، إن حججت عنه أينفعه ذلك؟ فقال لها: أرأيت لو كان على أبيك دين لقضيته، أكان ينفعه ذلك؟ قالت: <u>نعم</u>، فقال لها: فدين الله أحق بالقضاء».

ز - بين الجمل المعترضة، ما قبل إبتداء الجملة المعترضة، وما بعدها. مثلاً على ذلك:

لقد أجاز الشارع (المشترع) بيع العرايا، - وهو بيع الرطب على رؤوس النخل باليابس أو التمر -، وذلك بالرغم من تحريمه الربا في الذهب، والفضة، والبر، والشعير، والتمر، والملح؛ وإنعقاد الإجماع على أن علة تحريم الربا في هذه الربويات، تعود إما للطعم، أو القوت، أو الكيل، أو المال، وكلها موجودة في العرايا، والتفاضل بين التمر والرطب معروف.

ح - بين إسم المؤلف، وعنوان الكتاب، ومكان النشر، وتاريخ النشر، وذلك عند تدوين المراجع في الحواشي. مثالاً على ذلك:

العريس، محمد، منهج الشيخ الألباني في التصحيح والتضعيف وتسيير الوصول إلى الصحيحة، ط١، بيروت، دار اليوسف، ٢٠٠٤، ص ...

ط - بين ترقيم الصفحات في الإسناد. مثلاً: العريس، محمد، منهج الشيخ الألباني في التصحيح والتضعيف وتسيير الوصول إلى الصحيحة،ط١، بيروت، دار اليوسف، ٢٠٠٤، ص ٩٩، ١٠٥، ١٠٩، ١١٣، ١١٨، ١٢٥، ١٤١، ٢٠٥، ١٥٦،٢٨٥،٢٢٩.

٣ - الفاصلة المنقوطة أو القاطعة (؛):

توضع بين الجمل لتشعر القارىء بأن عليه الوقوف عندها وقفة أطول قليلاً من وقفة الفاصلة. ومن طرق إستعمالها:

أ - بعد جملة يستتبعها سبب أو تعليل أو توضيح أو تفضيل. مثلاً:

سقراط أول الفلاسفة الإنسانيين ؛ لأنه أول من اهتم بدراسة الإنسان، وأكد على الأخلاق والسلوك الإنساني.

أو: جاء في تاريخ الطبري: « بسم الله الرحمن الرحيم. هذا ما عهد أبو بكر بن أبي قحافة إلى المسلمين ؛ أما بعد ...

ب - بين جملتين تكون أولاهما سبب الثانية. مثلاً: لقد إغتر العرب والمسلمون

بماضيهم وتهاونوا في بناء حاضرهم ؛ ولـذا خـسروا حضارتهـم وقوتهم ومعاركهـم مـع الإستعمار وإسرائيل.

ج -   بين جمل طويلة يتألف من مجموعها كلام تام المعنى (فقرة كاملة المعنى)، أو بين أجزاء الجملة الواحدة المركبة، التي تعبر كل منها عن معنى شبه تام. مثلاً:

أراد عمر بن الخطاب أن يكتب السنن، وإستشار في ذلك أصحاب رسول الله، فأشار عليه عامتهم بذلك ؛ فلبث شهراً يستخير الله في ذلك، شاكاً فيه، ثم أصبح يوماً وقد عزم الله له ؛ قال: « إني ذكرت لكم من كتابة السنن ما قد علمتم، ثم تذكرت، فإذا أناس من أهل الكتاب من قبلكم قد كتبوا مع كتاب الله كتباً فأكبوا عليها وتركوا كتاب الله ؛ وإني والله لا ألبس كتاب الله بشيء».

د -   بين مكانين مختلفين لكتاب واحد منشور. مثلاً:

-    بدوي، عبد الرحمن، مدخل جديد إلى الفلسفة، بيروت، دار القلم؛ ١٩٧٥، الكويت، وكالة المطبوعات؛ ١٩٧٩.

-    خلاف، عبد الوهاب، علم أصول الفقه، مصر، البابي الحلبي؛ ١٩٥٦، بيروت، دار الفكر، ١٩٧٠ م.

٤ -   النقطتان العموديتان (:)

تستعملان للتوضيح والتبيين؛ وتوضعان مثلاً:

أ -   بعد لفظ القول أو القائل مباشرة. مثلاً:

جيء إلى عمر بن الخطاب بإمرأة زانية يشتبه في حملها، فاستفتى الإمام (علي)، فأفتى بوجوب الإبقاء عليها حتى تضع جنينها، وقال له: إن كان لك سلطان عليها فلا سلطان لك على ما في بطنها.

ب -   لإلقـاء الضـوء عـلى كتـاب مـا أو التأكيـد عليـه ولفت الإنتبـاه إليـه، وكذلـك،

التأكيـد علـى عنـوان مـا، في معـرض القـول: مثـلاً: يقـول الفـارابي في كتابـه: آراء أهـل المدينـة الفاضلـة : تحـت عنـوان :

ج - قبل إيراد الأمثلة التي توضح فكرة ما أو رأياً ما. مثلاً:

أدخل أبو حنيفة النعمان في أصول مذهبه، بعض القواعد المنطقية، مثل : الدلالة بأنواعها : المطابقية، والتضمنية، والإلتزامية.

د - قبل إيراد الحجج أو البراهين على أمر أو شيء ما. مثلاً:

أشـهر البراهين أو الحجج على وجود الله، أربع : ١- البرهان الوجودي. ٢- البرهان الكوني.

٣- البرهان الغائي. ٤- البرهان الأخلاقي.

هـ- قبل البدء بتعريف شيء ما. مثلاً:

هناك تعريفان للحقيقة:

١- الحقيقة المنطقية، وتعرف بأنها: مطابقة الفكر مع الشيء.

٢- الحقيقة الوجودية، وتعرف بأنها: مطابقة الشيء مع الفكر.

ز - بين الشيء وأنواعه وأقسامه (تفصيل أنواع الشيء وأقسامه). مثلاً:

الفلسفة كلها بمثابة شجرة، جذورها: الميتافيزيقيا، وجذعها: الفيزياء. وغصونها المتفرعة عن هذا الجذع: هي كل العلوم الأخرى؛ وهي ترجع إلى ثلاثة رئيسة، هي: الطب، والميكانيكا، والأخلاق. وهذه هي أعلى درجات الحكمة، وتفترض معرفة كاملة بسائر العلوم.

٥ النقط الأفقية الثلاثة (...) أو علامة الحذف

أ - وهي توضع عند حذف جزء يسير أو كبير من النص المقتبس. مثلاً على ذلك:

يعتـبر الحديـث عـن حقـوق المـرأة ...، مـن الطروحـات التـي مـا يـزال التطـرق إليهـا ضـرورة حتميـة وواجبـة في كل وقـت، وكل حيـن، لدراسـة حالـة المـرأة ...، مـن خـلال المنظومـات التـي جـاء بهـا الديـن الإسـلامي ...، للاطـلاع علـى المنزلـة التـي

٢١٥

اختصها بها، والتي نتجت ربما عن الظلم والاستبداد اللذين لحقا بها، عندما كانت ترفل في غياهب الجهل وما سبب لها ذلك من مهانة[1].

ب ـ بعد الإنتهاء أو شبه الإنتهاء من الكلام، ولما يزل بعدُ إمكانية للإسترسال فيه. مثلاً: أخذ أفلاطون المعتقدات الأرفية التي كانت سائدة في عصره، وصاغها في آراء فلسفية...

كما إستفاد من آراء المصريين القدامى في النفس الإنسانية والأخلاق والسياسة... إلخ.

وهكذا، فعل غاندي، الذي تساوت عنده جميع الحقائق والمعتقدات من حيث المرتبة، حتى أصبح يؤمن بتعاليم التوراة والإنجيل والقرآن والبوذية والزرداشتية... إلخ.

٦ ـ الشرطة (-)

أ ـ وهي التي توضع بين الأرقام المتسلسلة. مثلا على ذلك:

المرجع نفسه، ص ١٣ ـ ١٤، ١٧ ـ ١٩، ١٣٥ ـ ١٣٧.

ب ـ بين تاريخ الحياة والوفاة للأشخاص، وكذلك بين تاريخ نشأة الدول وزوالها. مثلاً:

أبو حنيفة النعمان (٨٠ ـ ١٥٠ هـ). الدولة الأموية (٢٩ ـ ١٢١ هـ). إلخ

ج ـ عند التعداد في أول السطر. مثلاً على ذلك:

- يرى الفارابي أن أفلاطون وأرسطو متفقان بينهما في الباطن وإن بدا أنهما مختلفان في الظاهر... وهو يدلل على رأيه هذا بأدلة ثلاثة:

١- إن الناس ظنوا أن هناك خلافاً بينهما بالنسبة إلى طبيعة الجوهر...

---

١ ـ محمد العريس، حقوق المرأة في الإسلام، بحث مخطوط قيد الطبع. ص١

٢-	إن الناس ظنوا أن هناك خلافاً بينهما بالنسبة إلى المعرفة...

٣-	إن الناس ظنوا أن هناك خلافاً بينهما بالنسبة إلى الإستعدادات الفطرية والميول الطبيعية...

أو: تقسم الفلسفة إلى ثلاثة مباحث رئيسية:

١-	علم المعرفة (الإبستمولوجيا) Epistémologie

٢-	علم الوجود (الأنطولوجيا) Ontologie

٣-	علم القيم (الأكزيولوجيا) Axiologie

د -	في إبتداء السطر، عند الحديث أو الحوار بين شخصين والاستغناء عن تكرار اسميهما.

هـ- ـ	بين الكلمات التي تؤلف جملة مركبة، لزيادة التوضيح أو الإيجاز. مثلاً على ذلك: محمد العريس: أستاذ بالجامعة اللبنانية = كلية = الفرع = قسم.

و -	بين طرفي الجملة أو ركنيها، في حال طول الأول منها وتوالي جمل كثيرة فيه، إما عن طريق العطف، أو الوصف، أو الإضافة، أو الإطناب، أو الإستطراد... إلخ. للتنبيه على أن للطرف الثاني من الجملة، صلة وثيقة بما قبله. ويتوضح ذلك عادة:

١-	بين المبتدأ والخبر. مثلاً:

الأستاذ الذي يحمل شهادات عالية في إختصاصه، عالماً بأصول التربية، متحلياً بالأخلاق الفاضلة، من تواضع، وطول أناة، وأمانة، وعدالة، زاهداً في المال والشهرة، عاملاً في سبيل مصلحة الطلاب، قادراً على ايصال المعلومات اللازمة إلى أذهانهم = هو مثال الأستاذ المنشود، والمطلوب، والمحبوب، من الطلاب، والناس.

٢-	بين الشرطة والجواب. مثلاً:

من ينظر اليوم في أحوال العرب والمسلمين، الذين تركوا دينهم وإنحرفوا عن جادته ومبادئه، التي ساقتهم في الماضي إلى أعلى درجات المجد والسؤدد في العلم والحضارة والفلسفة والقوة، وما هم عليه في عصرنا الحاضر، من ضعف وجهل وتخلف وتقهقر وتكالب على المادة وتنابذ - يدرك معنى قول الشيخ محمد عبده في بلاد الإنكليز: « هناك رأيت الإسلام ولم أرَ المسلمين؛ أما هنا (في بلاد العرب والإسلام) فقد رأيت المسلمين ولم أرَ الإسلام ».

٧ - الشرطة المائلة (/).

تستخدم في بيان التاريخ الميلادي بالنسبة إلى التاريخ الهجري، وبالعكس. مثلاً:

- ولد إبن رشد سنة ٥٢٠ هـ / ١١٢٦ م، وتوفي سنة ٥٩٥ هـ / ١١٩٨ م.

- ولد أبو حنيفة النعمان سنة ٨٠ هـ / ٦٩٩ م، وتوفي سنة ١٥٠ هـ / ٧٦٧ م.

- قامت الدولة الأموية سنة ٢٩ هـ / ٦٦١ م، وزالت سنة ١٢١ هـ / ٧٥٠ م.

- قامت الدولة العباسية على أنقاض الدولة الأموية، سنة ١٢١ هـ / ٧٥٠ م، وإندثرت سنة ٦٤٥ هـ / ١٢٥٨ م.

٨ - الشرطتان (- -)

أ - توضع بينهما الجمل المعترضة، والكلمات الشارحة أو المفسرة للنص، التي تصل ما قبل الجملة المعترضة بما بعدها. مثالاً على ذلك:

بعد الإطلاع على رسالة الطالب فؤاد وقيامه، - كما أكد لي - ، بإجراء التصحيحات والتصويبات اللازمة، والعمل بمقتضى الملاحظات المعطاة له، إن من حيث الشكل أو المضمون،؛ لا أرى مانعاً من إعطائه إذناً بالطباعة... (معترضة).

أو: عُدّ ابن سينا الفارابي أستاذاً له، حيث ذكر صراحة، أنه لم يحسن فهم أغراض المعلم الأول، - أي أرسطو - ، في كتابه ما بعد الطبيعة، إلا بعد قراءة

رسالة الفارابي في أغراض بعد الطبيعة (شرح).

ب - العناوين الفرعية لكتاب ما أو بحث ما، لإلقاء الضوء عليها. مثلاً:

مدخل إلى علم المنطق - المنطق التقليدي -

فلسفة ديكارت ومنهجه – دراسة تحليلية ونقدية –

٩ - الشولتان المزدوجتان « » أو علامتا التنصيص

يوضع بينهما:

أ - النص المقتبس حرفياً بما فيه من علامات الوقف، أو العبارات أو الألفاظ المقتبسة حرفياً، وذلك لتمييز الكلام المقتبس من كلام الباحث. مثلاً:

يرى ابن سينا أن صلة النفس بالبدن تكون عن طريق «الروح الحيواني» الذي هو كناية عن جسم بخاري لطيف، يخرج من القلب، وينتشر في البدن كله، ليمد الأعضاء بالحرارة الضرورية للحياة. ويرى ديكارت أن إتصال النفس بالبدن، يتم عن طريق «الأرواح الحيوانية»، التي هي كناية عن جزئيات صغيرة ودقيقة من الدم، تتحرك بسرعة داخل الأعصاب[١] ...

ب - عناوين الأبحاث أو المقالات، لإبرازها وإلقاء الضوء عليها، سواء كان ذلك في المتن أو السند. مثلاً:

"لا جَرَمَ أن الإجتهاد بالرأي – أي في أبعاده المختلفة – وثيق الصلة بالتشريع الإسلامي، بل قد إنقلب على أيدي الصحابة، ومن بعدهم، ليصبح أصلاً من أصول التشريع، تستنبط عن طريقه الأحكام ومداركها الشرعية "[٢]

١٠ - القوسان أو الهلالان ( )

يوضعان

---

١ ـ مهدي فضل الله: محاضرات في تاريخ الفلسفة العربية (غير مطبوعة)، ١٩٩١، ص ٧٦.

٢ ـ محمد فتحي الدريني: «مناهج الاجتهاد والتجديد في الفكر الإسـلامي»، مجلة الاجتهاد، عدد ٨، بيروت، ١٩٩٠ م، ص ١٩٧ – ٢٣٦.

أ -   حول الأرقام، كالمثال التالي:

الكندي (١٨٥ – ٢٥٦ هـ / ٨٠١ – ٨٧٠ م).

الفارابي (٢٥٧ – ٣٣٩ هـ / ٨٧٠ – ٩٥٠ م).

ب -   حول إشارة إستفهام (؟) أو إشارة (كذا) بعد كلمة أو معلومة مشكوك في صحتها أو في نسبتها، أو حديث مشكوك في صحته. مثلاً:

ولد ابن سينا سنة ٢٧٠ هـ (؟). وذلك لأن ابن سينا ولد سنة (٣٧٠ هـ / ٩٨٠ م).

ج -   حول تفسير أو شرح كلمة صعبة أو قديمة نادرة الاستعمال، وردت في سياق النص. مثلاً:

- الطُور (الجبل). القرؤ (الطهر). الطينة (المادة أو الهيولى). الأسطقس (العنصر). القُنية (الملك، الملكة).

- يرى أفلاطون أن الأشياء الحسية متغيرة متبدلة وخاضعة للكون (التكوين) والفساد، وأن الإدراك الحسي مجرد رأي (ظن).

د -   حول عنوان فرعي بغاية التأكيد عليه. مثلاً:

أبحاث في الفلسفة الإسلامية (الكندي – الفارابي – ابن سينا)

أو: الفكر السياسي والديني الإسلامي (من خلال القرآن والسنة والفكر المعاصر)

هـ-   حول صفة ما، من شأنها أن تميز مؤلفاً من آخر، يحمل الإسم نفسه. مثلاً:

نجيب محفوظ (الطبيب)، الذي من مؤلفاته: أمراض النساء العملية، الطب النسوي عند العرب ... إلخ.

١١ -   القوسان المركنان، أو المعقوفتان [   ] :

يوضعان حول كل زيادة أو إضافة يدخلها الباحث في النص المقتبس من قبله، وكذلك،

حول كل تقويم فيه. مثلاً:

جاء في كتاب الفارابي: " تحصيل السعادة " من تحقيق وتقديم جعفر آل ياسين الصادر

عن دار الأندلس في بيروت : " إن الأمم وأهل المدن منهم من هو خاصة، منهم من هو عامة.

والعامة هم الذين يقتصرون؛ أو الذين سبيلهم أن يُقتصر بهم في معلوماتهم النظرية على ما يوجبه

بادىء الرأي المشترك. لآ [أما الخاصة فهم الذين لا يقتصرون في شيء من معلوماتهم النظرية على

ما يوجبه بادىء الرأي المشترك] ".

١٢ -   علامة الإستفهام (؟):

وهي توضع للإستفهام أو للإستفسار أو للسؤال عن شيء ما، سواء أكانت أداة الإستفهام

ظاهرة أو مقدرة.

ومن أدوات الإستفهام حرفا: الهمزة، وهل؛ والأسماء الآتية: مَنْ، ما، ماذا، متى، أين،

كيف، كم، لِمَ، أي ... إلخ.

مثلاً: إن الأمر الذي يدعو إلى التعجب حقاً، هو فيما إذا كان طه حسين الذي دعا المثقفين

العرب والمسلمين إلى تبني المنهج الديكارتي في جميع أبحاثهم، لم يغير هو نفسه رأيه في مباحثه

المتأخرة ؟

١٣ -   علامة الإنفعال أو التأثر أو التعجب (!) :

وهي توضع بعد الجمل التي تعبر عن الحالات أو الإنفعالات النفسية، كالفرح، والحزن،

والتأسف، والترفع، والتعجب، والدهشة، والدعاء، والإستغاثة، والتهديد... مثلاً نورد الأمثلة الآتية:

* يقـول ديكـارت في كتابـه: مقـال عـن المنهج Discours de la
méthode: "أنبـأني أنـاس بـترت لهـم سـاق أو ذراع، أنهـم مـا زالـوا يحسـون ألمـاً

٢٢١

في جزء البدن المبتور ! وهي حالة حملتني على القول، بأنني لا أستطيع اليقين بأن عضواً معيناً في جسمي مصاب بشيء، حتى وإن أحسست فيه ألماً !! " (تعجب، دهشة).

* جاء إعرابي إلى الرسول عليه السلام قائلاً: " هلكت يا رسول الله ! فقال له الرسول عليه السلام: ما صنعت ؟ فقال: واقعت أهلي في نهار رمضان عمداً. فقال له الرسول: كفِّر... " (تأسف، حزن، إستغاثة).

* لقد شهدت المقاومة اللبنانية للإحتلال الإسرائيلي، نماذج من المجاهدات يخجل البدر لمحياهن !! كن يتسللن في الليالي الحالكات إلى مواقع الإحتلال، ويفجرن أنفسهن فيها !! (تعجب ، دهشة).

* هيهات منا الذلة !! يأبى الله ذلك ورسوله والمؤمنون... إلخ (ترفع)

* يرى السفسطائيون أن الإنسان هو مقياس كل شيء. ولذا، فإن ما يقوله أي إنسان عن العالم مساوٍ في قيمته لما يقوله أي إنسان آخر، بل وأي فرد! (تعجب).

* الويل للظالمين الآثمين المعتدين ! .. (وعيد).

* يا رب، سدد خطانا إلى ما فيه خيرنا وصلاحنا ! (فرح).

* يا لسعادتي، لقد نلت جائزة الجامعة التشجيعية لتفوقي في دراستي! (الفرح).

١٤ -   الحواشي (أو الأسانيد):

أولاً:   على الطالب/الباحث أن يذكر الأمور الآتية في الحاشية أو السند.

أ -   إسم المصدر أو المرجع أو المخطوط... إلخ. الذي اقتبس منه المعلومات أو الأفكار؛ وذلك لكي يتيح الفرصة للآخرين كي يتحروا عن صدق هذه المعلومات أو الأفكار بأنفسهم، إذا هم شكوا في ذلك؛ ولكي يتوسعوا في الإطلاع عليها إذا كان الأمر يهمهم.

ب - عنــوان المحاضـرة (عامة، خاصة) أو المحاضرات (محاضرات في مادة ما)، التي إستند إليها، ومكان وزمان تلك المحاضرة أو المحاضرات، أضافة إلى ذكر أسم المحاضر.

ج - مكان وتاريخ المقابلة أو المراسلة التي تمت مع بعض الأشخاص فيما إذا استند إليها.

د - توضيح بعض الأمور الواردة في المتن والتي لا يمكن إثباتها في سياق النص، لأن ذلك غير ضروري أو جوهري. كتفسير بعض الألفاظ القديمة، أو التعريف ببعض الأشخاص (علماء، شعراء، ملوك، قادة)، والأماكن (كحطين، واليرموك، وميسلون)، والمعارك (كالقادسية، والطرف الأغر، وصفين) ... إلخ.

ويستحسن إذا كان الأمر يتعلق بتوضيح ما، أن يشار إلى ذلك في متن النص، بعلامة (*) لتمييز التوضيح عن المرجع، الذي يشار إليه عادة بالترقيم العددي: (١) (٢) (٣). وإذا تعدت الحاجة إلى التوضيح لأكثر من مـرة في الصفحة الواحدة، كانت الإشارة إلى ذلك بتعدد الحاجة. فإذا كان التوضيح للمرة الثانية، وضع مقابلـه: نجمتان (**). وإذا كان التوضيح للمرة الثالثة، وضع مقابله: ثلاث نجمات (***) وهكذا...

ثانياً: طرق الترقيم في المتن (النص) والسن (الحاشية):

هناك ثلاثة أساليب يمكن للباحث إتباع إحداها في عملية الترقيم في المتن والسند، وهي:

أ - الترقيم المستقل لكل صفحة:

ويكــون بوضـع الطالب/الباحــث أرقامــاً متسلسـلة متشابهة: (١) (٢) (٣)

(٤) (٥)... إلـخ. في كل مـن المـتن والسـند، وذلك لـكل صفحـة مـن صفحات الرسـالة أو البحث، بحيـث يتسـاوى عـدد الأرقـام المطلـوب توثيقهـا في المـتن، مـع عـدد الأرقـام الموثقـة فعـلاً في السـند والحاشـية.

ويفصل عادة بين المتن والسند، بخط أفقي، وبفسحة من الفراغ، لتمييز أحدهما من الآخر. مع الإشارة إلى أنه يجب أن يوضع الترقيم في المتن، بين قوسين صغيرين ( ) في مكان أعلى قليلاً من كلمات النص أو السطر؛ كما يجب أن يوضع كل سند أو مرجع، بين قوسين ( ) وعلى سطر مستقل في الحاشية. وأن تكون الأسانيد مرتبة بعضها تحت بعض بصورة تامة.

ويفضل إستعمال هذا الأسلوب، الذي تستقل فيه كل صفحة من صفحات البحث أو الرسالة، بأرقامها ومراجعها؛ لأن القارىء يتعرف فيه مباشرة وبسهولة إلى مراجع المعلومة أو الفكرة المساقة في المتن.

مثال على ذلك

---

* يقول ديكارت: «العقل أعدل الأشياء توزعاً بين الناس؛ لأن كل فرد يعتقد أنه قد أوتي منه الكفاية؛ ولأن الذين يصعب إرضاؤهم بأي شيء آخر ليس من عادتهم أن يرغبوا في أكثر مما اصابوا منه... وهكذا، فإن إختلاف آرائنا لا ينشأ عن كون بعضنا أعقل من بعض، بل ينشأ عن كوننا نوجه أفكارنا في طرق مختلفة ولا نطالع الأشياء ذاتها. إذ لا يكفي أن يكون الفكر جيداً، وإنما المهم أن يطبق تطبيقاً حسناً» (١)

رينيه ديكارت: مقالة الطريقة لحسن قيادة العقل والبحث عن الحقيقة في العلوم، ترجمة جميل صليبا، ط ٢، بيروت، اللجنة اللبنانية لترجمة الروائع، ١٩٧٠، القسم الأول، ص٧٠.

ب - الترقيم الفصلي:

ويكون بوضع أرقاماً متسلسلة لكل فصل من فصول البحث أو الرسالة على حدة، بحيث يبدأ الترقيم في المتن من بداية الفصل إلى نهايته. ويوضع في سند أو حاشية كل صفحة، المراجع العائدة لها، أو توضع الحواشي كلها بالتسلسل، بعد نهاية الفصل، في صفحة أو صفحات مستقلة.

عاشراً: طرق تدوين المراجع في الحواشي:

أ - إذا كان ثمة أكثر من مؤلف لمرجع ما، فينبغي ذكرهم جميعاً إذا كان عددهم لا يتجاوز الثلاثة. فإذا تجاوز عددهم الثلاثة، ذكر اسم من اشتهرت صلته بالمرجع أكثر من غيره، وأضيف إلى اسمه: وآخرون ... ثم يذكر اسم المرجع، تليه قاصلة، ثم مكان النشر، تليه فاصلة، ثم دار النشر، تليها فاصلة، ثم تاريخ النشر، تليه فاصلة، ثم رقم الصفحة، تليها نقطة.

وإذا كان للكتاب عدة مجلدات أو أجزاء، فيذكر رقم المجلد أو الجزء بعد اسم الكتاب مباشرة، أو مع الصفحة، مثل ٣٦٥/٥. وإذا كان للكتاب عدة طبعات، فيذكر رقم الطبعة بعد ذكر اسم الكتاب، ورقم المجلد أو الجزء.

مثالاً على ذلك:

- جلال الدين السيوطي و: جلال الدين المحلى: تفسير الجلالين، تحقيق الشيخ محمد الصادق القمحاوي، مصر، مطبعة الأنوار المحمدية، (لا ت.)

- فيليب حتي وإدوارد جرجي وجبرائيل جبور (١٩٧٤): تاريخ العرب، ط ٥، بيروت، دار غندور.

كما يمكن تدوين المرجع بالطريقة الآتية:

- السيوطي (جلال الدين)، والمحلى (جلال الدين)، تفسير الجلالين،

تحقيق الشيخ محمد الصادق القمحاوي، (مصر، مطبعة الأنوار المحمدية).

- حتي (فيليب)، وجرجي (إدوارد)، وجبور (جبرائيل)، تاريخ العرب، (ط ٥، بيروت، دار غندور، ١٩٧٤)، ص

أو بالمنهج الآتي:

- إبن جرير الطبري (١٩٦٢م.): تاريخ الرسل والملوك، تحقيق محمد أبو الفضل إبراهيم، (دار المعارف بمصر)، ص...

أو: أحمد أمين (١٩٦٩م.): فجر الإسلام (ط ١٠، بيروت، دار الكتاب العربي)/ ص...

ب -   إذا كان المرجع مجهول المؤلف أو مجهول الناشر،أو مجهول المؤلف والناشر معاً، كتب:

- (مجهول المؤلف) أو: م. م. أو: لا. م.

- (مجهول الناشر) أو: م. ن. أو: لا. ن. أو: د. ن.

- (مجهول المؤلف والناشر). م م. ن. أو: لا. م. ن. أو: د. م. ن.

مثالاً على ذلك:

- بداية الهداية ونهاية الدراية (١٩٦٥) : مجهول المؤلف والناشر، ص...

- البستان، مخطوط، (مجهول المؤلف)، مكتبة الجامعة الأميركية في بيروت، رقم ٣٧٥، ص...

- الباجوري، إبراهيم، حاشية الباجوري على متن السلم، (لا. ن؛ لا. ت). (لا ناشر ولا تاريخ).

ج -   إذا ذكر اسم المؤلف في المتن، فلا داعي لإعادة ذكر إسمه في السند أو الحاشية؛ وإنما يكتفى بذكر اسم الكتاب فقط، يليه ذكر الطبعة، ومكان ودار وتاريخ النشر، ثم رقم الصفحة...

د - إذا ذكر اسم المؤلف والكتاب في المتن، فلا داعي لإعادة ذكرهما في الحاشية، وإنما يكتفى بذكر رقم الطبعة، ومكان ودار وتاريخ النشر، ثم رقم الصفحة.

هـ- إذا كان المرجع مترجم، يكتب اسم المؤلف الحقيقي (وتاريخ النشر بين قوسين) ثم اسم الكتاب، ثم اسم المترجم، ثم مكان ودار النشر، ثم الصفحة.

و - إذا كان المرجع المقتبس منه أو المعتمد عليه، يقتبس هو نفسه من مرجع آخر يتعذر الحصول أو الإطلاع عليه، فيجب الإشارة إلى ذلك.

ز - إذا كان المرجع مجلة عامة أو متخصصة أو صحيفة... إلخ، فيجب ذكر اسم صاحب المقالة أو البحث، وكذلك، عنوان المقالة أو البحث، واسم المجلة أو الصحيفة، ورقم عددها، ومكان وتاريخ نشرها، على أن يوضع عنوان البحث بين شولتين صغيرتين؛ وأن يكتب اسم المجلة أو الدورية أو الصحيفة بحرف أسود نافر، أو يوضع تحته خط.

مثال على ذلك:

- محمد العريس، «الثقافة الشعبية والتراث، بين الثابت والمتحول»، مجلة الحداثة، عدد شهر تشرين الأول، ٢٠٠٤.

- مهدي فضل الله، «علائقية الشعر بالمنطق والفلسة»، مجلة الفكر العربي المعاصر، العدد ٨٠ - ٨١، بيروت، أيلول - تشرين الأول، ١٩٩٠.

ح - إذا كان المرجع مخطوطاً، فيجب الإشارة إلى ذلك، مع ذكر اسمه، ومكان وجوده، ورقمه مثلاً. نجم الدين القزويني، الشمسية في القواعد المنطقية، (مخطوط، ٢٢

ص، دار المكتبة الوطنية في باريس، رقم ٣١٣).

ط - إذا كان المرجع محاضرات مطبوعة للطلاب، وجب ذكر اسم صاحبها، وعنوانها، ومكان وتاريخ إلقائها.

مثلاً: محمد العريس، تقويم خاص، كلية التربية (الفرع الأول)، الجامعة اللبنانية، ٢٠٠٥.

ق - إذا كان المرجع محاضرة عامة، أو رسالة، أو مقابلة، ذُكر ذلك، مع التاريخ والمكان، وعبارة أُذن بالإشارة إليها، بين قوسين

مثلاً: - محمد العريس، ذكرى إنطلاق حركة المقاومة اللبنانية (محاضرة عامة)، بيروت ١٩٩٧، أُذن بالإشارة إليها.

- زاهية قدوره، (مقابلة شخصية)، ٢٠٠٢، أُذن بالإشارة إليها.

وأخيراً لا بد من الإتيان على جملة ملاحظات، قد تكون وردت سابقاً أو تم إغفال بعضها. لتذكير الطالب/الباحث العمل بموجبها، قبل الشروع بتقديم البحث الذي أعده إلى الأستاذ المشرف.

١ – التنبه إلى تقديم الملاحق في نهاية البحث بصورة جيدة، هذا إذا لم تكن قد أدرجت في متن البحث. والملاحق في العادة تكون مكونة من:

الوثائق (رسمية أو خاصة)، المستندات (للدلالة على حقائق معينة وردت ضمن سياق البحث)، الإستمارة (من أساسيات البحث العلمي، وخاصة التربوي) الخرائط (بشرية أو جغرافية) وأخيراً البيانات (الدالة على عمليات إحصائية).

٢ – قائمة المصادر والمراجع، يسميها البعض ثبت بالبحث أو مكتبة البحث. وكل بحث مهما كان نوعه، جاء خالياً منها يعتبر بحثاً مشوهاً وناقصاً، يشوبه عيب كبير. لأن قائمة المصادر والمراجع دليل على قيمة البحث الجيد وصدقيته. خاصة وأن هناك عدداً كبيراً من المهتمين، يطلعون على أسماء المصادر

والمراجع التي يحتويها البحث قبل أي شيء آخر.

٣ - تضم قائمة المصادر والمراجع، الفهارس التي يحتويها البحث أو الكتاب، ومنها على سبيل المثال: المصادر الدينية الأساسية (القرآن الكريم، الإنجيل، والتوراة) المصادر باللغة العربية، وكذلك المراجع، وغيرها من مصادر المعلومات التي لها صلة وثيقة بالموضوع المؤلف فيه، كالمخطوطات ودوائر المعارف، وكذلك ثبت بأسماء الأماكن والأعلام والمصطلحات الموجودة والبيانات الإحصائية والخرائط، وغيرها..

٤ - يجب كتابة جميع المصادر والمراجع والفهارس الأخرى على منهجية معينة، متبعة عند معظم المؤلفين والكثير من البحاثة. وذلك بالطريقة الألفبائية، كمثل أن يكتب الاسم الأول للمؤلف أو الباحث، ثم اسم الشهرة أو العكس، أي اسم الشهرة أولاً ثم الاسم الأول، من دون التقيد أو الاعتداد بـ «ال» التعريف.

٥ - بالنسبة إلى تدوين الوثائق، إذا كانت الوثيقة منشورة أو غير منشورة، فيذكر: عنوانها، اسم الدولة أو المؤسسة أو الجهة الصادرة عنها الوثيقة، رقمها، تاريخها ومكان وجودها. كما تجدر الملاحظة ذكر ما إذا كانت الوثيقة محققة، حيث يجب ذكر اسم وشهرة المحقق، وإذا كان أجنبياً، يكتب اسمه باللغة العربية أولاً ثم باللغة الأجنبية.

٦ - على الطالب/الباحث التأكد من أن عمله على قدر كبير من الجدة والرصانة والموضوعية، خال من الأخطاء الاملائية واللغوية والعلمية، بقدر الإمكان. كما عليه القيام بمراجعة بحثه، مراجعة أخيرة قبل تسليمه إلى الأستاذ المشرف.

٧ - تركيب الجمل يجب أن يكون جيداً وسليماً، وليس فيها من ثغرات.

٨ - يفضل أن تكون الهوامش وأرقامها متطابقة في متن الصفحة الواردة فيها وفي هامشها.

٩ - يجب أن تكون المعلومات المقتبسة صادقة وصحيحة، وأن يتم التأكد من رقم صفحة المصدر أو المرجع الوارد فيه، والانتباه إلى معلومات النشر العائدة للمصدر والمرجع الذي تم الاقتباس منه.

١٠- الابتعاد عن الحشو، وعن الجمل والكلمات غير اللازمة.

١١- ضرورة التمييز بين فقرة وأخرى، والبدء بكتابة الفقرة بداخل السطر.

١٢- يجب كتابة الكلمات بكل تأني وموضوعية، والإنتباه إلى عدم تجزأة الكلمة بين سطر وآخر.

١٣- إعطاء العناية والاهتمام لكل عناوين البحث، الكبيرة والصغيرة على حد سواء.

١٤- الاحتفاظ بنسخة من البحث، متطابقة للنسخة المقدمة إلى الأستاذ المشرف.

١٥- ضرورة اللجوء إلى الاستعانة بالمصادر والمراجع الحديثة، من غير أن يعني ذلك أن القديمة، ليست بأقل أهمية منها. كما يفضل أن تكون متنوعة، وشاملة لمختلف جوانب الموضوع.

قال فلاديمير كورغانوف (Vladimir Kourganoff): " نأمل أن نكون قد أوضحنا أن البحث العلمي، هو حقيقة معقدة، أصيلة "[١].

ونضيف على ذلك، أن البحث العلمي التربوي هو حاصل نتاج العلماء التربويين، الذين تطرح أبحاثهم مشاكل مهمة، كانت مخفية وغير واضحة حتى الآن.

لماذا؟ لأن العلم واحد، وأن ليس هناك علم أكاديمي وتقنية واحدة، بل هناك العلم وتطبيقاته فقط. والأمم التي لا تدفع شعوبها في طلب العلم والتبحر فيه، هي أمم تحكم على نفسها بالتخلف الثقافي والحضاري، لماذا ؟ لأن البحث العلمي والتربوي بشكل خاص، بات المخطط الأول في تقدم الحضارة الإنسانية ومسيرتها العلمية والثقافية.

---

١ ـ فلاديمير كورغانوف: البحث العلمي، بالتعاون مع جان كلود كورغانوف، ترجمة: يوسف أبي فاضل وميشال أبي فاضل، ص ١٦٩.

الخاتمة

ليس من خاتمة في العلم، كما ليس من نهاية لكل متبحر في العلوم ومستزيد منها، إنما تقتضي الإشارة في نهاية هذا الكتاب إلى أن كل العناوين والأفكار التي وردت فيه، جاءت معالجة لمقرر جامعي، يعتبر الفضل والأكثر حضوراً على غيره من المقررات الجامعية، إن كان لجهة تحضير التقارير ومشاريع الأفكار والنقاط، التي يطلب من طلاب المرحلة الجامعية الأولى القيام بوضعها، او لطلاب الدراسات العليا الذين يقومون بإعداد رسائل الماستير واطاريح الدكتوراه.

فكانت الغاية من الكتاب تمكين الطلاب والباحثين، إكتساب المعلومات الوفيرة التي وردت فيه، والسير على خطى المحاضرين الذين استقصوا منهم معلومات جمة في البحث والدراسة والإقتضاء بهم. خاصة أن الكاتب المنفتح هو الذي يعترف بفضل من اكتسب منهم، فيكون في عمله قدوة لمن يقوم بتعليمهم وتدريسهم، مما يحثه على تقديم المزيد من البحوث العلمية والتربوية، وتوجيه طلبته إلى الأعمال البحثية المتقنة، مستلهمين الأفكار التي قدمها لهم نتيجة خبرته وباعه الطويل في مجالات البحوث العلمية التربوية.

هذا الكتاب ليس كاملاً ! إنما تركز الجهد فيه على أن يكون حافلاً بكل ما يهم الطالب - الباحث عند وضع أي بحث يطلب منه. ويمكن القول أن المعلومات التي جاءت فيه وافية ومستفيضة بكل ما يحتاجه الطالب - الباحث من توجيهات وخطط للسير على هديها، عندما يهم بوضع أي عمل يطلب منه في مجال دراساته.

فجـاءت هـذه الأفكار حصيلـة مجموعـة كبـيرة مـن المعلومـات للمساعدة عـلى توسيـع أفـق الطالب - الباحـث في بداية عملـه الأكاديمـي، ممهـداً لـه الطريـق،

ومستعيناً بدوافع الباحثين والمؤلفين في وضع العديد من الكتب والمطالعات حول ماهية البحث العلمي التربوي، وكيفية التعاطي معه بصورة أولية ومبدئية قبل الشروع في معالجة وكتابة أي بحث.

ومن الأهمية بمكان القول كذلك إلى أنه يجب التعاطي مع الفقرات الواردة في هذا الكتاب بكل تؤدة وعناية وإمعان نظر، وبذل محاولات كثيرة ومتعددة للتعاطي مع المصادر والمراجع المتعلقة به، مع الاهتمام بالعمل الذي وضع لإفادة الطالب - الباحث والاحاطة بكل التعميمات، التي قدمت بطريقة سهلة وميسرة للإستفادة منها عند وضع أي بحث خاصة عند المبتدئين، لأن كل شخص يستطيع أن يقرأ؛ إنما ليس بإمكان أي شخص وضع بحث ما إذا لم يرجع إلى المصادر والمراجع، التي تشكل العصب الأساسي له، وهي التي تشد المثلث المطلوب عند وضع أي بحث، والمتمثل بالطالب والأستاذ والمكتبة. وكل بحث يفتقد ركن من هذا الثالوث، يعدم مقومات وجوده وجودته.

نموذج عن الملاحق

الإعلان العالمي لحقوق الإنسان الصادر في ١٩٤٨/١٢/١٠

المادة الأولى: يولد جميع الناس أحراراً متساوين في الكرامة والحقوق، وقد وُهِبوا عقلاً وضميراً، وعليهم أن يعامل بعضهم بعضاً بروح الإخاء.

المادة الثانية: لكل إنسان حق التمتع بكافة الحقوق والحريات الواردة في هذا الإعلان، دون أي تمييز، كالتمييز بسبب العنصر أو اللون أو الجنس أو اللغة أو الدين أو الرأي السياسي أو أي رأي آخر، أو الأصل الوطني أو الاجتماعي أو الثروة أو الميلاد أو أي وضع آخر، دون أي تفريق بين الرجال والنساء.

المادة الثالثة: لكل فرد الحق في الحياة والحرية وسلامة شخصه.

المادة الرابعة: لا يجوز استرقاق أو استبعاد أي شخص، ويحظر الاسترقاق وتجارة الرقيق بكافة أوضاعها.

المادة الخامسة:لا يُعرّض أي إنسان للتعذيب ولا للعقوبات أو المعاملات القاسية أو الوحشية أو الحاطة للكرامة.

من الشرعة العالمية لحقوق الإنسان

نموذج عن الجداول

جدول مأخوذ من كلية الطب في الجامعة اليسوعية♦[١]، يظهر أعداد الطلاب العرب، الذين كانوا يدرسون فيها بين الأعوام ١٩٢٠ و ١٩٢٦، وهو كما يلي:

العام	لبنانيون	سوريون	مصريون	جنسيات مختلفة	المجموع
١٩٢٠	٣	١	١	١	٦
١٩٢١	٩	٤	٢	٥	٢٠
١٩٢٢	١٠	٣	٣	٥	٢١
١٩٢٣	٩	٤	٨	٨	٢٩
١٩٢٤	١١	٥	٨	٣	٢٧
١٩٢٥	٥	١	٤	٩	١٩
١٩٢٦	٤	٢	٣	٢	١١

جدول مأخوذ من كلية الطب في الجامعة الأميركية♦♦[٢] في بيروت، يظهر أعداد الطلاب العرب، الذين كانوا يدرسون فيها بين الأعوام ١٩٢٠ و ١٩٢٦، وهو كما يلي:

---

١ ♦ من محفوظات كلية الطب في الجامعة اليسوعية في بيروت، بين الأعوام ١٩١٩-١٩٣٠.

♦♦٢ من محفوظات كلية الطب في الجامعة الأميركية في بيروت، بين الأعوام ١٨٧٠-١٩٥٧.

العام	لبنانيون	مصريون	جنسيات مختلفة	المجموع
١٩٢٠	٧	٣	١٤	٢٤
١٩٢١	٥	٦	١٣	٢٤
١٩٢٢	٨	٤	٦	١٨
١٩٢٣	٤	٦	١٦	٢٦
١٩٢٤	٣	١١	١٠	٢٤
١٩٢٥	٤	٩	١١	٢٤
١٩٢٦	٣	١٤	٢٩	٤٦

جدول إحصائي يبين عدد الخريجين من السوريين والمصريين والفرنسيين من كلية الحقوق***[١] في الجامعة اليسوعية بين الأعوام ١٩١٩-١٩٣٠:

العام	لبنانيون	سوريون	مصريون	فرنسيون	المجموع
١٩٢٠	١١	-	-	١	١٢
١٩٢١	١٥	١	-	١	١٧
١٩٢٢	١٦	٢	-	١	١٩
١٩٢٣	١٣	٣	-	٣	١٩
١٩٢٤	١٧	٢	٢	-	٢١
١٩٢٥	١٣	٣	-	١	١٧
١٩٢٦	١٥	١	٢	٥	٢٣

***١ من محفوظات كلية الحقوق في الجامعة اليسوعية في بيروت، بين الأعوام ١٩١٩-١٩٣٠.

نموذج عن كيفية وضع استمارة أو استبيان

الجامعة　　　　الكلية　　　　الفرع

الجنس　　　　ذكر　　　　أنثى

التخصص:

يضم هذا النموذج عن كيفية وضع استمارة أو استبيان، عدد من الأسئلة إرشاد الطالب/ الباحث عن كيفية صياغة الأسئلة الموجهة إلى الذين يتم اختيارهم إجراء استفتاء ما عليهم، حيث لا بد أن يكون هناك اختلاف واضح في وجهات النظر بين فرد وآخر، في كثير من الموضوعات.

وقد تم وضع إجابات محددة على تلك الأسئلة، أوافق - غير متأكد - لا أوافق كل ما على الشخص الذي يتم اختياره الإجابة الصريحة والواضحة

	الأسئلة	أوافق	غير متأكد	لا أوافق
١	اشعر بفخر عندما يعرف الآخرون أنني ساصبح معلماً			
٢	اشعر بالرضى نحو مهنة التدريس			
٣	لو قدر لي أن اختار مهنة أخرى لاخترت مهنة التدريس			
٤	المجتمع ينظر إلى المدرس نظرة احترام			
٥	هل لمهنة التدريس نفس القيمة الإجتماعية التي للمهن الاخرى			
٦	ستقبل مهنة التجريس لا يقل عن مستقبل المهن الأخرى			
٧	إذا فشل شخص ما في مهنة معينة، فمن السهل عليه أن يكون مدرساً			

قائمة بالمصطلحات والمفاهيم الخاصة بالبحث العلمي[1]

Acount	بيان
Data	معطيات وقائع، معلومات
Achievenent	إنجاز، تحصيل
Data Collection	جمع البيانات
Achievenent Test	اختبار تحصيلي
Date of Publishing	تاريخ النشر
Activities	أنشطة
Deduction	استنتاج
Analysis	التحليل
Deduction	الاستدلال
Application	تطبيق
Deductive	استنتاجي
Applied research	البحث التطبيقي
Descriptive method	منهج البحث الوصفي
Approach	مدخل البحث
Descriptive Studies	دراسات وصفية
Assessement	التقويم
Design	تصميم
Behavior	سلوك
Development	نمو، تطور

---

* [1] رجاء وحيد دويدري: البحث العلمي، أساسياته النظرية وممارساته العملية، ص ٤٩١-٥٠٤.

علوم الإحياء، البيولوجيا	Biology
التشخيص	Diagnosis
رقم التصنيف بالمكتبة	Call Number
انتشار	DiFFusion
لوحة بيانية	Cartogram
الأيكولوجيا، علاقة الإنسان بلبيئة	Ecology
دراسة الحالة	Case study
تربية	Education
المنهج المقارن	Comparative Method
العمر التعليمي	Educational Age
الدراسة المقارنة	Comparative study
البحث التربوي	Educational research
التركيز	Concentration
نتائج	Elemantary outcomes
مفهوم	Concept
الموسوعات العامة	Encyclopedia
مفاهيم	Concepts
بيئة	Environment
تناسق	Co-ordination
المعادلات	Equations
خلق، إبداع	Creation
مقالة	Essay

Criterion	وحدة القياس
Evaluation	تقويم
Culture	حضارة
Evaluation Criteria	معايير التقويم
Curve	منحى
Evolution	تطور
Experience	تجربة، اختبار
Lag Cultural	تخلف ثقافي
Experimental	تجريبي
Legislation	تشريع
Experimental Method	منهج البحث التجريبي
Multiple Choice	الاختبار المتعدد
Fact	حقيقة
Manuscripts	مخطوطات
Fact finding	التنقيب عن الحقائق
Mediation	توسط، وساطة
Field work	عمل ميداني
Methodology	علم المناهج
General plan	الخطة العامة
Motive	حافز
Generalization	تعميم
Multiple Choice	الاختبار المتعدد

Grade	درجة أو علامة
Network diagram	الشبكة البيانية
Group dynamics	ديناميكية الجماعة
Normal Curve	المنحى المعتدل
Guidance	توجيه
Normal distrution	التوزيع المعتدل
Identical	متطابق، عيني
Normal Science	العلم العادي
Individual Test	اختبار فردي
Normative studies	دراسات معيارية(وصفية)
Induction	استقراء
Object	موضوع
Induvtive	استقرائي
Objectives	أهداف
Innovation	ابتكار تجديد
Patern	نموذج
Inpersonal	غير شخصي
Perception	الإدراك الحسي
Inshort	باختصار
Personal Interview	المقابلة الشخصية
Integrative method	المنهج التكاملي
Phantasy	خيال

Intellectual	عقلي، ذهني
Phenomena	ظاهرة
Intelligence Test	اختبار الذكاء
Place of Publishing	مكان النشر
Interview	مقابلة
Position	موضع
Interviewing schedule	استمارة مقابلة
Practical	تطبيقي، عملي
Intrinsic Value	القيمة الذاتية
Practical Research	بحث إجرائي
Item	وحدة قياس، فقرة
Probability	احتمال
Justification	تبرير
Projection	تصميم
Knowledge	معرفة
Publisher	ناشر

قائمة المصادر والمراجع

المصادر والمراجع العربية

١. ابن منظور: لسان العرب، دار صادر ودار بيروت، مج ١٠، الطبعة الأولى، ١٤١٠هـ - ١٩٩٠م. مادة [وثق].

٢. إبراهيم مصطفى وآخرون: المعجم الوسيط، أشرف على طبعه: عبد السلام هارون، ج ٢،لا ط. ، دار إحياء التراث العربي، بيروت، لا تا. مادة [وثيقة].

٣. أحمد بدر: أصول البحث العلمي ومناهجه، ط ٢٦، وكالة المطبوعات، الكويت، ١٩٨٢ م.

٤. أسد رستم: مصطلح التاريخ، ط٣، المكتبة العصرية، صيدا - لبنان، د. تا.

٥. ثريا ملحس: منهج البحوث العلمية، ط ٤، الشركة العالمية للكتاب، بيروت ١٩٨٩.

٦. جبور عبد النور: المعجم الأدبي، ط١، دار العلم للملايين، بيروت ١٩٧٩.

٧. جودت الركابي: منهج البحث الأدبي في إعداد الرسائل الجامعية، لا ط، دار ممتاز، دمشق ١٤١٣ هـ/١٩٩٢ م.

٨. حاجي خليفة: كشف الظنون عن أسامي الكتب والفنون، مج ١، دار الفكر، بيروت، ١٩٨٢م.

٩. حسان حلاق ومحمد منير سعد الدين: المناهج العلمية في كتابة الرسائل الجامعية " كيف تكتب بحثاً أو رسالة أو أطروحة "، لاط، دار بيروت المحروسة، بيروت ١٤١٢ هـ/١٩٩٢ م.

١٠. حسن عثمان: منهج البحث التاريخي، ط ١١، دار المعارف، القاهرة، ١٩٩٣.

١١. رجاء وحيد دويدري: البحث العلمي، أساسياته النظرية وممارساته العملية، ط٢، دار الفكر المعاصر، بيروت ودار الفكر، دمشق، ١٤٢٣ هـ/٢٠٠٢ م.

١٢. ريمون طحان ودنيز بيطار طحان: أسس البحوث الجامعية اللغوية والأدبية، ط١، دار الكتاب اللبناني ومكتبة المدرسة، بيروت ١٩٨٥.

١٣. ذوقان عبيدات، عبد الرحمن عدس وكايد عبد الحق: البحث العلمي، مفهومه، أدواته، أساليبه، لا ط. دار مجدلاوي، عمان - الأردن، لا ت.

١٤. الراغب الأصفهاني: المفردات في غريب القرآن، تحقيق محمد سيد الكيلاني، لا ط. دار المعرفة، بيروت، لا تا. قالوا: رجل ثقةٌ وقومٌ ثقةٌ.

١٥. رينيه ديكارت: مقالة الطريقة لحسن قيادة العقل والبحث عن الحقيقة في العلوم، ترجمة جميل صليبا، القسم الأول، ط ٢، بيروت، اللجنة اللبنانية لترجمة الروائع، ١٩٧٠.

١٦. الشريف الجرجاني: كتاب التعريفات، مكتبة لبنان، بيروت، ط. جديدة، ١٩٨٥ م.

١٧. صاعد الأندلسي: طبقات الأمم، تحقيق حياة العيد بوعلوان، ط١، دار الطليعة، بيروت ١٩٨٥م.

١٨. عبد الله زيد الكيلاني ونضال كمال الشريفيين: مدخل إلى البحث العلمي في العلوم التربوية والاجتماعية، ط١، دار المسيرة، عمان، الأردن، ٢٠٠٥ م - ١٤٢٥ هـ.

١٩. عبد الله مشعل عبيدات، شادي محمود قواسمة، جواد علي هناندة، أشوق إبراهيم الكعبي، أسس الفهرسة والتصنيف، تقديم أ.د. عامر ابراهيم قندلجي، ط١، دار المسيرة، عمان، الأردن ٢٠٠٢ م/١٤٢٣ هـ.

٢٠. عبد الباسط عبد المعطي: أصول البحث الاجتماعي، لا ط، دار نشر الثقافة، الإسكندرية ١٩٨٤

٢١. عبد الباسط محمد حسن: أصول البحث العلمي، ط٤، مكتبة الإنجلو المصرية، القاهرة ١٩٧٥.

٢٢. عبد الرحمن بدوي:مناهج البحث العلمي، لا ط، دار النهضة العربية، القاهرة، ١٩٦٣.

٢٣. عبد الكريم أمين: التصنيف والفهرسة في علم المكتبات، لاط ، مطبعة المعارف، بغداد، ١٩٦٣.

٢٤. عبد الواحد ذنون طه: أصول البحث التاريخي، ط١، دار المدار الإسلامي، بيروت ٢٠٠٤.

٢٥. عصمت عبد المجيد بكر: المدخل إلى البحث العلمي، لا ط، سلسلة الموسوعة الصغيرة، رقم ٤٥٣، دار الشؤون الثقافية العامة، وزارة الثقافة، بغداد، لا تا.

٢٦. عقيل حسين عقيل: فلسفة مناهج البحث العلمي، لا ط، مكتبة مدبولي، القاهرة، ١٩٩٩.

٢٧. علي جواد الطاهر: منهج البحث الأدبي، ط٤، المؤسسة العربية للدراسات والنشر، بيروت ١٩٨٨.

٢٨. الفيروزأبادي: القاموس المحيط، لا ط. مج ٣، دار الفكر، بيروت ١٣٩٨ هـ - ١٩٧٨م.مادة [وثق].

٢٩. الفارابي: تحصيل السعادة، تحقيق وتقديم جعفر آل ياسين، لا ط، دار الأندلس، بيروت، لا تا.

٣٠. فوزي غرايبة وآخرون: أساليب البحث العلمي في العلوم الاجتماعية

والإنسانية، لا ط، الجامعة الأردنية، عمان، ١٩٧٧.

٣١.   فلاديمير كورغانوف: البحث العلمي، بالتعاون مع جان كلود كورغانوف، ترجمة: يوسف
       أبي فاضل وميشال أبي فاضل، ط١، منشورات عويدات، سلسلة " زدني علماً "، بيروت –
       باريس ١٩٨٣.

٣٢.   المجلة العربية للمعلومات، المجلد ١٣، العدد١، المنظمة العربية للتربية والثقافة، تونس.

٣٣.   محمد خليل عباس، محمد بكر نوفل، محمد مصطفى العبسي وفريال محمد أبو عواد:
       مدخل إلى مناهج البحث في التربية وعلم النفس، ط١، دار المسيرة، عمان، الأردن ٢٠٠٧م
       - ١٤٢٧هـ.

٣٤.   محمد طلعت عيسى: البحث الاجتماعي ومبادئه ومناهجه، ط ٣، مكتبة القاهرة الحديثة،
       القاهرة ١٩٧٥ .

٣٥.   محمد فتحي الدريني: « مناهج الاجتهاد والتجديد في الفكر الإسلامي »، مجلة الاجتهاد،
       عدد ٨، بيروت، ١٩٩٠ م.

٣٦.   محمد ماهر حمادة: علم المكتبات والمعلومات، ط ٣، بيروت، مؤسسة
       الرسالة، ١٤٢٠هـ/١٩٩٩م.

٣٧.   محمد يوسف نجم: فن المقالة، ط٤، دار الثقافة، بيروت، لا تا.

٣٨.   مختارات الأحاديث النبوية والحكم المحمدية، لا ط، المكتبة التجارية الكبرى، مصر ١٩٥١.

٣٩.   مصطفى نظيف. " العلم وتنظيمه في البلاد العربية " البحث العلمي في العالم العربي،
       منشورات الجامعة الأميركية في بيروت، بيروت ١٩٥٦.

٤٠.   منذر الضامن: أساسيات البحث العلمي، ط١، دار المسيرة، عمان، الأردن ٢٠٠٧م -
       ١٤٢٧هـ.

٤١.   مهدي فضل الله: محاضرات في تاريخ الفلسفة العربية (غير مطبوعة)، ١٩٩١.

٤٢.   هلال م. ناتوت: المكتبات والمحفوظات، ط١، دار خضر، بيروت، ١٩٩٩.

٤٣.   يعرب فهمي سعيد: طرق البحث، لا ط، دار الحرية للطباعة، بغداد ١٩٧٣.

٤٤.   يوسف عبد الأمير طباجة: منهجية البحث، تقنيات ومناهج. جدولة وتحليل البيانات
باستخدام البرنامج الإحصائي الإلكتروني SPSS، ط١، دار الهادي، بيروت ١٤٢٨ هـ - ٢٠٠٧
م.

المراجع الأجنبية

1- Barzun، Jacques GHF Graff the modern Rechearcher، New york، 1957.

2- Chaumier، Jacque: Les Techniques Documentaires، qui-est je ? No ?، - Press
Universitaires de France،

3- Encyclopedia of Library & Information science . Ed. By: Allen kent & Harold Lancour.
New york، Marcel Dekker 1968.

4- Dalen، Van، D.B. "Understanding Educational Rechearch" Mc Craw، New york 1973

5- Dickinson، J.P.: Science and scientific rechearch in modern society. OP. Cit.

6- Tyrus، Hillway، Introdution to research، Boston، Hanghton-Mifflin Co.2 nd. ed.

7- Whitney، F،L. : " Elements of Rechearch "، Prentice Hall Inc، New yor; 1973.

الفهرس